普通高等院校经济管理类"十三五"应用型规划教材
【经济管理类专业基础课系列】

财经应用文写作
FINANCIAL PRACTICAL WRITING
第2版

主编 刘常宝

机械工业出版社
CHINA MACHINE PRESS

图书在版编目（CIP）数据

财经应用文写作 / 刘常宝主编 .—2 版 .—北京：机械工业出版社，2019.10（2024.7 重印）
（普通高等院校经济管理类"十三五"应用型规划教材·经济管理类专业基础课系列）

ISBN 978-7-111-63770-7

I. 财… II. 刘… III. 经济 - 应用文 - 写作 - 高等学校 - 教材 IV. F

中国版本图书馆 CIP 数据核字（2019）第 216936 号

本书以总分总的方式将财经应用文写作的理论知识与模拟实训组织起来，本着精讲多练、大量阅读、模仿练习、反复巩固的原则，设置了基本写作理论阐述、来自媒体资料的例文剖析、写作模拟训练三大主要部分，旨在帮助学生将财经专业理论知识灵活运用到写作实践之中，增强创新性、逻辑性和系统性。

本书既适合高等院校财经管理类专业学生使用，也可作为财经管理专业人士培训和工作的参考。

出版发行：机械工业出版社（北京市西城区百万庄大街 22 号　邮政编码：100037）
责任编辑：孟宪勐　　　　　　　　　　　　　责任校对：殷　虹
印　　刷：北京捷迅佳彩印刷有限公司　　　　版　　次：2024 年 7 月第 2 版第 3 次印刷
开　　本：185mm×260mm　1/16　　　　　　 印　　张：18.5
书　　号：ISBN 978-7-111-63770-7　　　　　 定　　价：45.00 元

客服电话：(010) 88361066　68326294

版权所有·侵权必究
封底无防伪标均为盗版

Preface 前言

"文以载道",我国社会已经全面进入信息时代,文字作为信息传递的重要载体,其价值日益彰显,同时文字表达能力也成为社会衡量人才素质的重要指标。作为实用文体,财经应用文的作用表现得更加直接与现实。本教材在出版之初就秉承"以能力提升、素质拓展为根本"的编写思想,本次修订在保留原教材基本知识体系构架的基础上,以精选案例、优秀范文分析为切入点,知识诠释更加贴近财经工作的应用实际;充分尊重网络经济时代社会组织对财经类文案编辑能力的客观要求,在原有基础上遴选了具有较强时代感的优秀范文;同时,考虑到财经应用文专业知识体系复杂的特点,故对部分专业知识进行精选提炼,以帮助初学者在熟悉专业知识的基础上尽快掌握财经应用文的写作要领,适应经济活动的需要。目前,各高校将财经应用文写作设置在大平台课程中,把它作为重要的通识课程予以高度重视,同时为配合教育部对各层次大学生毕业论文设计撰写的规范及要求,新版教材凸显了学生毕业论文撰写规范及要求的相关内容,以引发学生对财经应用文写作课程的有效关注。目前,社会各级组织对从业人员的文字能力要求越来越高,本教材也可以为社会组织培训所用,故此,新梳理的内容更加贴近社会实际需求。总之,提高学生的财经应用文写作能力是长期的持续性工作,本教材希望能为学生掌握写作技巧提供启发和思路。新版教材以应用型本科学生为主要读者,希望以教材建设推动学生能力提升,逐步构建适合财经类学生认知特点的写作训练体系。

总之,财经文书写作是财经类专业学生的基本功,也是学生未来就业的核心竞争力。目前,各高校从院系到学校,从课堂到实习,都为学生写作能力的提高创造了诸多有利条件,以专业知识夯实为抓手,逐步扭转大学生文字能力欠缺的短板。新版教材基于以上教学理念进行编写,教材主要围绕财经类专业的知识模块构思成章,把有一定共性的财经专业知识整合为一个课题,然后以属种式的逻辑关系展开,形成以两课时为一个教学单元的章节构成。新版教材既注重写作知识与专业知识的有效契合,体现专业知识的实际价值,又注重学生认识事物、掌握知识、提高能力的思维过程和路径,以期在有效的课时内完成相应的教学任务。新版教材具有时代感、专业化、实用性等特点,可以助推学生能力转化。

新版教材共分为7篇,25个教学课题,每个课题又辅之以大量最新的例文导读分析,体现出专业与职业、课业与职业的有机结合，写作技法与写作实战的结合。本教材在保证财经专业理论"够用、实用、管用"的基础上，把专业知识与写作技巧融会贯通，使学生兼顾专业学习与写作训练，同时进行知识积累与能力培养，充分体现出写作教学的实用价值。

在编写新版教材的过程中，编者参阅了大量相关教材、专著和网络资料，并援引当前最新的相关财经问题资料，在此特别说明，并对相关作者表示感谢！同时，部分学生在收集资料、整理文稿、文字校对等工作中付出了辛勤的劳动，在此表达深深的谢意。

由于财经政策变化较快，应用文体规范也在调整中，故此书中难免有不妥之处，敬请广大同行不吝赐教。

刘常宝

2019年10月于大连

Suggestion 教学建议

本课程应采用知识迁移式教学模式，在教学中，应首先带领学生简单回顾各章节所涉及的财经专业知识，在此基础上将写作理论及技法融入教学内容之中，重点在于财经知识的实际运用，把握从一般文体知识掌握、基本模拟参照到写作实战训练三个环节的逻辑关系，在建立演绎性推演知识体系的基础上，对写作的技法进行了全面的阐述。教学内容主要包括财经文书及公文写作理论概述、财经规划文书、财经信息文书、财经报告文书、财经诉讼文书、财经管理文书、财经研究文书等文体的写作。教学中应力求文体知识介绍详尽，范文评注解释科学，板书体例条理清晰，掌握财经知识与写作知识二者的课时比例，使学生通过本课程的教学活动，理解写作技法对于提高财经工作水平的作用，并能够在参照优秀范文的基础上灵活掌握财经应用文写作的技法。

本课程按照54课时安排教学，基本保证一个课题用两个课时来完成教学内容，两个课时用于总复习。

课程进度具体安排

篇名	课程内容	课时
第一篇 应用文写作基础知识	课题一　财经应用文写作基础知识	4
第二篇 财经规划文书	课题二　财经简报 课题三　财经工作计划 课题四　财经工作总结	6
第三篇 财经信息文书	课题五　商品说明书 课题六　财经广告 课题七　经济消息 课题八　经济评论	8
第四篇 财经报告文书	课题九　市场调查报告 课题十　市场预测报告 课题十一　经济活动分析报告 课题十二　可行性研究报告 课题十三　资产评估报告 课题十四　审计报告	12
第五篇 财经诉讼文书	课题十五　经济纠纷起诉状 课题十六　经济纠纷上诉状 课题十七　经济纠纷答辩状 课题十八　经济纠纷申诉状 课题十九　经济仲裁书 课题二十　契约类文书	12

（续）

篇名	课程内容		课时
第六篇 财经管理文书	课题二十一 课题二十二 课题二十三	财务预测决策 财务评价文书 财务情况说明书	6
第七篇 财经研究文书	课题二十四 课题二十五	财经论文 财经专业毕业论文及答辩	4
总复习			2
总计学时			54

Contents 目 录

前言
教学建议

第一篇　应用文写作基础知识

课题一　财经应用文写作基础知识　/ 2

　第一节　财经应用文概述　/ 3
　第二节　财经应用文构建　/ 4
　第三节　财经应用文的写作要求　/ 9

第二篇　财经规划文书

课题二　财经简报　/ 14

　第一节　财经简报的概念及类型　/ 15
　第二节　财经简报的编发要求　/ 18

课题三　财经工作计划　/ 24

　第一节　财经工作计划的概念及要求　/ 25
　第二节　财经工作计划的具体写法　/ 27

课题四　财经工作总结　/ 33

　第一节　财经工作总结的概念和特点　/ 34
　第二节　财经工作总结的作用及分类　/ 35
　第三节　财经工作总结的写作问题　/ 36

第三篇　财经信息文书

课题五　商品说明书　/ 44

　第一节　商品说明书概述　/ 45
　第二节　商品说明书写作要领　/ 47

课题六　财经广告　/ 53

　第一节　财经广告的概念及类型　/ 54
　第二节　财经广告的构成及写作要求　/ 55
　第三节　广告的作用及观念突破　/ 60

课题七　经济消息　/ 66

　第一节　经济消息概述　/ 67
　第二节　经济消息的结构、内容与写作　/ 69

课题八　经济评论　/ 77

　第一节　经济评论的概念和特点　/ 78
　第二节　经济评论的种类及写作要领　/ 79

第四篇　财经报告文书

课题九　市场调查报告　/ 88

　第一节　市场调查报告的概念　/ 89
　第二节　市场调查报告的写作要领　/ 92

课题十 市场预测报告 / 100

第一节 市场预测报告的概念 / 101

第二节 市场预测的分类及预测方法 / 102

第三节 撰写市场预测报告的准备：市场预测 / 104

第四节 市场预测报告的写作格式及要求 / 106

课题十一 经济活动分析报告 / 111

第一节 经济活动分析报告的概念及作用 / 112

第二节 经济活动分析报告的种类 / 114

第三节 经济活动报告分析的特点 / 114

第四节 经济活动分析报告的结构 / 115

第五节 经济活动分析报告的写作步骤 / 116

第六节 经济活动分析报告的写作要求 / 117

课题十二 可行性研究报告 / 120

第一节 可行性研究报告的概念 / 122

第二节 可行性研究报告的写作要求 / 124

课题十三 资产评估报告 / 131

第一节 资产评估报告的基本概念 / 133

第二节 资产评估报告的作用和设计规范 / 135

课题十四 审计报告 / 139

第一节 审计报告的概念及作用 / 140

第二节 审计报告的特点及结构 / 142

第三节 审计报告的编写程序及方法 / 144

第五篇 财经诉讼文书

课题十五 经济纠纷起诉状 / 150

第一节 经济纠纷起诉状的概念和特点 / 151

第二节 经济纠纷起诉状的写法 / 152

第三节 经济纠纷起诉状的写作要求 / 153

课题十六 经济纠纷上诉状 / 160

第一节 经济纠纷上诉状的概念及特征 / 162

第二节 经济纠纷上诉状的写作问题 / 163

课题十七 经济纠纷答辩状 / 171

第一节 经济纠纷答辩状的概念和特点 / 172

第二节 经济纠纷答辩状的写作问题 / 174

课题十八 经济纠纷申诉状 / 179

第一节 经济纠纷申诉状的概念和特点 / 181

第二节 经济纠纷申诉状的写作问题 / 182

课题十九 经济仲裁书 / 187

第一节 经济仲裁书的概念 / 188

第二节 仲裁申请书、仲裁答辩书、仲裁调解书和申请执行书 / 188

课题二十 契约类文书 / 202

第一节 经济合同 / 203

第二节 意向书和协议书 / 211

第六篇　财经管理文书

课题二十一　财务预测决策 / 216
　　第一节　企业预算报告的概念及编制过程 / 217
　　第二节　预算的基本格式及编制要求 / 218
　　第三节　企业预算报告的概念及结构 / 221
　　第四节　企业决算报告 / 224

课题二十二　财务评价文书 / 230
　　第一节　财务评价报告的概念及特点 / 232
　　第二节　财务评价分析中的财务报表分析 / 233
　　第三节　财务评价报告写作要求 / 241

课题二十三　财务情况说明书 / 244
　　第一节　财务情况说明书的一般概念 / 247
　　第二节　财务情况说明书的内容及编写要求 / 249

第七篇　财经研究文书

课题二十四　财经论文 / 258
　　第一节　财经专业论文的概念 / 260
　　第二节　学术论文的选题问题 / 260
　　第三节　学术论文写作的文法 / 263
　　第四节　财经学术论文规范化问题 / 264

课题二十五　财经专业毕业论文及答辩 / 270
　　第一节　毕业论文的概念和特点 / 271
　　第二节　毕业论文的写作步骤 / 272
　　第三节　毕业论文的结构和写作 / 276
　　第四节　毕业论文答辩 / 279

参考文献 / 285

第一篇
应用文写作基础知识

Chapter 1
课题一

财经应用文写作基础知识

📖 应用导航

2019 年中国楼市走向预测：上涨 or 下跌

2019 年楼市总体转向降温，小幅调整是大概率事件。

《中国住房发展总体报告（2018—2019）》指出，尽管未来预期和市场走势还有待观察，总体判断和预测：总体上，小幅调整是大概率事件。在没有重大政策转向和意外事件冲击的情况下，2019 年总体市场转向降温通道，不会出现剧烈的波动。实际上，降温中还有起伏和波动，稳中有变。

稳

中欧陆家嘴国际金融研究院常务副院长盛松成：房价在 2019 年甚至未来几年内都将保持相对平稳。

关于房价在 2019 年将会反弹甚至报复性上涨的言论恐怕将成为一纸空谈，房价在 2019 年甚至未来几年内都将保持相对平稳，没有报复性反弹的基础。目前我国房价平稳或小幅下降是好事。

跌

经济学家马光远：2019 年房价跌幅为 20%～30%。

基本可以断定，从现在起到 2019 年 4 月，不管是否放水，是否改变调控政策，房价将延续明显的跌势，跌幅为 20%～30%，价格回到 2016 年年底的水平基本已成定局。

涨

被称为地产界的"二炮"的经济学家任泽平：房价或在 2019 年迎来报复性上涨。

在"2017 年财富管理与资产配置高峰内部论坛"上，首席经济学家任泽平曾说过："想买房的人不用着急，只要土地财政没改变，在调控的尾期，地方政府比谁都着急，我担心房价会在 2019 年再次迎来报复性上涨。"

编者认为，2019 年房价以稳为主，既不会大幅上涨也不会大跌。

原因有四：

一、历来房价都是上涨容易下跌难，虽然今年的楼市刮起阵阵寒风，不代表这是房价大跌的信号。而且大多数房企已经在调整，不少在大举进军文旅市场、长租公寓市场等，增加新的利润点。

二、"房住不炒""坚决遏制房价上涨"的政策基调不会变，相信在政府的干预下，房价不会出现大幅的上涨。2018年7月底召开的中央政治局会议，释放了进一步稳定市场预期的坚定信号，市场供需两端逐步回归理性。

三、棚改货币化安置政策调整，因地制宜推行，对于商品房库存不足、房价上涨压力大的市县，要尽快取消货币化安置优惠政策。

四、经济寒冬，在整体经济低迷，多个行业出现裁员潮的大环境下，高房价将无所适从。2019年房价最终的走向如何呢？

资料来源：https://baijiahao.baidu.com/s?id=1620172849483149914&wfr=spider&for=pc。

【点评】

这是一则关于经济活动分析的消息，本篇活动分析站在专家的视角上对2019年房价的走势进行理性分析，同时结合专家分析和宏观、微观形势对房价走势做了趋势性判断，从政策层面、市场层面等几个维度对自身判断进行可信的解释。从中可以看出，财经文书的质量直接影响到文章的社会效果，写好财经文书是开展经济工作的必备技能。

点睛之笔

教学重点：
掌握财经应用文的特点。

教学难点：
1. 理解财经写作和财经应用文的概念。
2. 掌握财经应用文的表达方式。

第一节　财经应用文概述

财经应用文是社会经济活动中经济组织之间以及个人与经济组织之间进行必要经济活动的交流媒介，在保证社会经济活动的规范性、有效性、持续性方面起着重要作用。

一、财经应用文的概念

狭义的财经应用文，专指各类为财经工作所专用的财经专业文书，是专门用于经济活动的经济应用文体的统称。广义的财经应用文是人们在财经工作中所使用的各类反映经济活动内容的文书的统称，既包括财经专业文书，也包括一些同时在其他社会领域或部门广泛应用的文书。

财经应用文在内容和形式方面体现出两大特征：一是从内容方面来看，财经应用文是为解决某个特定的经济问题或处理某项具体的经济工作而撰写的文种，它的内容同经济活动有关，是经济活动内容的反映；二是从形式方面来看，财经应用文大都有着固定的格式，带有一定的程式化特点。

财经应用文具有一般应用文所共有的功能特点，是人们在长期的经济活动中逐渐总结出来的语言表达模式，并随着社会经济活动的多样性和复杂性而发生变化，尤其是在信息和网络技术的广泛运用的背景下，使形式符合互联网信息平台要求的网络软文应运而生，说明财经应用文的文体形式也在发生变化以适应新的经济活动对思想载体的要求。

二、财经应用文的作用

财经应用文在社会经济活动中传递经济信息，了解政府经济政策，明确市场主体经济权利义务等方面承担重要职能，财经应用文自身文体演变是在不断适应社会经济活动的客观要求的过程中发生渐进性变化的。在经济全球化、技术信息化的背景下，我国的财经应用文也在逐渐表现出国际化、信息化的特点。

第二节　财经应用文构建

财经应用文与一般文体在编写之初同样也涉及文章主旨的建立问题，主旨是文章的核心和灵魂。古代文章写作所遵循的"起、承、转、合"原则中的"起"，就是要求"文以载道"，也就是说撰文首先要确定主旨。

一、确立主旨

确立主旨应当从明确主旨概念开始，逐步从表达、要求等方面来完成财经应用文主旨的建立。

1. 主旨的概念

主旨是文章的中心思想，也是作者在文章中通过各种材料所表达的对经济活动过程的认识、评价以及写作意图。主旨是构成文章必不可少的因素。古今中外的文章，无论是鸿篇巨制，还是微言小品、网络软文，都要有主旨，财经文体也不例外。没有主旨的文章就是一堆散乱、没有价值的材料，达不到写作的目的。因此，主旨是全篇的灵魂、统帅，是衡量写作成功与否的主要依据，也是决定一篇财经应用文价值的核心因素。

2. 主旨的表达

财经应用文有其独特的表达主旨的方式。

（1）一文一事。一文一事是指一篇财经应用文里只讲一件事情。"一事"的事只是为了"一旨"。因为一般文稿，只能有一个主旨。一文一事，既有利于提高办事效率，也有利于主旨的表达。

（2）片言居要。片言居要就是指文章要用一两句精到的话概括、诠释出文章的主旨，并且要将其放在显要的位置。其一，篇首点题，是指主旨出现在文章的开头，开门见山点出主旨。其二，段首居要，是指主旨出现在段落的开头。这种类型经常出现在较长的文章之中。一篇文章只有一个总的主旨，为了表现这个总主旨，还要从几个方面进行表述，因此，就要把文章分成若干段，每一段都必须形成自身的主旨。将段落主旨归纳起来放在段首，就叫段首居要，这相当于科研论文的摘要。这样，不但可以提高读者的阅读效率，而且便于理清作者的写作思路。

主旨的表现一般有三种形式：一是标题显旨，即在文章标题中体现出来；二是呼应显旨，即在开头和结尾以相互呼应的方式显示主旨；三是篇末显旨，即在文章的结尾，通过表达总的要求、目的、未来趋势走向来显示主旨的方法，以深化读者对作者所提问题的印象，烘托全文主旨。

3. 主旨的要求

（1）正确。观点正确、立场鲜明是写文章最基本的要求。正确的主旨建立对于财经应用文的基本要求而言，是指文章的思想观点、思维方法经得起实践检验，必须以符合政府的方针政策、法律法规，符合客观经济活动内在规律为前提；切合经济与社会发展的实际，构思行文符合逻辑，概念准确，判断正确，结论明确。当然，主旨的正确与否从根本上说，取决于作者对客观事物的把握是否全面、正确、精到，取决于思想认识、价值观是否正确。

（2）单一。单一不仅是指一篇文章只能有一个主旨，而且也要求这个主旨的内容不能零乱、分散，要遵循形式逻辑中的同一律。为了使文章的主旨集中，作者不能在一篇文章中表达太多的意思，面面俱到；不能在文章中夹杂与主旨无关的材料，节外生枝；不能有两个以上的中心，主旨必须单一、突出。"文主于意，而意多乱文；议论主于事，而事杂乱议"（清·魏际端《伯子论文》）。意思就是全篇材料的取舍、表达方式的运用都应服从主旨的需要，都要为写作的目的、主旨服务，要能够集中笔力，一以贯之。

（3）鲜明。鲜明是指文章主旨的表达要清楚明白，才容易为读者所理解和掌握。财经应用文主旨鲜明指的是观点直白明确，语言表达具体清晰，分析问题开门见山，反对什么，赞成什么，都能做到清清楚楚，言简意赅。

（4）深刻。深刻是指主旨能够通过对现象的分析揭示事物的本质，反映财经工作的内在规律，预见未来事物发展的趋势，使文章具有较高的思想意义、社会意义和经济价值。这就不仅要求作者深入研究所占有的材料，更要能透过事物的表面现象看清事物的本质，做到"一叶知春"，而不是"一叶障目"，能够廓清迷雾，高屋建瓴。

二、筛选材料

1. 材料的概念及作用

广义的材料是指人们为了写作而搜集积累以备用，具有一定意义和价值的全部素材，是写作准备阶段所获得的具体成果。狭义的材料是经过作者选择后写入文本用来表现主旨的客观事物、现象、理论依据、数据等，是构成文章的主要要素之一。材料既是财经应用文确立主旨、形成观点的基础，又起着证明观点、表现主旨的作用。材料是文章的血肉，是提出问题证明论点的依据。材料越丰富、越全面，就越有利于形成正确、深刻的主旨。总之，材料是构成文章的基本要素，既是文章的核心部分，又是形成主旨的基础。

2. 材料的搜集和选择

（1）搜集材料。写文章，搜集大量的材料和信息是作者应做的主要工作。财经应用文写作，涉猎的范围较广，选择的材料是多方面的，既需要现实的、具体的材料，又需要间接的、历史的材料。搜集材料主要有以下途径：

1）实际调查研究。确立主旨有力的依据是第一手材料。获得第一手材料的主要途径是深入实际，实地考察，在写财经应用文时，应注意对宏观和微观经济环境进行详尽的调查研究，保证所获材料的真实可靠。

2）查阅文献。查阅文献主要是通过文字材料、媒体、文件、互联网、书籍、报刊、历史档案以及组织的数据库获取信息与材料。在查阅的基础上可以根据实际需要选取材料，在对材料进行有效分析后，对历史和现状做纵向或横向的考察比较，提出论点，得出结论。这种搜集材料的方式，十分普遍、灵活、便捷、实用，值得借鉴。

（2）选择材料。

1）紧扣主旨选择材料。只有紧紧围绕主旨的需要去选材，才能使主旨集中明确。应以主旨为统帅，以能表现和突出主旨为选材标准，对材料进行认真推敲、鉴别，从中选取最能表现主旨的材料写入文章。

2）选择真实材料。真实的材料，是指在财经经济活动中真实发生或存在的事物，包括时间、人物、地点，也包括问题、数据、政策、法令等。准确，是指要对所选择的材料进行反复核实、查对，保证确凿无误。只有基于准确的数据和真实的情况，才能推导出正确的结论，才具有普遍指导意义。这就要求作者必须具有科学求实的作风，同时又具备严肃认真的态度。

3）选择典型材料。所谓典型材料，是指具有代表性，具有说服力，能揭示经济活动的本质和规律，能充分表现文章主旨的材料。要选择典型的材料，就要围绕主旨，在积累的材料中能动地进行比较，对其性质、特点以及所包含的意义，进行细心研究，逐一分析，认真鉴别，占有材料提倡"以十当一"，以多为佳；选择材料则应主张"以一当十"，以严为上。

4）选择新颖材料。新颖的材料主要是指新发现的事例、新搜集到的信息，以及新出现的观点。这类材料具有时代特征，有魅力，有说服力，给人以新鲜感，能预示新的趋势和前景，能反映符合互联网时代特点的新情况，容易使人产生共鸣。总之，文章最忌随大流，只有新颖的材料才能充分体现文章的价值。如果所用材料是过时的、陈旧的，缺乏时代感，那么就会严重影响它的实用价值。

三、布局结构

1. 结构的含义

结构是文章的组织构架,是组织安排内容材料的具体方式。结构还常常被称为组织、布局、章法、格局等。

结构有其客观的组织结构和主观目的。从客观方面讲,文章是客观事物的一种反映。而客观事物本身也是各个部分、各重要因素的组合体。例如,一件事,总有一个发生、发展的完整过程,有它的起因、经过、结果等阶段;一件物品,有它的形状、颜色、构造、性能等各种因素。总之,任何事物都存在"结构",都有发展或展开的自然顺序和内部联系,这就是确定文章结构的客观依据。从主观方面讲,人的一切创造活动都有目的性、层次性、结构性。结构作为人"创造"文章的一种方式,当然也渗透着创造活动的基本特性,这就是既能准确、完美地表达文章的内容,又能吸引读者读完全篇、领略文意。正是这种主观目的与层次,决定了安排结构的一些基本原则。

2. 结构的基本形式

古希腊哲学家亚里士多德在《诗学》中说过:完整的结构指有头,有身,有尾。根据以上观点,结构的基本形式就是由开头、主体和结尾这三部分组成的。如果说主旨是文章的灵魂,材料是文章的血肉,那么结构就是文章的经络和骨骼。结构的任务就是根据主旨和作者的思路将材料、观点等内容有步骤地加以组织和安排,使文章成为一个紧密、有机统一的整体。常见的文章结构模式有"纵向式""横向式"和"纵横结合式"。纵向结构即按照时间顺序或事物发展的过程组织文章;横向结构即按照事物的空间关系或事物的性质和不同方面来安排材料。比较复杂的文章往往采用纵横结合式的结构:在总体上采用纵向式(或横向式)结构,在局部则运用横向式(或纵向式)结构。

(1)开头。开头要精致凝练,财经应用文要格外凸显文章视角、格局、行文依据。梁启超说过:"文章最要令人一望而知其宗旨之所在,才易动人。"对大多数财经应用文而言,开宗明义十分重要。考虑怎样开头,实际上就要考虑整个文章的布局。头开得好,就容易顺利写下来;开得不好,就很难写下去,或者勉强写下去,层次却很难理顺。财经应用文开头的基本要求是:开门见山,直奔主题。其常常使用"由于……""为……""为了……""依据……""遵照……"等句式。有的财经应用文以引述来文、来函开头。

(2)主体。主体要充实丰满,切忌空洞、乏味。主体在这里指文章的主要部分,也就是开头和结尾以外的中间部分。文章要表达的主要事实、主要问题以及主要思想一般都包括在主体部分中。文章的内容是否充实,主要体现在主体部分。只要这一部分有分量,就是古人所说的"猪肚"。所谓"充实丰满",有两方面的含义:一是指内容材料丰富、具体;二是指材料的典型性强。换句话说,主题的内容是量与质的统一,如果只求量多,而不重质好,那主体就不是"猪肚",而是"草包"。

(3)结尾。结尾要沉稳有力,避免浮泛,注意合题。古人把结尾称为"收笔",它是主体部分的自然延伸，是内容发展的必然结果。苏东坡所说的"常行于所当行，常止于所不可不止"就是这个意思。古人以"豹尾"要求文章结尾是很有道理的。不论做任何事，人们总是要求"善始善终"，不要"虎头蛇尾"。写文章也是如此，最忌前紧后松，草草收场。财经类文章结尾要避免上述弊病，应注意两点：一是结尾要沉稳，不可草率浮泛，这样才能托住全篇，给人以整体感。具体说，就是结尾部分的内容要与开头或主体紧密呼应，文意贯连，血脉贯通，融为一体。二是结尾要有力度和气度。力度和气度是指，结尾或气势宏伟，或旗帜鲜明，或感情强烈，或格调高昂，或委婉含蓄，或意味深长，对财经应用文而言，对事物发展趋势与未来前景的展望是结尾的主要表述内容。

财经应用文的结尾应力求简洁明快，对正文有补充和强调作用。俗话说，编筐编篓难在收口，写文章也是如此。财经应用文多种多样，其结尾方式也是各不相同，但无论用什么结尾方式，都应言简意赅，发人深省，符合文种的写作要求，意尽笔停。

常见的结尾方式有以下几种。

1）规定性结尾式。它是指，有明文如何结尾，或虽无明文规定，但有习惯上比较一致的结尾方式。比如，行政公文类、合同类、经济纠纷诉状类等。其格式大多有较为规范的要求，其结尾也较规范。

2）总结性结尾式。这种方式是在文章的结尾处，对全文的主旨进行简约的总结概括，使读者形成完整的概念，以加深读者对文章的印象。这种结尾方式常用于总结、财经论文、行政公文中某些篇幅较长、内容较多的文章或文件之中。

3）展望、鼓舞性结尾式。这种结尾方式在结尾处，根据主旨的要求，展望未来，激人奋进。总结报告类文章常用此法。

4）强调性结尾式。这种方式在结尾处对文章主旨进行强调说明，以示重视，便于贯彻执行。调查总结类、财经论文类常用此法。

5）自然结尾式。这种结尾方式是将文章的主要内容写完之后，不加任何言外之文，事终墨断，自然收尾。它多见于计划总结类、法规规章类、行政公文类。

3. 结构的要求

财经应用文的结构，要求做到完整严谨、比例恰当、层次分明、条理清晰、前后连贯、首尾应和。所谓完整严谨，是指文章有开头、有中段、有结尾，几部分的安排精细严密，无懈可击；所谓比例恰当，是指头、中、尾的比例是"凤头、猪肚、豹尾"；所谓层次分明、条理清晰，是指段落层次的安排清楚明了，有条不紊，先后顺序有很强的逻辑性；所谓前后连贯，是指文章中句子与句子、段落与段落、层次与层次、开头与结尾之间，通过文字衔接、沟通、浑然一体；所谓首尾应和，是指文章有头有尾，相互照应，完整匀称。总之，要使财经应用文在结构上完美无瑕，必须要熟知并掌握其结构特点、基本形态、基本内容以及基本要求。

四、提炼语言

"语言是思想的直接现实"，深邃的思想、严谨的逻辑、复杂的专业知识，都要通过通俗易懂的语言来表达。但是，语言也要强调语境，即人们常说的"法言法语"，财经应用文作为经济类专用文体，也要重视语言的专业性、科学性。

1. 准确

财经应用文的语言准确，首先用做到概念准确，行业术语准确，精选词语，用准词语。其次，句子表意要准确，不悖事理，符合规律，遵从专业，正确无误地表达内容。同时，要合乎逻辑和语法规范，人们一看便一清二楚，明白表述的内容。再次，财经应用文要靠数据说话，数据、图表、引文、人名、地名等也要求准确无误。

2. 简练

简练是指用最精炼的文字表达最丰富的内容，遣词造句干净利落，既要深入浅出又要言简意赅，做到下笔如注，古人称之为："篇无累句，句无累字"。只有对事物和规律认识深刻，才能对情况和问题了解清楚，才能抓住问题的要领和核心，最终以简明扼要的方式把意思准确无误地表达出来。

3. 平实

平实对财经应用文而言具有特殊意义，是一种常见的表达方式。无论是叙述事实，还是说明事理，不用或少用复杂的修辞方法，于平淡处见神采，实言大义，尽量做到庄重大方、通俗易懂。当然，在强调平实的同时，部分财经应用文也不排斥恰当地使用比喻、比拟、排比、对比、警语等修饰方法，以增强文章的生动性、可读性和说服力。

4. 规范

所谓规范，是指财经应用文写作与公文一样有标准性、规定性、统一性的要求。例如，财经应用文的写作格式、发文稿纸格式、案卷格式等，应该符合有关标准和规定。

5. 得体

得体是指语言表达既要做到与作者的身份、读者对象相符合，以及与客观环境和谐一致，还应当做到和所写的文书体例相符。例如，颁布经济政策法规应庄重严肃，提出希望要求应明确平和；向上行文用语要谦恭礼貌，以示尊重，而向下行文则要严谨明确，以便下级执行。

第三节 财经应用文的写作要求

财经应用文写作有自身特有的写作要求和特殊行文规范，在写作过程中要按照这些规范要求进行撰写，在按规范要求约束写作行为的基础上，不断提高写作水平。

一、财经应用文的写作原则

财经应该用文的写作原则，是指在进行所有的财经应用文写作时，必须共同遵守的一般性规则、通行的法则、带有共性的要求。财经应用文的写作应当遵守以下三个原则。

1. 客观、合法

这一原则，回答的是文章"应该写什么"的问题，即在写作时一定要保证文章使用的材料和论据是正确无误的。财经应用文不同于一般文章，一般文章只要围绕某个主题把道理讲明白了，把个人的观点表达出来，能让别人看懂，就达到了写作目的，作者对文章的社会效益的多寡无须过多考量，重点关注作品的负面作用。可是这对财经应用文而言远远不足，它必须要体现社会效益或者工作效益。否则，不但是无效劳动，而且还会影响管理机构或者社会组织本身职能的发挥。因为财经应用文缘事而发，要解决实际问题。要达到这个目的，首先，要做到内容真实。对事件的表述要建立在充分掌握第一手材料的基础上，要通过深入细致的调查研究，全面客观地了解事实真相，既不能凭想当然妄加推断，也不能只根据道听途说就渲染夸大，任意铺排。其次，要做到文书中所涉及的政策性观点与现行的国家政策法规相一致，不能随意违背，也不能将党和政府的某项具体政策特定的内涵进行扩大化的宣传，尤其是引用领导人的重要讲话和重要的文件精神，一定要注意完整性，绝不能断章取义。再次，强调某个问题时要力避片面性，防止一种倾向掩盖另一种倾向。例如，在强调以正面教育为主时，要防止对错误倾向姑息迁就，不能放弃原则；在追求或强调经济效益时，还要注意在法律政策允许的范围内活动，不能不择手段。最后，不要乱提口号，提出口号往往是对一个时期、一项任务的意义和目的的高度浓缩提炼，口号科学准确，会产生积极的作用，但口号华而不实，则会适得其反。

2. 朴实、理性

这一原则，回答的是文章"应当怎么写"的问题，即在写作时要把自己在财经应用文中所提出的对策、意见、方案是否切实可行，是否有可操作性的问题梳理清楚。财经应用文是用来办实事的实务文书，因此它的内容和形式也要服从这个基本特性，即评论事物、提出对策都要秉承一种理智、冷静、客观的态度。要做到这一点，一是要充分理解和尊重受文对象，把问题写明白、写透彻，让人能看懂。很多作者都站在自己的角度上，总以为自己清楚的事情别人也一样明白，而不肯多费些笔墨把问题说透彻，结果读者往往读了半天却不知所云。二是要找准自身的正确定位，切忌自我膨胀，哗众取宠。有些作者总喜欢在文字中自我吹嘘，夸夸其谈，这是写作大忌。三是要以诚实负责的态度对待上级，不能虚报浮夸，糊弄搪塞；对成绩、对问题、对困难、对缺点，一是一，二是二，实事求是。四是要说由衷之言，谋有用之策，不打官腔，不作官样文章。这一点对公文类财经应用文尤为重要。写公文类财经应用文最容易打官腔，四平八稳，作八股文章，无论什么文种，都来个一二三四，甲乙丙丁，看似全面周到，实则空洞无物。

3. 简练、得体

这一原则，回答的是文章"应该写成什么样才合适"的问题，即在写作时要使文体格式合于规范。"简练"是说财经应用文的篇幅应当尽量简约，财经应用文的特色主要在于它的内容准确、正确，而不在于它的形式花哨、铺排。铺排啰唆是初学者易犯的毛病，通常有两方面的原因。一是认识方面的原因。有些人认为，文章太短了显得没有分量，篇幅越长分量越重。于是，其在写下行财经公文时唯恐篇幅太短，似乎篇幅越长越能体现出上级对下级工作的重视；写上行文时担心概念不全面，害怕文章写短了，无法使上级全面了解工作的成绩和面临的困难与问题。二是技术方面的原因。有些人写文章时缺少统筹规划，而是信马由缰，毫无节制，既无明确的目的，又无清晰的思路，篇幅也就难以控制了。在表达方式上，主要采用叙述和说明的方法，必要时辅之以议论，财经应用文一般不采用描写和抒情等文学作品的表达方式。

二、财经应用文对写作主体的要求

社会经济活动的实践证明，作者认识和反映事物的能力，也就是作者的素养，在很大程度上决定着财经应用文写作水平的高下。在财经应用文写作过程中，我们主要从以下几方面考察作者的素养。

1. 政治素养

政治素养主要指作者的政治信仰、道德观念和价值观，也就是世界观和方法论的问题。必须树立科学的世界观和方法论，认真学习与领会党和国家的财经政策，用社会主义核心价值观、世界观及方法论认识、分析当今世界和我国的政治形势、经济形势，实事求是地发现问题、分析问题，只有这样才能写出高水平的财经应用文。

2. 业务素养

财经应用文写作，离不开具体的经济业务，作者要有本行业、本系统、本部门的专业知识。除了要具备业务理论知识外，还要重视业务实践，了解本市场经济的运作规律，不断掌握和运用新信息、新知识、新技能、新方法，尤其是当前互联网经济背景下的新情况、新问题，作者对自己从事的工作所涉及的专业理论知识，也要有全方位的掌握和研究。

3. 语言文字素养

语言是写作理论、知识的直接表现。所谓写作技巧，从某种意义上说就是运用语言的技巧。因此，要写好财经应用文必须在语言文字上下功夫。要努力积累词汇，特别是一些经济管理专业词汇，词汇丰富了，写作时才能得心应手。要掌握语法、逻辑、修辞等方面的基本知识，使语句明白晓畅，让读者一看就懂。同时，要注意文字书写和标点符号的使用，在经济类文书中，由于文意表达不清，标点符号使用不当造成的错误时有发生，这应该引起我们的高度重视。写作能力是各方面基本知识和技能的综合体现，有目的地进行有计划、有针对性的写作训练，是把应用文写作的基本理论、基本知识转化为写作能力的有效途径。

4. 写作专业素养

财经应用文专业性较强，它使用的对象、范围不同，文种格式有较大差异。因此，要写出合乎规范、高质量的财经应用文，就必须从形式与内容两个方面发力，掌握财经应用文的文种格式、特点和要求，这样才能保证它的规范性、严肃性，提高工作效率。

同时，应当明确，在互联网经济时代，社会越来越走向网络化、智能化，网络语境下所衍生出来的新观念、新思想、新术语层出不穷，国际经济交往中的许多新规则、新的交互方式、新的文种格式、新的表达方法也在不断地涌现，这一切都要求作者要不断地加强对专业领域的学习，尽快掌握规则，适应规则，从而更好地写作财经应用文文稿，处理财经文书。

【模拟实训】

一、填空题

1. 古希腊哲学家亚里士多德在《诗学》中说过，完整的结构指_____、_____、_____。

2. 主旨的表现一般有三种形式：一是_____；二是_____；三是_____。

3. 财经应用文的写作应当遵守以下三个原则：一是_____；二是_____；三是_____。

二、判断题（请在题后的括号内打上"√"或"×"）

1. 财经应用文专业性较强，它使用的对象、范围不同，文种格式有较大差异。（　　）

2. 材料是经过作者选择后写入文本用来表现主旨的客观事物、现象、理论依据、数据等，是构成文章的主要的要素之一。（　　）

3. 结构有其客观的组织结构和主观目的。（　　）

4. 财经应用文的作者要有本行业、本系统、本部门的专业知识。（　　）

5. 财经应用文的结尾应力求简洁明快，对正文起到补充和强调作用。（　　）

三、简答题

1. 财经应用文写作的体系构建主要包括哪些内容？

2. 在网络语境下，财经应用文写作的语言主要包括哪些新要求？

3. 财经应用文写作常见的结尾方式有哪几种？

第二篇
财经规划文书

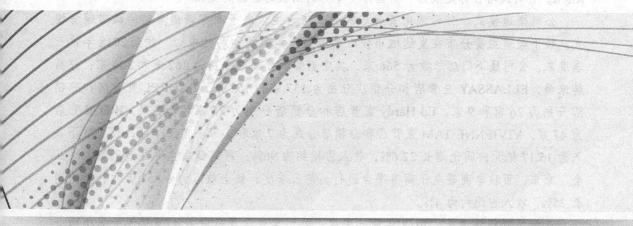

Chapter 2
课题二

财经简报

应用导航

歌力思调研简报：多品牌协同发展

歌力思公司初步搭建起从高端到轻奢定位的多品牌矩阵。目前公司共拥有5个时装品牌，分别为中国高级女装品牌ELLASSAY、德国高级女装品牌LAUREL、美国轻奢潮流品牌Ed Hardy、法国轻奢设计师品牌IRO、美国设计师品牌VIVIENNE TAM，以及一个线上自有品牌唯颂（WITH SONG）。公司拟收购比利时设计师品牌Jean Paul Knott。公司战略目标是成为"有国际竞争力的高级时装品牌集团"。

公司渠道模式。公司采用直营店和分销店为主、电子商务渠道为辅的渠道销售模式。线下渠道主要分布在发达城市核心商圈的大型商场和购物中心。截至2018年第三季度末，公司线下门店总数为566家，其中直营和分销店分别为262家和304家；分品牌来看，ELLASSAY直营店和分销店分别为157家和152家，LAUREL直营店和分销店分别为26家和9家，Ed Hardy直营店和分销店分别为25家和142家，IRO直营店为47家，VIVIENNE TAM直营店和分销店分别为7家和1家。前三季度，公司线下收入为15.17亿元，同比增长22.6%，收入占比约为96%。网络销售主要通过天猫、唯品会、京东、百秋电商等电子商务平台进行。前三季度，线上收入为6 851万元，同比增长25%，收入占比约为4%。

业绩保持较快增长。2018年前三季度，公司实现营业总收入17.4亿元，同比增长25.9%；实现归母净利润2.7亿元，同比增长32.6%；其中ELLASSAY、LAUREL、Ed Hardy、IRO分别实现营业收入7.11亿元、0.76亿元、3.8亿元和4.12亿元，同比增长率分别为9.8%、20.3%、20.82%和54.55%。

材料来源：http://vip.stock.finance.sina.com.cn/q/go.php/vReport_Show/kind/company/rptid/4462243/index.phtml。

【点评】

以上就是一篇优秀的企业财经状况简报，简报向社会披露企业经营状况信息，阐明企业未来发展的战略方向，对促进企业经营活动的有效开展非常有意义。对正在走向工作岗位的财经类大学生来说，写好简报既是自身能力的体现，也是其应该具备的职业基本功。

点睛之笔

教学重点：
重点掌握财经简报写作的格式化要求。

教学难点：
1. 理解财经简报的基本概念，以及它在写作手法上与一般简报的联系。
2. 掌握财经简报的文体特征。
3. 掌握一般财经简报的分类。
4. 掌握财经简报的写作要领。

第一节　财经简报的概念及类型

财经简报经常在企事业单位内部及外部的经济信息沟通过程中使用，它与一般行政性简报具有许多共性。无论在行文上还是文件传阅上，财经简报都需要把握原则性，要格外严谨认真，以免由于编写等工作的疏漏产生负面影响。

企业财务简报写作总述

企业财务简报主要是企业通过网络媒体、传媒渠道向外界或企业内部披露财经信息，用于汇报财务工作，反映问题，沟通情况，指导工作，传递信息的一种文书材料，它具有新闻性，语言力求简短。由于党政机关、人民团体、企事业单位内部的财经情况通报也采用相同文本格式，所以其也属于企业财经简报范畴。

1. 企业财务简报的主要特点

企业财务简报具有新闻性、格式规范性、点面结合等特点。

（1）新闻性。企业财务简报的主要特点体现在"真、快、简、新"四个字。

"真"是指内容要真实，这个特征为新闻的第一特征。企业财务简报所反映的内容、涉及的情况，必须严格遵守真实性原则，无论是时间、地点，还是其他新闻要素、相关数据等都要保证确凿。

"快"是指报道的迅速及时。企业财务简报写作要快，制作和发送也要简易迅速，目的是让受众第一时间了解到最新的现实情况。

"简"是指内容要集中，篇幅要短小。

"新"是指内容的新鲜感。企业财务精简报要及时反映新动向、新事物、新思想、新趋势，可以说是企业发展的"晴雨表"。

（2）格式规范性。从形式上看，篇幅较长的企业财务简报的组成部分有报头、目录、编者按、报道正文、报尾等，其中报头、报道正文、报尾三者是不可缺少的（报头和报尾的固定格式参见范文）。篇幅短的财经简报除正文外，其他可以适当省略。

（3）点面结合。尽管一期简报中可以只有一篇报道，但是在大多情况下，一期简报要将若干篇报道集结在一起发表，形成集束式形态。这样做的好处是有点有面，加大了信息量。

2. 企业财务简报的用途

对于企业而言，企业财务简报的作用体现在三个方面：

（1）促进平级机关相互之间的交流。企业财务简报常常用于平级单位、部门之间交流工作经验，沟通情况，这样有利于相互学习借鉴，从而促进工作质量的提高。

（2）有利于下级机关向上级汇报和反映工作情况。企业财务简报可以将本单位、本系统的日常财务工作、相关业务活动等情况，迅速反映给上级机关，便于上级做出分析、决策等。

（3）及时将上级意图传达给下级机关和职能部门。企业财务简报可以将上级机关的意图，及时通报给下级机关和所属部门，为部门开展工作提供政策指导和数据服务。

3. 企业财务简报的组成部分

只有把握住企业财务简报的结构，才能体现写作技巧的价值。从结构上说，它由四部分组成：报头、标题、正文和报尾。

（1）报头。企业财务简报的报头通常是固定的，有简报名称、期号、编发单位和发行日期。

其中，简报名称的字号宜大，尽量使用套红印刷，位置在简报第一页上方正中处。

期号位置通常按照年度来依次排列期号，有的还可以标出累积的总期号。属于"增刊"的期号，要单独编排，但是不能与"正刊"期号混编在简报名称的正下方。

编发的单位，必须注明全称，其位置在期号的左下方。

发行日期的标准是领导实际的签发日期，必须注明具体的年、月、日，其位置在期号的右下方。

需要注意的是，报头部分与标题和正文之间，一般都用一条粗线隔开。

（2）标题。企业财务简报的标题有两种：双标题和单标题。

双标题可以在正题前面加引题，也可以在正题后面加副题。

单标题就是将报道的中心事实总结为一句话，标题中间的间隔可以采用空格方式，也可以使用标点符号来间隔。

（3）正文。正文分为导语和主体两部分。

1）导语。根据主题的需要，导语可以采用提问式、叙述式、结论式等不同形式。

2）主体。主体被称为企业简报的核心，其层次有"横向结构"和"纵向结构"两种。按照横向结构安排材料是以事理的综合分类顺序进行的，而按照纵向结构安排材料则是以事件发生、发展的时间顺序进行的。

（4）报尾。企业财务简报的报尾视情况而定。针对较单一的事项，可以不写报尾；针对复杂的事项，可以以全文小结的形式作为报尾。报尾部分应该包括简报的报、送、发单位。报，指简报呈报的上级单位；送，指简报送往的同级单位或不相隶属的单位；

发，指简报发放的下级单位。简报的报、送、发单位一般不固定，如果要临时增加发放单位，则应该注明"本期增发×××（单位）"。另外，为便于查对，报尾还应该标明印刷的份数，位置在简报的左上方。

【例文导读】

××公司经济工作会议简报

第8期

二〇一八年八月十八日

2月27日下午，××公司在公司会议室召开了201×年度经济工作会议。控股公司××副总裁出席了会议，企管部、审计部、投资部、工信部、财务部、项目中心、咨询中心及铺前船厂等部门、单位负责人应邀出席了会议。会议由××副书记主持，××公司班子成员及员工共32人参加了本次会议。

会上，××总经理首先做了《××公司201×年经营管理情况及201×年经营目标》的工作报告。报告回顾了××公司201×年的经营工作情况，并实事求是地指出工作中仍存在的问题，同时就201×年的经营管理工作提出设想：一是全力以赴做好三个项目（铺前船厂保障性住房项目、海南省海口航道所统建房项目、铺前船厂103亩土地开发建设项目）的开发建设管理工作；二是继续做好代管项目的建设管理工作；三是加快推进监管项目税务清算及收益分配收尾工作。

其次，××副总经理和××副总经理分别就铺前船厂保障性住房项目工程管理及解决项目的历史遗留问题方面做了题为《铺前船厂保障房工程管理几点看法》《以创新管理解决遗留问题》的专题报告。

会上，应邀出席的相关部门与会代表就项目管理、工程监理、合同管理及风险规避等方面工作，提出了宝贵的意见和建议，这将对××公司今后的管理工作起到积极的推动作用。

最后，××总裁做了总结性发言，在肯定××公司201×年工作的同时，就公司201×年的工作进行了安排和部署：

第一，多关注政策及收集行业方面的信息，尽可能地发挥××公司的优势，改善员工住房条件；

第二，加强与各部门、各单位的日常沟通，提高审批材料的质量及完整性；

第三，注重房地产开发项目的计划编制工作，制订年度的工作计划，并将计划细分到月、责任到人；

第四，抓住铺前船厂保障房项目和海南省海口航道所统建房项目的契机，培养自身人才，锻炼队伍；

第五，把控项目的风险点，重点体现在合同管理的合理、合法，完善资料存档等方面；

第六，利用周边资源，加快解决历史遗留问题；

第七，疏理内部管理环节，加强内部沟通。

报：总公司领导及有关处（室）、部门

送：总公司领导、总公司直属有关单位

发：企管部、审计部、投资部、工信部、财务部、项目中心、咨询中心及铺前船厂等部门

审批：×××　　　　核稿：×××　　　　编校：×××（共印 60 份）

第二节　财经简报的编发要求

财经简报由于在使用中涉及诸多法律制度、政策规定层面的问题，所以要格外严肃认真，不仅行文要严谨，而且编发也要按照一定规制要求进行。

一、财经简报的观点要精炼

财经简报写作的重点在于观点的精炼。财经简报的观点是指对有关财经工作的判断、认识，以及提出的相关意见、办法和建议等。观点一般应当用一句话说明白，如果是几句话，通常不属于观点，属于阐述问题。

1. 财经简报观点的要求

美——四美齐全。有时代气息——新鲜美；有思想深度——理性美；有个性特征——特色美；有点睛之笔——文字美。

突——观点突出。基本方法是：题目显观点，开头见观点，篇尾点观点，转换提观点，小标题串观点。例如，①针对新对象、新需求，确定新思路；②结合新形势、新任务，解决新问题；③引进新成果、新经验，发表新见解；④采用新设备、新工艺，讲出新特色。

实——材料充实。坚持用事实说话，说明观点可以通过：点面材料的结合，对比材料的结合，正反面材料的结合，历史和现实材料的结合，定性和定量材料的结合。以少胜多，善于使用概括性材料；去粗取精，坚持使用典型材料；删繁就简，力争使用浓缩材料。

2. 财经简报观点的来源

财经简报观点的来源包括政府的最新经济方针战略、宏观经济形势的要求、当下工作的迫切需要、基层的创新成果、写作人员的深入思考。

3. 财经简报观点的模式

（1）方法型。例如，一份关于提高产品质量和总结销售业绩经验的简报是这样写的：收集信息一竿到底，产品设计一气呵成，确定战略一步到位，完成销售一包到底。

（2）目的方法型。例如，《财经工作四落实》一文的四个小标题：计划落实，列入了重要项目；工作落实，摆在了重要地位；组织落实，指派了重要干部；财务落实，投

入了重要财力。

（3）方法成果型。例如，《信息平台构建工作快速高效的基本经验》一文的四个小标题：作为重点项目，经费有保证；进行重点指导，领导有保证；给予重点支援，技术有保证；组织重点帮助，人力有保证。

（4）认识成效型。基本模式：认识问题法——若干个问题的解决；摆正位置法——若干对位置的摆平；解决要害法——若干个要点的攻克；处理关系法——若干对关系的处理等。

4. 财经简报观点的形成

（1）顺瓜摸根法。解剖典型成果，从一点深入，层层梳理，追根溯源，分析成功的新招，进行理论思考，发展和完善新招，形成新观点。

（2）以线找珠法。回顾历史进程，从一线深入，研究重复出现的问题，发展和完善规律性的成功做法，形成新观点。

（3）合并同类项法。列出各方面有效经验，全面归纳和完善系统性的体会与做法，形成新观点。

（4）规律指导法。例如，想工作取得成效，就必须坚持一般原理同工作实际相结合的原则。因此，总结经验就可以在一般原理指导下，从事物发展的基本要素、开展工作的基本环节、搞好工作的基本要领入手，理出具有决定意义的工作要点和工作方法，"纲举目张"，形成新观点。例如，抓根本、抓关键、抓重点、抓核心等。

（5）货比多家综合使用法。"点、线、面、理"全方位地综合研究分析比较，典型与典型比，经验与经验比，经验与教训比，正面与反面比，历史与现实比，此理同他理比，通过"货比多家"，形成新观点。

二、财经简报的编发符合规范

（1）一期简报一个主题。在简报的编写中，无论是定期的还是不定期的简报，是专题类、综合类还是会议类简报，是刊载一篇文章还是数篇文章，都必须围绕一个中心，突出一个重点，表现一个主题。这个主题必须体现当时党的方针政策和政府工作的中心任务以及企事业单位经济工作的战略重点。

（2）质量第一，择优选登。简报的稿件来源，通常有三条渠道。一是简报编辑人员到所属单位调查了解，掌握了第一手材料，亲自撰写的。其内容主要是反映财经工作开展的情况，或者表彰与之有关的先进单位和个人，或者揭示存在的问题和不正之风等。二是为宣传政府的宏观经济指导方针和政策，配合企业财经工作开展，选登所属单位上报来的有针对性、指导性的文稿。三是转载或摘录上级或协作单位有参考价值、有影响的稿件。无论哪种情况的简报，都必须把稿件的质量放在首要位置。

1) 主题深刻，富有新意。简报稿的主题必须体现各级政府经济工作的重心，要有时代特色，反映社会经济活动的最新变化。文章要回答乃至解决财经工作中的热点、难点问题，对具体工作有普遍指导意义。

2）材料典型，有说服力。材料是主题赖以成立的基础和支柱，是表现主题、服务主题的；材料越典型，就越有代表性，越能揭示事物的本质，越有说服力。表现主题的材料不在多，而在精，在于典型。

3）表达严谨，富有美感。结构严谨，层次井然，逻辑性强，语言简洁、明快、流畅，朴实无华，读起来上口，尤其是上市公司的财经简报，要便于大众普遍接受。

（3）提纲挈领，精写按语。对于某些特别重要的财经类简报稿件，诸如转发上级的重要文件或简报、本机关领导的重要指示、有推广价值的财经经验材料、应该引起重视的财经工作情况或信息等，财经简报的编辑者常常要代表组织，在原文前面加写按语。按语要写得简洁明了，提纲挈领，一语中的。其写法概括起来有以下三种：一是提示性按语，用扼要的文字，概述出文章的主要内容，点明主题及其意义，以引起读者的关注。二是评论性按语，针对文中某一个观点，抓住某一个问题，认定某一事件，发表见解，表明态度，使读者明白其中的道理，从而受到启发和教育。三是指示性按语，用简略的几句话指出应该学习的要点和值得注意的问题，提出明确的希望和要求，以供有关人员学习、效仿或贯彻落实。

（4）精心校对，及时送发。稿件清样出来后，要仔细检查，精心校对，不能有丝毫差错，以确保简报的质量。如果校对不认真，粗枝大叶，纰漏百出，不仅有碍文章内容的准确表达，而且会影响领导机关和企业管理层的威信。财经简报印出后，要迅速送发，以保证简报的时效性，充分发挥其沟通情况、传递信息和指导工作的作用。

三、实际应用

简报的按语是简报的编者围绕所编发的一段文字，提出看法，表明态度，或提供背景材料，其作用在于让读者加深对问题的理解。简报的按语分为编者按和编后两种。无论是编者按还是编后，都应当简洁、精练，以事实说话，要讲究艺术，切忌以领导者自居，居高临下，更不能以势压人、以文压人。

1. 编者按

编者按属于评论性文章，是编者代表简报的主办机关对一些重要事实表明态度、看法，或介绍有关情况。编者按，同其他文章相比，较为正规，不能随便发言表态，并且要精、要简，不能拖泥带水。

编者按可长可短，长可达几百个字，短可以只有一句话或十几个字。编者按无论长短，其功能概括起来主要有两个方面：一是根据上级或高层有关精神或当前工作中需要注意的问题，对有关重要事实表明态度和看法，明确提倡什么，否定什么，哪些经验值得推广，哪些问题应当引起人们的注意，对工作有明显的指导意义；二是对简报中文章的背景、有关情况加以交代，或对某些问题做补充性说明。

简报编者按的功能和写法，同新闻编者按的功能和写法基本相同。

比如，《某物流公司沉着应对危机，积极开拓市场》这篇稿子的编者按有三个自然段。第一段："在金融危机背景下，国内物流企业的经营机制改革、战略发展重点的调整势在必行，需要对原有经营模式的弊端进行割除，只有转换经营机制，调整市场战略，才能'救活'企业。但是，只看到自己的短处和弊端而看不到自己的长处和优势，就会丧失信心，甚至把企业员工的心气弄散。"本段提出问题，分析问题，表明了对问题的看法。第二段："这篇文章中所提到的四个优势，并非某物流企业一家独有。仔细分析，国内物流企业的优势还远不止这些，只不过在原有经营思想的束缚下，这些优势得不到发挥，致使一些人忘掉了这些优势。"本段进一步分析问题，指出了国有物流企业的优势所在。第三段："在市场竞争中，尤其在金融危机的大环境下，拥有这些优势，可以增强企业战胜困难的勇气和信心。国有物流企业只要充分利用政府的产业倾斜政策，除弊兴利，扬长避短，就会消除金融危机产生的负面影响，在未来的市场竞争中牢牢占领先机，重新焕发企业生机。"本段得出了解决问题的总答案，催人奋进，给人以信心和希望。这篇编者按虚实结合，说事明理，指出了现实经济活动中迫切需要解决的认识问题，把握了时代的脉搏，具有较强的现实性和指导意义。

编者按大多放在文前，也可放在文中。编者按没有题目，在其开头用比正文稍大一点的字"按语""编者按"或"编者按语"加以显示。

2. 编后

简报的编者，在编完一篇文章之后，感到意犹未尽，有需要继续说明或阐述的，就可以将其整理成文，形成编后。编者按较为正规，不可盲目使用，而编后相比之下则较为随便，有触景生情、借题发挥之意。编后可单独成篇，放在文章之后，可有题目，也可以不要题目。尽管编后较为灵活、随意，但也要有的放矢，旗帜鲜明，要善于分析问题，阐述道理，要善于谋篇布局，创新求精，起到类似文章"豹尾"的文字效应。

【例文导读】

2019年第6期
二〇一九年六月八日
财经综合信息

【领导论坛】

××在调研财税工作时的讲话

【政策传真】

中省部分政策调整

【财政动态】

××县：一事一议财政奖补讲求绩效

××县："互联网+小微贷款"破解融资难

××县：交通运输业"营改增"税收实行一体化征收

××县：财银对接便捷服务农民群众

【他山之石】
广东车改号角全面吹响
【5月大事记】

交通运输业"营改增"税收实行一体化征收

2019年5月1日,××县在全县范围内正式启动交通运输业"营改增"税收一体化征管模式。据悉,对交通运输业"营改增"税费采用一体化集中征收的运转模式在××市属首创。为深化财税体制改革,在交通运输行业贯彻落实"营改增"税收政策,确保依法征收交通运输业税收顺利进行,根据《中华人民共和国税收征收管理法》,该县迅速成立了县交通运输业"营改增"税收征收一体化办公室,由税务部门授权委托,综合财政、税务、交通运管、城管、交警等职能,利用县政务中心窗口和县矿产品规费征收办公室遍布全县的基层站点进行集中征管,实行集中职能、统一办公的"一体化"征管模式,有效形成了多部门"大兵团"协作的工作局面。据测算,该县实施交通运输业"营改增"税收一体化征管后,年内该行业"营改增"税收可增加2 000万元。

对交通运输业"营改增"税收实行"一体化"征管模式,有效地解决了该行业双重征收税费的问题,即交通运输业主缴税后可依法取得增值税专用发票和增值税普通发票,行业税赋较"营改增"前将降低30%。对业主来说,就近纳税即来即办,更加方便快捷。

(××县财政局 邓×× 肖××)

报:××市财政局
送:省政府办公厅,省财政局,各市区人民政府
发:××市各县财政局
审批:××× 核稿:××× 编校:×××(共印100份)

报:省局领导及有关处(室)、市委、市政府
送:市局领导、市直有关单位
发:各县市财政局、市直各分局、本局各科室
审批:××× 核稿:××× 编校:×××(共印60份)

【模拟实训】

一、填空题

1. 简报是一种_____的文书,它是企事业单位、各经济组织的管理工具之一。
2. 从简报文稿写作要求来说,简报要_____、_____、_____。
3. 简报首页上端_____处用分割线将报头与文稿部分分开。
4. 在简报末页下_____处用分割线与文稿部分分开,分割线下与之平行的另一横线间内标本期简报的"报、送、发"单位名称,右侧注明本期_____。
5. 一期简报一个_____。
6. 简报的稿件来源,通常有三条渠道:一是_____;二是_____;三是_____。

7. 简报的编辑者常常要代表组织，在原文前面加写按语。按语要写得简洁明了，提纲挈领，一语中的。其写法概括起来有以下三种：一是_____；二是_____；三是_____。

二、判断题（请在题后的括号内打上"√"或"×"）

1. 从简报制作的方面来说，简报一要勤，二要美。（　　）
2. 简报的观点是指有关工作的判断、认识、意见、办法和建议等。（　　）
3. 经济工作简报是相关类型简报的统称。（　　）
4. 简报通常是一期一篇，也可以一期为一组性质接近的文章。（　　）
5. 简报是内部的材料，它的读者对象也是有一定限定的。（　　）

三、问答题

1. 简报主体层次安排通常有哪三种方法？
2. 简报和信息报道有何内在联系？
3. 如何理解简报材料的准确真实？
4. 简报的编排格式有哪三要素？
5. 下面一份简报的开头有哪些优点？借鉴这个简报开头写一篇特定行业的简报。

秋风送爽，丹桂飘香。《工作简报》在这怡人的金秋季节与大家见面了。雄鹰铝业经过短短几年的风雨洗礼，成长为今天拥有800多名员工的南昌市重点企业。企业实现了从小到大、由弱到强的历史性飞跃，并力争在"十三五"期间跻身国内同行业前十强。

企业壮大了，还要做强、做优。《工作简报》正是基于这样的背景和宏伟目标应运而生的。它将全面反映企业动态，促进科学管理经验交流，它将成为企业文化的有效载体，成为加强公司内部沟通与交流的纽带，成为公司管理者及员工了解"雄鹰"的窗口，成为展示"雄鹰人"精神风貌的平台，也是公司全员学习和交流的一个园地。

6. 写一份情况简报，报道班里的先进事迹。要求做到标题简洁醒目，材料真实典型，层次清晰明畅，语言干净朴实。

7. 以所熟悉的公司的年度经营目标、战略，写一份简报。要求内容充实，层次清晰。

四、职场模拟

结合自己实习或社会实践的经历，参照教材中提供的简报范文，写一篇关于社会经济活动内容的简报，字数在500字左右。

Chapter 3
课题三

财经工作计划

📖 应用导航

合作共赢：OPPO 推出配置 10 亿资源的"引力计划"

2018 年 12 月 26 日，"心无境 向未来——2018 OPPO 开发者大会"在北京国家会议中心召开。大会回顾了 OPPO 近年来与开发者合作共赢的一系列成果，提出打造智能化服务生态的愿景，并正式宣布在 2019 年推出面向广大开发者的"引力计划"，投入 10 亿元资源助力开发者共赢，涵盖开发者核心关注的多个领域。

OPPO 认为，智能化服务生态是从用户衣食住行等方面的需求出发，以智能设备提供更智能化的服务为目标，OPPO 搭建起串联多场景的平台能力，并将这些能力开放给合作伙伴。在未来智能化服务生态的背景下，OPPO 将搭建更加完善的服务生态，助力开发者，与开发者互惠共赢。对此，OPPO 将在内容合作、技术合作、云平台、流量开放、服务直达和个性化服务、场景融入式触达等多维度进行深入探索，更好地为开发者赋能。

在内容合作上，继在应用分发、游戏分发的基础上，同时开放更多维度的合作，如设计类的主题合作、锁屏壁纸合作、媒体信息流合作等；在技术合作方面，提供一整套移动服务能力，包括账号、支付、PUSH 等能力，简化开发者的开发者成本，增加流量；在云平台方面，OPPO 上线 IoT 平台，整合美的家居，与 IoT 联盟的合作伙伴一起建设更加美好的 IoT 生态；在流量开放方面，通过付费推广、至美奖、首发、活动推荐等方式进行流量扶持工作；在服务直达方面，快应用、小游戏等平台的上线，让服务快速直达，同时，OPPO 将开放语音技能平台，为开发者赋能；在个性化服务方面，OPPO 将开放智慧服务平台打通系统的各个场景，更为个性化和定制化；在场景融入式触达方面，OPPO 智能化服务生态将打通负一屏、全局搜索、锁屏、短视频和语音助手等多个大流量来源，打造场景融入式触达，覆盖更多的用户流量场景。

在未来"5G+"的世界里，OPPO 还将提供一系列的工具以帮助开发者，例如，在"5G+AI"方面，OPPO 将提供声纹识别、语音识别等基础工具；在"5G+AR"方面，OPPO 则计划透过 ARunit 平台，协助开发者将优秀的 3D 内容，精准呈现在用户眼前；

在"5G+IoT"方面，OPPO则计划透过IoT开放生态联盟、OPPO云平台以及快应用工具协助开发者实现多点的数据整合。

更让人惊喜的是，OPPO面对开发者推出了新的合作扶持计划——引力计划。OPPO将提供价值10亿元的资源，包括应用合作、独立游戏与小游戏联运、快应用、应用出海等多个领域，希望和开发者一起，为用户提供更加优质的服务与内容。

相信OPPO源源不断的技术与服务能力创新，将会重塑智能设备的未来，让智能化服务生态变得更加多元。通过不断突破基础技术，OPPO将为开发者提供更为强大、更富有革命性的工具来创造新的服务形式与内容，为用户提供高效、个性、多样化的智能服务，让用户得到更优质的服务体验。

资料来源：http://finance.youth.cn/finance_cyxfgsxw/201812/t20181228_11828505.htm.

【点评】

以上就是一篇关于OPPO"引力计划"的文章，这一计划属于财经工作计划的范畴。该文阐述了OPPO面对开发者推出的新合作扶持计划——引力计划的工作思路，提供了开发者赋能的计划目标，并配之以相应的实施方案，既有科学性又有可行性，学生就业后在企业工作时会经常使用这种计划。

点睛之笔

教学重点：

重点掌握财经工作计划写作的结构要领和格式要求。

教学难点：

1. 理解财经工作计划的概念，以及它与一般计划的区别和联系。
2. 掌握财经工作计划的表达特点。
3. 掌握财经工作计划的分类。
4. 掌握财经工作计划的写作要领。

第一节　财经工作计划的概念及要求

制订计划是实施具体工作的前奏，科学的计划是成功实现工作目标的关键。所以，对于优秀的管理者而言，制订计划就是体现工作科学性与艺术性的主要方式。

一、财经工作计划的概念

财经工作计划就是在未来的一定时间内，为了更好地完成企业、政府组织或个人经济活动的相关任务，根据相应的政府以及上级主管部门的指示要求，结合组织及个人的实际情况，提出明确的财经工作目标和具体的任务，要求制定相应的措施、方法、步骤，并规定完成期限等具体内容的书面材料。

二、计划的写作要求

计划一旦形成，就要变成指导行动的文件。因此，制订、拟写计划必须认真、严肃，按照一定的程序和步骤，达到以下几个方面的要求。

1. 酝酿计划

计划的确立基本都是出于实际的需要，这需要有一个调查研究、提高认识的过程。计划制订人员要通过政策导向分析和市场需求调查，即组织学习相关的政策文件，并找到与其相应的支撑点，认识其必要性和可行性。凡事均有可为与不可为。财经工作计划既要防止畏缩不前的保守，又要避免不顾客观情况的冒进。制订计划，就是为了指导自己的行动，因此必须首先明确：可为，或不可为。酝酿计划就是设法寻求可行因素。

2. 可行性研究，计划必须符合实际要求

制订计划必须实事求是，一切从实际出发。从实际出发，实事求是，就必须充分调查研究，反复酝酿讨论，对"确实需要""可为"还是"可能为"进行可行性研究。可行性要包括对计划的主客观条件的分析、对有利因素和不利因素的分析、对在计划执行过程中将会遇到的困难和问题的分析，还包括当遇到某个困难、某个问题时应采取的有效措施，等等。

在研究计划的可行性时，也要注意计划具有超前意识和前瞻性，要力求做到"意识超前，因地制宜"。就是说，制订计划要具有超前意识，以发展的眼光看事物，看到未来一定时间内可能发生的变化。但是，又要切忌说假话、说大话、说空话，搞脱离实际的空头计划，计划要根据实际情况，因地制宜，但因地制宜，也不能盲目。

3. 决策、决定、下决心，计划稳妥又先进

通过计划的酝酿、调查研究、找到计划的依据，论证了可行性之后，便应做出正式决定。制订计划必须具有新的内容，或新指标、新措施、新策略、新举措等。总之，计划既要稳妥可靠，又要有前瞻性。

4. 要有预见性的防范措施

任何工作都有其纵横交错的发展线索，在其发展过程中，往往会出现一些难以预料的问题。因此，在制订计划的时候，要对工作的安排、部署以及可能出现的问题进行充分的分析、估计、研究，分析主客观条件、有利因素和不利因素，尽可能预测到在计划执行过程中将会遇到的困难和问题，并在这个基础上提出预防和解决可能妨碍计划实施的措施和方法，以保证计划任务的完成。这就是计划的指导性所在。

5. 注意计划的客观性，要留有余地

计划虽然是人们主观意志对未来的设想，而且是建立在可靠调查研究和客观事物发展规律的基础之上的，但是，它同实际毕竟有一段距离，如一些不可抗力的自然因素等，所以在制订、拟写计划前，要了解各种因素，在此基础上，综合分析研究，提出切

实可行的任务、指标、措施。也就是说，既不能盲目冒进，把计划订得太高，又不能僵化保守，把计划订得太低。太高了，令人望而却步，失去信心；太低了，不利于挖掘潜力，调动积极性和创造性。

第二节　财经工作计划的具体写法

一般应用文都对格式有固定的要求，财经工作计划也不例外。编写者对具体写作要求娴熟于心，这对提高计划的写作水平十分重要。

一、财经工作计划的格式

财经工作计划的格式包括标题、正文、落款三项。落款在正文结束后的右下方，注明制订计划的日期。如果标题没有写作者名称，就在这里一并注明。

二、计划正文的内容和写法

计划的正文，一般包括指导思想、计划事项、执行希望三个部分。

1. 指导思想

指导思想（前言）在计划的开头部分写出。它是计划的依据，也是制订计划的基本出发点和计划事项的正确概括，大体上包含以下三点。

（1）制订计划的依据。

（2）根据主体的实际情况，对完成任务的主观、客观条件的分析，说明完成计划指示的必要性和可能性。

（3）提出总的任务和要求，或阐释完成计划指标的意义。

并非所有计划的前言都需要包含这三部分内容，应根据计划事项适当选择。

2. 计划事项

计划事项（正文的主体）是指完成任务的项目，指计划正文的主体部分。其内容大体上包含以下三方面。

（1）目标。这是计划的灵魂。计划是为了完成一定任务而制订的。目标是计划产生的导因，也是计划奋斗的方向。因此，计划应根据需要与可能，规定出在一定时间内所需要完成的任务和应达到的要求。任务和要求应该具体明确，有的还要定出数量、质量和时间要求。

（2）措施。要确保实现目标和完成任务，就必须制订出相应的措施和办法，这是实现计划的保证。措施和方法主要指达到既定目标需要采取什么手段，动员哪些力量，创造什么条件，统筹安排，将"怎么做"写得明确具体、切实可行。

（3）步骤。这是指执行计划的工作程序和时间安排。每项任务，在完成过程中都有阶段性,而每个阶段又有许多环节,它们之间常常是互相交错的。因此,制订计划必须胸有全局,妥善安排。哪些先干,哪些后干,应合理安排;而在实施当中,又有轻重缓急之分,哪些是重点,哪些是一般,也应该明确。在时间安排上,要有总的时限,又要有每个阶段的时间要求,以及人力、物力的相应安排。这样,就能使计划实行者知道在一定的时间内,一定的条件下,把工作做到什么程度,以便争取主动,有条不紊地协调进行。

以上三方面的事项,在计划正文的结构中,不要机械地排列,应按实际情况的需要或分开写,或糅在一起写。

3. 执行希望

执行希望(结尾,也叫结束语),在最后写出,为计划的结尾部分。但是,这部分的内容要看实际情况决定取舍。

【应用仿真】 模仿下面的个人计划,写一篇自己在企业实习的工作计划,限定字数在1 000字之内。

实习生工作计划

毕业实习是学生生活中的一个重要环节,它对学生将几年所学知识进行总结,理论与实际相结合,学以致用是十分重要的,对培养学生专业知识运用能力、动手操作能力、社会适应能力有着重要意义。现将毕业实习安排如下。

一、实习时间、方式

1. 实习时间:3月23日～6月14日。

2. 实习方式:以个人联系的形式到企事业单位进行会计、财务等相关岗位实习。

二、实习目的

毕业实习目的在于,学生亲身体验会计工作的具体内容和操作,积累经验,掌握技能,增长才干,为顺利毕业并走上工作岗位打好基础。

三、实习内容

1. 了解企业(或单位)的经营特点。

(1)企业(单位)名称、所在地点、开户银行。

(2)企业(单位)主要的经营项目、其他经营项目。

(3)企业(单位)的生产情况或经营情况。

2. 了解企业(单位)的管理组织。

(1)企业(单位)的隶属关系及所有制体制。

(2)企业职工人数及生产规模、生产组织管理的建制。

(3)财务会计管理的组织及财务人员岗位设置。

资料来源:http://www.kj-cy.cn/htm/2014731/58503.htm.

【例文导读】

学生电子商务项目创业计划书

一、项目介绍

基本每个地区都有自己的特产,我们莱州具体说没什么特产,只是海鲜多点儿。我认为可以打造一个我们的特产出来,发挥品牌效益。莱州"大家乐食品"是每个莱州人都知道的品牌,很受青睐,因为它生产的东西确实很好吃,而且很有代表性。所以,我想以此来作为我的创业项目,通过电子商务这个有力工具来实现它。

二、宗旨及目标

宗旨:你的肯定是我们的动力,你乐我乐大家乐。

目标:让每个人随时随地都可以吃到海鲜。

三、市场调查

1. 我在网上调查了大家乐食品的销售情况,很不乐观。首先,在百度上,只能搜到其公司简介,没什么具体内容,而且内容更新很慢,只是公司内部的一些简单情况。其次,我在旺旺和淘宝上也搜索了该网店名称。在旺旺上,它虽开了店,但没人打理,而且只有搜"市名+关键词"才能找到,所以基本上是没什么销量的。淘宝上也是如此。总的来说,该公司在网络销售这一方面的钱是白花了。
2. 在公司的网页中,查到产品不负责定制,也就是不接单,利润空间下降。

四、实现方式

1. 与厂家进行合作,达成共识,共同创立品牌,我们为其提供电子商务技术上的支持,其公司为我们提供资金上的支持,获得的利润由双方协商后分配。
2. 解决计算机上网问题。
3. 为此项工作申请邮箱、QQ、MSN、虚拟空间,注册域名。
4. 改造其官方网站,在原有的基础上更新,申请新浪博客,使其排名靠前。每天在官方网站上发布新信息,定时更新产品图片及产品信息。
5. 公司在旺旺上已是诚信通会员,在淘宝上也参加了消费者保障计划,所以只需修改旺旺和淘宝上的部分店铺,有必要再重开,购买装修软件,装修店铺。

评析

1. 标题:单位计划通常是单位名称+文体。个人计划可直接采用:个人+文体。

2. 计划的正文,一般包括指导思想、计划事项、执行希望三个部分。

6. 在产品销售初期，大力宣传，利用电子邮件、网络广告、病毒营销、交换链接等方式进行宣传，发展一批固定客户。

7. 销售前期尽可能与全国各大超市、商场进行合作。在这一阶段，厂家让利，低价出售，视产品销售情况逐步回升价格。同样，在网店及官方网站上公布其让利信息，让其产品的价格比同类产品低，尽可能使产品在价格排名中排在前面。

8. 保证店铺24小时有人在线。

9. 到各大银行开设账号，开通网银功能。

10. 联系圆通、申通、顺丰、EMS 为买家送货。在官方网站及网店上注明满 100 元免邮费。

11. 详细介绍食品，在发货时，把公司的食品说明附加到邮包里。

12. 在官方网站上开通订单服务，满足买家需求。

五、销售前景

产品价格适中，携带方便，口味多样，市场上类似这种包装的同类产品比较少，网上卖的同类产品也基本上是散装，邮寄不方便，所以市场竞争应该不是很激烈。被调查人群中的绝大部分人乐于再次购买产品并将之推荐给周边朋友。

六、项目未来

内陆海鲜较少，在未来几年，我们会把市场发展到内陆，使产品遍布内陆各大市场、超市，让每个人都可以很方便地吃到海鲜产品。

××××年××月××日

资料来源：http://www.xuexila.com/chuangye/500799.html。

3. 执行希望（结尾，也叫结束语），在最后写出，为计划的结尾部分。但是，这部分的内容要看实际情况决定取舍。

【应用升级】

很多大学生在校期间都做过兼职销售人员，所以，写一份销售计划也是其工作的具体内容。销售计划是每一个销售员工作的依据，大公司的销售员写销售计划书是必做的工作。当然，很多小公司对销售员不计划、不培训、不指导，只追求销售量。可想而知，大多数销售员都难以完成销售任务，公司所制定的销售任务也变成了空中楼阁，根本只是个摆设或者一纸空文。那么，作为一个销售员该怎样对待销售计划呢？我认为，要成为一个优秀的销售员，无论你是在什么样的公司，无论你面对什么样的老板，精心地制订销售工作计划是你做好销售工作的根本。那么应如何制订销售工作计划呢？

刚做销售员或者刚到一家新的公司时，你所要做的工作是先了解产品，而后了解销售渠道，再了解市场。先不忙着写销售计划，等你觉得对市场情况、产品情况都有一定的了解后，再写出第一份销售计划。这份计划应该是你销售思路的体现，并不需要写出具体的任务，只需要写出你自己的销售途径，以及怎样培养客户、你对产品销售的认识。总之，这是一份销售渠道和销售方法的概要。当你更进一步地了解市场后，再对自己的计划做调整和补充。

一般写销售计划包括以下几个方面：

（1）市场分析，就是根据了解到的市场情况，对产品的卖点、消费群体、销量等进行定位。

（2）销售方式，就是找出适合自己产品销售的模式和方法。

（3）客户管理，就是对已开发的客户如何开展服务以促使他们提高购买量，对潜在客户怎样进行跟进。我觉得这一点是非常重要的，应在计划中占主要篇幅。

（4）销量任务，就是定出合理的销售任务，销售的主要目的就是要完成销售任务。努力地利用各种方法完成既定的任务，才是计划的作用所在。完成了，要总结出好的方法和模式；完不成，也要总结存在的问题和困难。

（5）考核时间，销售工作计划可分为年度销售工作计划、季度销售工作计划、月度销售工作计划。考核的时间也不一样。

（6）总结，就是对上一个时间段销售计划进行评判。

以上6个方面是计划必须具备的。当然，计划也不是一成不变的，要根据市场的变化进行调整。

写销售计划是为了让我们的销售工作有的放矢，使其指导性和规范性作用充分发挥，也是自己考查销售工作的一把标尺。坚持不懈地做下去，你会发现你的销售技能在提高，你的销售业绩在提高，更重要的是你的销售管理能力在提高。能从销售员做到销售经理或是老板位置上的人，95%都是有销售计划的人，更是会制订销售计划的人。

【模拟实训】

一、填空题

1. 计划一旦形成，就要变成指导行动的_____。
2. 财经工作计划的格式包括_____、_____、_____三项。
3. 财经工作计划的正文，一般包括_____、_____、_____三个部分。
4. 计划事项是指完成任务的项目，指计划正文的_____。
5. _____是计划的灵魂。
6. 计划的依据：一是_____；二是_____；三是_____。
7. _____计划是每一个销售员工作_____，大公司的销售员写_____是必做的工作。

二、判断题（请在题后的括号内打上"√"或"×"）
1. 计划与公司策划是没有区别的。（   ）
2. 制定计划目标时要考虑自身的能力问题。（   ）
3. 计划结尾部分必须写执行希望。（   ）
4. 计划的正文就是计划的事项。（   ）

三、问答题
1. 计划、设想、打算、要点、方案之间有何不同？
2. 下面是一份基层单位的工作计划，内容不够完备，结构上也存在一些问题。请根据计划的写作要求，修改下文。

××××年××科第二季度工作计划安排

为了更好地对乡镇建筑施工企业进行管理，使这支队伍走上正轨，成为我行建设的一支生力军，特制订第二季度工作计划如下：
1. 要严格按照市政府的文件精神，会同主管部门监督未到我行开户单位尽快到我行开户。
2. 全面调查已经到我行开户的单位，摸清其基本状况，搞清楚其承包能力。
3. 帮助管理制度不健全的单位建立健全各项管理制度。
4. 做好召开乡镇建筑企业财务工作交流会的准备工作。

以上是第二季度工作计划，希望认真执行。

××××银行××支行××科
××××年××月××日

Chapter 4 课题四

财经工作总结

应用导航

献县财政局 2015 年上半年工作总结

2015 年上半年，全体财政干部围绕县委、县政府提出的工作目标，落实财政工作会议精神，按照年初制定的工作目标，强化征管组织收入，严格管理，依法理财，突出重点，改善民生，深化各项财政改革，落实各项财政政策，面对经济形势低迷、经济增速放缓的情况，取得了来之不易的成绩，按时完成了上半年财政收入任务。

一、上半年财政收支完成情况

（一）收入完成情况（略）

（二）支出完成情况（略）

（三）积极争取上级财政支持

共争取上级专项转移支付资金 28 685 万元，一般性转移支付资金 38 188 万元，有力地促进了我县的经济社会事业发展。争取省级地方政府债券额度 2 644 万元，确保"五馆"建设顺利实施。

二、上半年工作开展情况及取得的成效

（一）加强征管，完成上半年财政收入任务（略）

（二）优化结构，确保公共服务支出

1. 增加政府性投资，以项目投资拉动经济增长，促进经济发展（略）

2. 服务"三农"，促进农村经济社会发展（略）

3. 推进社会保障制度建设（略）

4. 支持教育优先发展（略）

5. 支持全县各项事业协调发展（略）

6. 加强政府性债务管理，切实防范和化解财政风险（略）

（三）加强财政管理，提升理财水平（略）

三、财政工作存在的问题

上半年我县财政收入虽保持增长，但财政运行中不确定、不稳定的因素仍存

在。(略)

四、扎实做好下半年各项工作

下半年，我们将正视困难，坚定信心，突出工作重点，采取超常规举措，确保完成全年财政工作任务。(略)

(一) 全力做好财政增收工作 (略)

(二) 全力做好厉行节约工作 (略)

(三) 全力提升管理水平 (略)

献县财政局
2015 年 12 月 1 日

【点评】

俗话说"编筐编篓重在收口"，总结质量的高低不仅是个人工作能力和文字水平的体现，也是对前一时期工作的分析和总结，对下一步工作进行安排，有着承上启下的作用，因此不可小视。

点睛之笔

教学重点：

重点掌握财经工作总结的格式要求和语言特色。

教学难点：

1. 理解财经工作总结的作用，以及它与计划之间的关系。
2. 掌握财经工作总结的结构特征。
3. 了解财经工作总结的一般分类。
4. 掌握财经工作总结文的写作要领。

第一节　财经工作总结的概念和特点

财经工作总结与其他工作总结相比有自身的特点，但是真正关注的核心点并不在于简单回顾过去，更重要的是如何把握未来，推进工作质量的持续改善。

一、财经工作总结的概念

财经工作总结与一般总结具有一定的共性，都是对组织或个人前一阶段的工作进行回顾、反思和分析研究，总结工作的经验教训和找出规律，以便指导今后工作的一种应用文书。但是，财经工作总结更加注重对问题的分析、对工作方法的探讨和对未来发展的预测。

所以财经工作总结的核心就是从复杂的经济活动现象中，探寻出规律性的东西，如果探寻不出规律性的东西，也就上升不到理论高度，就谈不上是总结。这也是财经工作总结的价值所在。

二、财经工作总结的特点

1. 指导性

总结,着眼于未来,通过总结,可以揭示事物的内在本质,把握事物的规律性,对事物未来的发展做出科学预测,从而提高对今后工作的预见性、主动性,使工作上一个新的台阶。因此,总结指导实际工作,这是工作总结的出发点,也是它的最终归宿。总结若不能指导以后的实践,就没有其存在的价值,所以指导性是总结的生命。

2. 客观性

总结的指导性决定了它的客观性。指导性是就其目的和作用而言的,客观性则是就其内容而言的。因为总结要指导工作实践,所以它的内容必须真实确凿,必须反映工作的实际情况。

总结是对前一阶段的组织社会经济活动进行全面回顾、检查的文种,这决定了总结具有很强的客观性特征。它是以自身的实践活动为依据的,总结中的一切信息和数据都必须完全可靠、确凿无误,并经得起推敲和审核,不允许存在丝毫虚假、臆测和捏造。任何夸大、缩小、随意杜撰、歪曲事实的做法都会使总结失去应有的价值。客观性,是总结的灵魂,也是总结写作者应该遵循的职业道德。

3. 专业性

财经工作总结是当事人实践活动的真实反映。当事人通过"实践—认识—再实践—再认识"的过程,不断获取对经济活动客观规律的认识,写成总结以指导今后的实践,可见总结的内容完全忠实于当事人自身的实践活动。另外,俗话说"隔行如隔山",如果不具备该项实践的专业知识,就难免出现把握不住该项实践活动本质规律的情况。尤其是财经工作者必须具有很强的专业性和从业的实际经验,写作中,除了专业术语使用要规范外,文章的逻辑性、说理性要强,有时要用到大量的数据材料和相关图表,这是财经工作总结区别于一般性工作总结的特点所在。

因此,一位财经工作总结写作者既要参与该项经济活动的全过程,又要具备该项工作的专业知识。

4. 政策性

党的指引和国际政策既是我们工作的依据和指南,也是检验财经工作成败的标准。执行政策的过程是经验的存在形式,而归宿则是执行政策的结果,是经验的产物。因此,总结一项工作,就是总结、检验某一政策的执行情况和正误得失。政策,决定工作的开展方向;工作,体现政策的运行轨迹。

第二节 财经工作总结的作用及分类

财经工作总结既是对前一段工作的回顾,又可以为下一步工作的顺利开展提出意见建议,体现出工作的阶段性和持续性。

一、财经工作总结的作用

质量管理专家戴明在分析 PDCA 四个管理过程的各环节权重时强调的重点是 A，就是反馈、调整、纠错。也就是要对整个管理活动进行循环往复的总结，不断试错与纠错，并通过纠错来调整和完善计划，使计划更加符合实际，更有使用价值，这是对总结重要性的科学认识。财经工作总结就是对前一段工作的汇总并对取得的成绩做出理性分析，找出产生问题的原因，并提出解决问题的办法，向各部门反馈工作过程的相关信息。概括起来，财经工作总结的作用主要有三点。

（1）通过总结，可以探寻经济规律，积累工作经验，提高自身认识，增长才干，改进和推动工作。

（2）通过总结，可以交流反馈信息，互通工作情报，加强对过程的科学管理，培养和提高干部领导素质与工作能力。

（3）通过总结，可以教育鼓舞员工士气，调动员工的积极性、主动性和创造性。

总结是人们通过整合思维改造自然和改造社会的重要手段和工具。它是一种应用文种，又是一种科学有效的工作方法，是科学的思维方式在写作中的具体反映，是人类社会文明进步的重要标志。

二、总结的分类

按不同标准分类，总结有许多种。

（1）按总结的内容分，有学习总结、工作总结、思想总结、活动总结等。

（2）按总结的性质分，有综合性总结和专题性总结等。

（3）按总结的范围分，有地区总结、部门总结、单位总结、车间（工段）总结、班组总结、个人总结等。

（4）按总结的时间分，有月度总结、季度总结、半年总结、年度总结、学期总结、年终总结等。

第三节　财经工作总结的写作问题

提高财经工作总结写作质量的重要一环就是要掌握写作技法，注意写作中可能出现的问题，不断揣摩、总结写作经验，逐步提高写作水平。

一、财经工作总结的写作规范

总结的写作一般需要包含标题、正文、落款三部分。

1. 标题

总结的标题应根据写作的目的和具体内容拟定，力求简洁、醒目，突出内容。

（1）单行标题。这种标题或提示内容或揭示中心，有议论式和公文式两种形式。

议论式标题。一般直接标明总结的基本观点，鲜明地表现文章的主题，常常会用一个直奔主题的判断句或短语。这种标题较灵活，或揭示观点，或概括内容，如《××股份制使企业走上发展道路》。

公文式标题。这种标题由"单位名称＋时间＋内容＋总结名称"组成。这种标题形式醒目、显豁，能使读者对总结单位、内容等概况一目了然，也比较容易拟写，如《××公司2018年创优工作总结》。

（2）双行标题。这种标题是上面两种标题形式的结合，一般来说，正题采用议论式标题，标明总结的主题观点或基本经验；副题采用公文式标题，以补充说明单位、时限和内容。在形式上，两者一实一虚，互为说明，如《锐意改革 开拓前进——××市科技情报研究所改革工作进展顺利》。

2. 正文

与其他应用文一样，由于部门的实际工作情况和实践活动都不一样，总结内容也不可能千篇一律。但一般来说，总结的正文大体要涉及以下几个方面。

（1）基本情况。这是总结的开头，要求简要地交代工作的时间、背景，说明工作是在什么样的政策和环境条件下进行的，取得了哪些主要成绩。基本经验是全文的中心，具体经验是对基础经验的具体阐述，二者前后连贯，形成有机的统一体。

归纳起来，开头的方式主要有以下几种。

1）概述式：概况介绍基本情况，简要交代工作背景、时间、地点、条件等，不要涉及与中心无关的事项。

2）结论式：先明确提出结论，使读者了解经验教训的核心所在，然后引出下文。

3）提示式：对工作的主要内容做提示性、概况性的介绍，它不概括经验，只提示总结的工作内容和范围。

4）提问式：先以设问的形式提出问题，点明总结的重点，引起人们的关注。

5）对比式：开头对有关情况进行比较，说明成绩，表明优劣，引出下文。

总结也可综合运用几种方式开头，以增强表达效果。

（2）成绩和经验。这是正文的主体部分。成绩是指在实践活动中所取得的物质成果和精神成果。经验是取得成绩的原因和条件，如正确的指导思想、积极的工作态度、科学的工作方法等。这一部分是总结的主要内容，需要较多事实和数据。一般要先总结若干观点，再逐一叙述事实，就事论理。在写这部分时，要注意介绍工作的全过程，工作是如何开展的，成绩是在做了哪些工作之后才产生的。如果仅有成绩，没有过程，总结就会失去价值。

其结构形式有以下几种。

1）纵式结构。纵式结构就是按照事物或实践活动的工程安排内容，即以事物发展的时间顺序来安排材料。写作时，把总结所包括的时间划分为几个阶段，按时间顺序分别叙述每个阶段的成绩、做法、经验、体会。这种写法的好处是按照事物发展或社会活动的全过程谋篇布局，清楚明白，便于反映事物发展的全过程，比较系统全面。但要注意事物发展服从总结经验的需要，注意把握其内在的联系，使之成为一个总体，不能记成流水账。

2）横式结构。横式结构就是按事物的内容或逻辑联系依次展开内容，使各层之间呈现相互并列的态势。如在同一时间内，各部门按工作的重要程度进行完成情况的分析。这种写法的优点是各层次的内容鲜明集中。

3）纵横式结构。安排内容时，既要考虑到时间的先后顺序，体现事物的发展过程，又要注意内容的逻辑联系，从几方面总结出经验教训。这种写法，多数是先采用纵式结构，写事物发展的各个阶段的情况或问题，然后用横式结构总结经验或教训。

（3）存在的问题和教训。存在的问题是写作者在实践中深切感受到应当解决而暂时没有条件或尚无有效办法解决的问题。教训，是由于写作者主观努力不够，思想不对路，方法不得当，或其他一些原因犯了错误，造成损失而得出的教训。这部分可以在总结中单列一项，单独阐述，也可以在总结成绩和经验时附带说明或加以指点，还可与努力方向合并在一起。有些专门总结成功经验的总结，也可以不涉及问题和教训，要根据具体情况灵活掌握。

（4）今后的工作建议或努力方向以及前景展望。这是在总结经验教训的基础上，分析形势，明确方向，确定任务，提出措施，展望前景。这部分可长可短，不必如计划那样具体，但必须起到鼓舞士气，增强信心的积极作用。

3. 落款

写明总结的单位和成文时间。如果标题中已有总结的单位，落款就可以省略，注明时间即可。

二、财经工作总结的写作要求

1. 要坚持实事求是的原则

一切从实际出发，实事求是，这是写总结的基本原则。它要求作者，第一，必须正视总结对象的客观存在，不能因个人感情的好恶而随意改变现实；第二，在对工作进行研究、分析时，所形成的结论和认识必须反映客观事实的本质或规律，不能任意夸大或缩小。

在总结写作实践中，写作者违反这一原则的情况屡见不鲜。有人甚至错误地认为"三分工作七分吹"，在总结中夸大成绩，隐瞒缺点，报喜不报忧。这种弄虚作假、浮夸邀功的坏作风，对单位、国家、事业、个人都没有益处，必须杜绝。

2. 要注意共性，把握个性

总结容易写得千篇一律，经常表现为一个模式、一个腔调、言辞单调，有人甚至把年份、人名、地名、数字等改一改，再套上几条老经验，就凑成一篇总结。这样的总结，不过是"开头戴高帽，中间放空炮，结尾喊口号"，容易陷入写作的误区。当然，总结不是文学作品，无须刻意追求个性特色，但千人一面的文章是不会有价值的，也不受人欢迎。要写出个性，总结就要有独到的发现、独到的体会、鲜明的角度、新颖的材料。

为了写出能够反映工作实践的总结，首先总结的观点要正确，一定要以党和国家的方针、政策作为衡量工作的主要标准。观点正确，是总结站得住的关键。同时还要注意，仅有正确的观点还不够，还需要有能够说明观点的丰富素材和具体内容。其次要总结出规律性，对大量的材料、不同性质的矛盾，要反复分析研究，抓住其中的主要矛盾、本质特点、来龙去脉来论证其发展的趋势。

3. 要详略得当，突出重点

有的人写总结经常面面俱到、贪大求全，这是写总结的常见病，总想把一切成绩都写进去，不肯舍弃所有的正面材料，结果文章写得臃肿拖沓，没有重点，不能给人留下深刻印象。总结的选材不能求全贪多、主次不分，要根据实际情况和总结的目的，把那些既能显示本单位、本地区特点，又具有一定普遍性的材料作为重点选用，写得详细全面，而一般性的材料则要略写或舍弃。

4. 语言要力求准确、简明

总结要求如实反映经济活动的客观情况，介绍经验做法，谈出心得体会。因此，它在说明基本情况时要实事求是，数据要准确无误，分析判断要恰如其分，用词要准确贴切，避免使用"可能""据不完全统计""也许""大概"等不确定性的词语。语言准确的同时，还要简明扼要、干净利落。叙述基本情况，要直陈其事，不绕弯子；介绍经验和做法，要提炼观点，简要明晰。

工作总结要使用大量数据和图表，以表示和反映事物之间的数量关系，反映经济工作的前后变化。总结中使用最多的是约数、倍数、百分数和分数。

（1）约数。它表示大约、大概之意，使用时需要注意两点：一是约数后面只能跟整数，不能再跟约数，如"我们公司有大约200多人"，这句话中约数的使用不规范，数字后又多了一个"多"字，重复了，正确的应该是"我们公司有大约200人"；二是约数不能用分数、百分数表示，因为分数、百分数是确切的精微数量关系，同约数连用是矛盾的，如"××公司2018年大约完成利润指标的90%"。

（2）倍数。它只能表示数量的增加，不能表示数量的减少。表示数量的减少要用百分数和分数，如"连华商厦6月利润下降了0.5倍"，这句话就不规范，应该说"下降了0.5%"。

（3）百分数和分数。它们既可以表示数量的增加，也可以表示数量的减少，属于"通用型"。

要注意"到""了"的使用。"到"包括基数；"了"不包括某一基数，仅表示净增或净减的数量。

【应用仿真】 模仿下面的个人总结，写一个自己在某商业企业做销售人员的工作总结。

2018年财务处会计个人工作总结

这一年，在领导的信任与关怀下，我开始从事会计工作。在领导的关心和同事的耐心帮助下，通过不断努力学习，我已基本能胜任此项工作。同时我能自觉地参加财务处的一切政治学习，认真做好学习笔记，不断地加深对财会知识和政策的理解，能认真贯彻执行财务政策、方针并遵守制度，从而保证顺利完成财务处下达的各项任务。我积极地递交了入党申请书，在思想上要求进步，争取早日成为一名合格的共产党员，更好地为党的事业做出自己的最大贡献。

这一年在处领导的支持和帮助下，我们财务处人员团结协作，以求真务实的工作精神，较好地完成了各项工作任务。我们对员工报销的每一笔业务认真审核，对借款、费用报销严格把关，对签字权限、票据的规范性等都进行了仔细审核，同时合理控制成本费用，充分发挥财务部的监督职能。现将这一年我的工作向领导做个汇报：

（1）完成了日常财务报销、工资以及各项劳务费的发放。处理好会计事务等基础工作，是财务管理的重要环节。严格按照财政局"零余额账户"的有关规定，按时申报用款计划指标，及时将银行代付的电话费、保险费、工会经费、养路费等转账业务"授权支付令"送达银行，定期与财政、银行进行对账，并按资金支出进度合理使用资金，使财政预算资金管理更加科学、规范。

（2）完成了职工取暖费、物业费的支出和个人所得税的代扣代缴，以及报销公费医疗费管理、账务处理等财务管理工作。

总之，在这一年的工作中，财务处人员在处长的带领下，坚决贯彻执行国家的法律法规及财务管理、会计核算的规章制度，认真完成全校的会计核算工作，实时对成本核算、费用管理、开支范围和计划管理等情况进行监督、检查，及时研究处理工作中的问题，及时向分管领导汇报重大问题。

在今后的工作中，我会更加努力，不断积累工作经验，有疑必问，有错误及时改正。无论是在工作上还是学习上，我都要积极进取，开拓创新，充分发挥财务管理在单位管理中的核心作用！

【例文导读】

公司营销部年度工作总结

2018年度，营销部在公司的指导下，开展了××市场医药零售终端网络的建设、各区级批发单位的巩固、公司部分总经销新品种的铺货及市场启动和推广工作。现将这一年来，营销部年度工作取得的成绩、存在的问题总结如下：

评析

1. 标题与计划要求相同。组成部分有顺序要求。

1. 铺开、建设并巩固了一张批发企业所必需的终端营销网络。

××市场现有医药零售终端共690家。我们所拥有的这些终端客户,为提高产品的市场占有率、铺货率,迅速占领××这一重点市场,提供了扎实的营销网络保证。

2. 培养并建立了一支熟悉业务运作流程而且相对稳定的终端直销队伍。

……

在总结去年工作的基础上,再加上这一年来的摸索,我们已经初步建立了一套适合于批发商终端直销队伍及业务的管理办法,各项办法正在试运行中。

……

3. 创造了一笔为部门的正常运作提供经费保证的销售额和利润。

……

部门该如何转型?"终端"怎样才能赢得公司上下的认同和重视?营销部作为总公司的一分子,怎样才能顺应这一历史的转折?

1. 重塑营销部的角色职能定位。
2. 建立金字塔式的营销结构,推行低重心营销策略。
3. 调整产品结构。

营销部定能成为××公司吸引生产厂家、选择总经销品种的最有分量的谈判筹码。

营销部
××××年××月××日

2. 正文介绍基本情况、取得的成绩和经验、存在的问题和教训、今后努力的方向。

3. 落款包括时间和撰写人。

【模拟实训】

一、填空题

1. 总结写作首要原则是_____。
2. 总结的基本内容包括_____、_____、_____三项。
3. 如果标题中已有总结的单位,落款就可以省略,注明_____即可。
4. 总结的正文是_____、_____。
5. 总结的特点包括_____、_____、_____。
6. 总结具有_____、_____、_____、_____、_____作用。

二、判断题(请在题后的括号内打上"√"或"×")

1. 计划与总结的作用是一致的。(　　)

2. 工作总结写作时主要强调成绩。（　　）
3. 总结与计划的区别点在于时间上的安排。（　　）
4. 总结的价值在于发现问题。（　　）

三、问答题

1. 设想、打算、要点、方案、总结之间有何不同？
2. 总结的正文结构有哪几种形式？
3. 下面四段总结"前言"各属何种写法？有何特点？
4. 评析下面这份个人总结，谈谈写总结应注意哪些问题。

2016～2017学年我的个人总结

炎日当空，天上无一丝云彩，火辣辣的太阳简直叫人不敢出门，空中没有一点风，只有知了在树上不停地叫着，好像在说："放假了，放假了。"又一学年过去了，我应该利用暑假对这一学年的学习情况做一些总结，以迎接新学年。

在这一学年里，我学习了成本会计、管理会计、审计原理、经济法、计算机应用、外贸会计、大学英语、应用文写作、体育、职业道德、概率论等课程。其中，成本会计82分，管理会计86分，审计原理77分，经济法89分，计算机应用90分，外贸会计90分，大学英语72分，应用文写作68分，体育是中，职业道德是优，概率论是中。总的来说，成绩还可以，在班上属中等水平。其中，计算机应用和外贸会计成绩好一些，而大学英语、概率论和应用文写作差一些。下一学年，我要继续努力，争取取得更好的成绩，最好都在80分以上，这样就可以获得奖学金，减轻家庭经济负担，更可以增强自己的择业实力。

××班×××
2017年7月10日

第三篇
财经信息文书

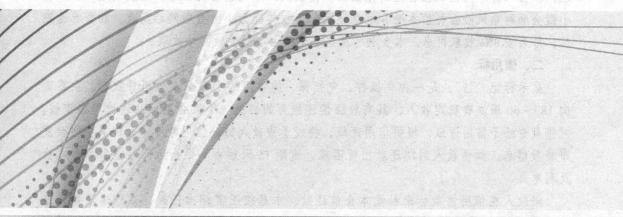

Chapter 5
课题五

商品说明书

📖 应用导航

小微金融产品介绍

一、物资标

显示标记为"物",是一种借款人以一定的抵押物作为保证向小微金融网站申请的贷款标。小微金融网站根据借款人的信用状况、所提交的资料以及抵押物(抵押物为固定资产或者大宗商品如橡胶等),进行评估和审核,办理后续资产担保、抵押等相关流程手续,以确保将风险控制在合理的范围内。借款人到期还款出现困难,借款到期日当天由小微金融网站风险金补偿本金和利息还款,债权转让为小微金融网站所有。物资标逾期后,每天按8‰收取罚息,本金利息及罚息全部由小微金融网站收取。

二、信用标

显示标记"信",是一种免抵押、免担保、纯信用的小额个人信用贷款标,主要面向18～60周岁有稳定收入,具有较强偿还能力的公民。小微金融网站通过严格审核,对借款者给予信用评级,根据信用评级,将授予借款人部分信用额度,允许其在平台发布贷款信息。如借款人到期还款出现困难,逾期15天后由小微金融网站垫付当月本金及利息。

借款人在信用借款标未补偿本金前还款,本息按正常标准还款,另外逾期每天按8‰收取罚息,投标人和小微金融网站各收取4‰。借款人在信用借款标补偿本金后还款,本息按正常标准还款,另外逾期每天按8‰收取罚息,本金利息及罚息全部为小微金融网站收取。

三、流转标

显示标记为"流",债权人将手中的债权拆分成小额等份的债权转让给众多投资者,并且承诺到期还款的一种理财标种。投资者对于流转标的购买价格最小为100元/份,流转期限由借款人确定,流转的周期不同,回报收益不同:通常流转期限越长,回报收益则越高。

资料来源:http://www.rrjc.com/news/newsDetails-27348.html。

【点评】

商品说明书在我们身边俯拾皆是，如何读懂商品说明书，如何将商品说明书写得让读者一目了然，并非易事。尤其是在互联网时代，网络金融理财产品等新型服务产品的出现，使得商品说明书的应用范围更广。在高科技迅猛发展的当下，商品说明书的编写除了在文字上力求简洁生动外，也不要忘记使用图像、音频、视频、QQ、微信这些新的手段。

点睛之笔

教学重点：
商品说明书的写作格式。

教学难点：
商品说明书的写作要求。

第一节　商品说明书概述

对商品提供者而言，编写商品说明书是提高商品使用价值、增强商品品牌效应的重要手段。对消费者而言，生活中处处都有商品说明书的"身影"，了解和掌握商品说明书也是提高生活质量的一个重要途径。

一、商品说明书的概述

商品说明书也称产品说明书，是一种指导用户消费的文书，它必须向消费者介绍商品的性质、结构、使用方法、操作方法及保养、维修等方面的知识，以帮助消费者正确使用、保养商品，使商品的使用价值得以有效发挥。它是关于产品的构造、性能、规格、用途、使用方法、维修保养等的一种说明性经济应用文。

商品说明书的内容项目和细节有所不同，有些产品，如食品、药品、电器和对使用安全有特殊要求的产品，国家对其说明书的内容要素有强制标准或规范，写作时应严格遵照执行。而一些服务性产品，因其有更多的技术知识含量，故使其商品说明书成为向消费者进行专业技术知识宣传的重要途径和工具。

商品说明书一般由生产经营单位或服务提供企业编写，印成册子、单页或印在包装、标签上，随商品一同出售。随着我国市场经济的飞速发展，人民生活水平的不断提高，商品说明书在社会生活中的使用越来越广泛。商家所售出的各种商品，一般都有不同形式的说明书。

二、商品说明书的作用及类别

1. 商品说明书的作用

商品说明书是人们认识新事物的向导，对于指导人们正确消费具有重大的意义。商品说明书有以下几个方面的作用：

（1）使人们懂得商品的性能。说明书对商品性能应做准确的描述、说明、介绍，人们通过阅读说明书，就能懂得商品的性能特征，进而可以合理地使用产品。

（2）使人们懂得商品的使用或操作方法。人们根据说明书对商品用途和使用方法的介绍，了解了产品的操作规程和使用方法，从而避免因使用不当而造成的损失。

（3）使人们掌握商品的保管养护常识。人们读了说明书，就可以了解有关商品的保管和养护常识，从而最大限度地合理使用它，产生增收节支的效果。

（4）是互联网时代人们了解新知识的一个重要渠道。互联网经济时代，新知识、新观念、新技术层出不穷，电子商务与网络金融逐渐普及，更多的金融和电商服务产品涌现出来，这些产品的使用需要专业人员做详尽的介绍，并通过演示提升宣传效果。商品说明书也由单纯地使用文字图表升级为运用视频、YY语音等现代信息传递媒介，从而成为人们了解新知识的重要渠道。

此外，当人们获得了关于这一商品的功能、构造、使用等知识以后，就会产生一种购买的欲望。所以，从这一点说，商品说明书具有广告的功能，可以扩大销售。虽然如此，它仍与广告有区别。广告以推销商品为目的，而商品说明书以介绍商品为目的。广告的语言多用修辞吸引消费者，而商品说明书一般不采用这样的语言，它用语科学、严谨、客观、朴实。

2. 商品说明书的种类

在人们物质和文化生活水平不断提高的今天，商品种类和数目空前增多，信息载体的不断更新也促使商品说明书的种类也越来越多。大致来分，有以下几类：

（1）按照有声有像与无声无像来划分，可分为物像说明书和文字图像说明书。

物像说明书也叫音像说明书，是指利用现代科学技术手段，如幻灯片、演示会、展览会、电视录像片等，配以相应的解说进行介绍和说明的一种方式。其优点是直观，可视性强，但受时间、空间、器材设备及技术条件等因素的限制较大。

文字图像说明书，是指以文字说明为主，适当配以比较醒目的插图或实物图片的一种说明方式。虽然它的直观性和可视性稍差一些，但不受时空限制，也很少受到技术条件的限制，且制作简单，随时可以宣传，具有灵活性和便捷性。

（2）按照说明书的内容和用途来划分，可分为民用商品使用说明书、专业商品使用说明书和技术说明书。

民用商品使用说明书，主要指对日用轻工商品、家用电器、医药等商品编写的说明书，其目的在于向用户介绍商品的性能、特点以及使用、维修方法，便于用户选购和使用。对产品结构、原理一般不做阐述，只阐述与使用、维修有关的部分。该类说明书语言简洁准确，层次清楚、内容完整，不做艺术化的夸张和修饰。

专业商品使用说明书，主要指那些专供科技、文教、卫生、工业、农业、国防、交通运输业等使用的工业商品的说明书。这类说明书，应当突出说明工作原理、技术数据、附加装置，必要时还应附上大量的原理线路图、结构框架图、零部件机械图，以及安装、使用、维护的注意事项和示意、引导性照片等。其一般篇幅较长，要求写作者既要有全面的专业知识，又要有较高的写作水平，能把说明书写得通俗易懂，简明扼要。

技术说明书一般分为家用电器类、日用生活品类、食品药物类、大型机器设备类、设计说明书。技术说明书，主要是通过深入浅出、简短明了的文字，介绍商品的技术原理、技术内容、用途、特点、适用范围等方面的知识，使消费者对商品产生初步印象，以便进一步询问、研究并购买。

（3）按照说明的对象分为实体产品说明书和服务产品说明书。

第二节　商品说明书写作要领

一、商品说明书的写作格式

一般来说，商品说明书的格式由标题、正文和商品标记或图示以及影像组成。

1. 标题

标题置于文首或封面。完整的标题由商品的商标、型号和货名再加上文种"说明书"或"使用说明书"构成，如"九阳牌豆浆机"；有的则省略文种，如"家用燃气快速热水器"，而"泰山牌"及型号则在封面某处标明；有的说明书将侧重点加在标题上，如"金宝牌双眼烤箱灶安装使用说明书"。标题究竟怎样写，还要根据说明书整体设计的情况和产品特点、性能而定，但无论怎样写都应力求简洁、鲜明、醒目。

2. 正文

这部分是说明书的主体。主要内容有：产品构造、性能、特点、适用范围、技术参数、安装、使用方法、注意事项等。但也不是每种产品的说明书都要说明这些内容，如西药和家电的内容就不一样，要根据产品的不同种类和特点，考虑消费者在选择和使用商品时可能遇到的问题，实事求是地确定内容。

正文部分常见的写法有三种。

（1）条款直述式，即把说明的内容分成若干类别，然后按照一定顺序分款逐项书写。如果内容类别比较多，还可以用数字标上序码，或者将每类的要点用小标题的方法标出。这种方法的好处是条理分明、醒目清晰。例如，"格力空调使用说明书"的结构安排就运用了这种方法：特点、搬运空调、安装、试机、温度控制、除尘、注意事项、维修保养、故障排除、制冷原理、主要技术数据并附保修卡，其顺序是按照消费者从购买到使用过程中必然会遇到的各种问题的先后顺序排列的。

（2）图文并茂式，即用文字逐条表达的同时，全文或个别条款配以插图或表格，使抽象说明变得形象直观，帮助消费者准确、快速而又轻松地理解所要说明的内容。插图可以是彩色、黑白照片、图画、示意图，也可以是表格，甚至可以随商品赠送视频光盘。随着现代化生活节奏的加快和厂家服务意识的增强，操作使用视频已普遍应用于商品的说明书之中，特别是家用电器、热水器、电脑、净水器等安装、使用较复杂的商品说明书，从而增强了说明效果。

（3）自问自答式，即将要说明的内容归纳成问题，按一定顺序逐个提出并一一作答。

3. 商品标记

商品标记包括商品标志、厂家名称、地址、电话、邮编、使用期限、代码或批准文号等。商品标记置于文末或封面的标题之下，往往配有实物图和照片。内容要写得清楚明白，特别是地址要用全称，以便查找联系。近些年随着假冒伪劣产品的泛滥，商品标记不仅是企业广告的标志，还成为人们识别商品质量高低和真假的依据。对一些结构复杂，使用过程对技术要求高的产品，要配发光盘等影像资料，以便消费者正常使用。

小知识

铭牌，即固定在电机、电器或机械设备上的牌子，又称标牌。

铭牌用来记载额定工作情况下的一些技术数据及生产厂家，以使用户正确使用而不致损坏设备。制作铭牌的材料有金属和非金属之别，金属有锌合金、铜、铁、铝、不锈钢等；非金属有塑料、亚克力、纸等。

二、商品说明书的写作要领

许多人认为，写商品说明书的人必须是该类产品的发明者、生产者或者产品经营者，其实不然，写说明书与生产设计产品是有一定区别的，只要掌握写作要领，即使没有相关生产、销售经验也一样可以写出合格的商品说明书。

1. 突出商品优劣，达到广告目的

为了吸引消费者，商品说明书的开头应用充足的依据，指出商品的某些具体有效的性能或质量的可靠性，如国优、部优或省优等。商品说明书的写作突出的重点应是从消费者需求的角度出发，突出商品能够给消费者带来的利益和价值。这里所谓的"利益"，不仅是指产品的价格，还包括产品的用途性能、使用方法、工艺优势、产品特色以及技术的先进性等方面，而价值往往是超越消费者预想的增值部分，如性价比等。用户的需求利益与价值应该成为贯穿产品说明书的主线。例如，适当地强调使用该产品可以节约时间、给生活带来方便等特点，或运用今昔对比的方法，以产生吸引人消费的效果，以便促进消费者购买和使用这种商品，发挥其宣传和促销的作用。

2. 要做到针对性强

所谓针对性强，一是针对被说明的商品，即抓住商品的特点进行介绍。二是针对用户，即周密地考虑到消费者在选择和使用该商品时可能遇到的问题和疑虑，确定说明书的主体内容。三是要有所侧重。产品不同，说明书也不能千篇一律，展现的内容面面俱到。说明书的内容要根据产品的特点、作用有所侧重。有的产品用法比较复杂，其说明

书在内容上要侧重于用法；遇到特别需要注意保养的商品，其说明书的内容就侧重于保养方法；有的是半成品，其说明书就要侧重于介绍如何加工；有的产品易损、易碎，其说明书就要侧重于如何防止意外事故的发生；易于变质的产品，其说明书应侧重于如何存放；存放时间较短或限期使用的产品，一定要说明存放或保管的时间。总之，说明书要从实际出发，有所侧重，突出重点。但有些关系到消费者生命财产安全，技术含量高，操作安装使用复杂，有特殊要求的商品和创新型产品，则要求其说明书的内容详细而周全。

3. 语言准确、通俗、简洁，内容条理清楚

说明书的主要作用在于方便消费者，让消费者看得懂，做得到，用得好，所以，其在语言表达上要准确无误，避免使用生僻难懂的词语或过多使用专业术语。说明书不宜过长，还应简洁明了，忌堆砌辞藻，渲染形容。说明书在结构安排上，要鲜明醒目，条理清楚，使消费者一目了然。总之，商品说明书的内容要以消费者能够理解为原则，文字表述要准确，解说要清晰，详略要得当，必须通俗易懂，不可抽象和模棱两可；语言文字要规范，做到浅显易懂，朴实自然。

4. 内容实事求是

商品说明书的写作必须实事求是，准确反映产品的使用价值或实际功效，详尽介绍产品的使用知识，写作者要对产品负责，对消费者负责，严肃求实，不能虚构和夸张，欺骗消费者。

【应用仿真】阅读以下商品说明书。找一下身边的日用商品，看一看下面的说明书，并分析其写作结构。

东芝电饭煲说明书	评析
一、产品基本信息 产品名称：东芝电饭煲 电压：220V　　耗电量（工作状态）：660W 耗电量（工作状态）：33W 容量：3.0L **二、产品说明** 1. 智能预约崭新超大橙色液晶显示屏，独立"煮粥"按键，定时精确到分更省时，煮饭、快煮、随意所欲；微电脑控制，蒸、炖一键切换，营养保温，留住美味。 2. 七层特殊处理内锅1.8mm～2.2mm远红外不粘锅，外表面黑钻石静电涂层，内表面远红外线氟树脂涂层。蕴藏的热量多，不易使温度快速下降，对米饭	1. 标题。一般由产品名称加上"说明书"三字构成。 2. 正文。通常详细介绍产品的有关知识：产地、原料、功能、特点、原理、规格、使用方法、注意事项、维修保养等知识。不同的说明书内容侧重点也有所不同。

起到更好的保温效力,更省电 60° 圆度产生又大又激烈的热对流,从锅底喷出的对流,使内锅中心部分也得到充分加热。

3. 人工智能模糊逻辑电路配以高度精细的微电脑信息处理,特设多种烹饪功能,同时增加锁住营养的健康设计程序。

4. 三维立体环绕加热使米饭由上而下全面加热,不会出现上生下熟的情况。

5. 双重安全装置,设有防起火装置、自检功能,内锅放入前所有按键失效,并发出提示音。全封闭整体构造,防溢、防烫、防漏电。

6. DCS 数码温控营养释放系统和 SMART 超强数码记忆系统。

7. 配置可拆洗内盖,抗菌材料提手,碗状发热器。

三、使用说明

1. 量取所需的米放在其他容器中,将米淘洗干净。切忌用内锅直接淘米,以免划伤内锅不粘涂层。
2. 将淘洗干净的米放入内锅,加水到相应的水位。
3. 将内锅外表面擦干净后放入煲体内。
4. 轻轻放下煲盖,用手往下一压。
5. 插电。

四、使用注意事项

煮饭、炖肉时应有人看守,以防汤水等外溢流入电器内,损坏电器元件。轻拿轻放,不要经常磕碰电饭煲。因为电饭煲内锅受碰后容易发生变形,内锅变形后底部与电热板就不能很好吻合,导致煮饭时受热不均,易煮夹生饭。使用电饭煲时,注意锅底和发热板之间要有良好的接触,可将内锅左右转动几次。饭煮熟后,按键开关会自动弹起,此时不宜马上开锅,一般再焖 10 分钟左右才能使米饭熟透。在清洁过程中,切勿使电器部分和水接触,以防短路和漏电。清洗内锅前,可先将内锅用水浸泡一会,不要用坚硬的刷子去刷内锅。使用时,应将蒸煮的食物先放入锅内,盖上盖,再插上电源插头。取出食物之前应先将电源插头拔下,以确保安全。

保修联系电话:　　　地址:　　生产日期:

3. 附文。厂名、地址、电话、电挂、电传、联系人和生产日期等。出口产品在外包装上写明生产日期、中外文对照。

【应用升级】

商品说明书与广告的区别

商品说明书与广告的区别如下所示：一是目的不同，说明书的目的是介绍商品知识，而广告的目的是促进商品销售，推广经营理念；二是形式各异，说明书属于说明文体，叙述客观冷静，而广告是一种宣传形式，抒情成分较多，表现手法多种多样；三是内容有别，说明书注重科学性、实用性，而广告突出艺术性、感染力。

小知识

按照国家标准的要求和产品的具体特点，说明书的内容必须齐全。一般有以下内容：

1. 产品的结构、型号、规格和性能。
2. 正确吊运、安装、使用、操作、保养、维修和存放方法。
3. 保护操作者和产品安全措施，发生意外的应急处理。
4. 对涉及环境和能源的产品，应规定必要的环境保护和节约能源方面的措施。
5. 对安全限制有要求或存在有效期的产品应提供生产日期和有效期、储存期。
6. 消费品必须注明对特殊的使用群体如儿童、老人和残疾人的危险必须关注。
7. 应尽可能设想用户可能遇到的问题，如产品在不同时间（季节）、不同地点，不同环境下可能遇到的问题，并提供预防和解决办法。
8. 使用说明书的封底必须有生产企业的名称、详细地址、邮政编码，还要有本说明书的出版日期。

【模拟实训】

一、填空题

1. 商品说明书的特点是_____、_____、_____。
2. 商品说明书正文部分写法有_____、_____、_____。
3. 商品说明书的作用是_____、_____、_____。
4. 商品说明书完整的标题是由_____、_____组成的。

二、判断题（请在题后的括号内打上"√"或"×"）

1. 商品说明书与广告是有区别的。（　　）
2. 商品说明书主要靠文字说明。（　　）
3. 商品说明书不可以采用自问自答形式。（　　）
4. 商品说明书有时也称为产品说明书。（　　）

三、问答题

1. 搜集普通电视和液晶电视的产品说明书，认识和比较它们的特点与不同。

2. 选择你所熟悉的一款空调，按商品说明书的格式，给它写一份说明书。

3. 分析下列说明书存在的问题，并改正。

××口服胶囊是最新出产的广谱抗菌药。本产品疗效好，使用方便，无毒副作用。

使用方法：成人口服每次150mg，每日两次。20～40公斤的儿童每次100mg，每日两次。12～20公斤的儿童每次50mg，每日两次。

产品规格：150mg/粒。

产品有效期：有效期暂定一年半。

生产厂家：××××制药厂

地址：××市××街××号

电话：××××××

4. 商品说明书正文的写法有哪些？

5. 商品说明书说明的着重点和广告说明书的着重点分别是什么？

Chapter 6 课题六

财经广告

应用导航

树立先行标杆！这家 toB 金融科技公司用一则广告霸屏机场

近些时日出差比较多，常常辗转于北京、上海、深圳等地的机场，令我惊讶的是在这三个机场都发现了同盾科技的机场广告，这绝对是一个非同寻常的信号。我不禁回顾起今年巨头们挥下的大手笔。上半年，华为云的"什么体"广告使其跻身网红行列；三星则请来当红明星代言，高颜值机场广告引来众人围观。令我惊讶的是，同盾科技不遑多让，凭借这股子底气和实力在机场上线广告，可谓开创了金融科技公司的先河。

一直以来，智能风控的未来发展前景被看好，而同盾科技在该领域一直走在前列，其动向也深受业界关注。其广告还是那个标志性的盾形 LOGO，配以"智能风控，就选同盾科技，专注于智能风控和分析决策""同盾科技，专注于智能风控、智能营销、智能反欺诈、智能信贷风控"等广告语，呈现在深蓝色的广告大屏上。同盾科技在耕耘风控市场 5 年后再亮重剑，用一则机场广告言简意赅地把其风控产品和理念展示在全世界面前。

此次同盾科技投放机场广告，是金融科技公司壮大的标志性事件，更是创先河的里程碑事件。相信，在不久的将来，科技赋能 B 端的市场空间将被进一步打开，业务也将涵盖企业金融和个人金融，共建和共生将成为行业的生态。不过，普惠金融之路漫漫，持续赋能企业，同盾科技上下求索是必然。

资料来源：http://biz.jrj.com.cn/2018/11/271315254 13158.shtml。

【点评】

由上文可见，财经广告写作与其他财经应用文的写作有很大的区别，在影像广告的画面构图设计上，应该考虑到广告受众的文化背景及读者的理解程度，否则，广告的实际效果将会受到影响。

点睛之笔

教学重点：

重点掌握财经广告写作的技巧和语言表达的要求。

教学难点：
1. 理解财经广告的写作特色，以及它与商品说明书的区别及联系。
2. 掌握财经广告的文本性质特征。
3. 掌握财经广告的分类。
4. 掌握财经广告的写作技巧。

第一节　财经广告的概念及类型

一、财经广告的概念

财经广告是由广告受益方支付费用，通过各类媒体向目标受众宣传有关商品、劳务和观念的信息传播活动。广告的实用价值就在于触发消费者或服务对象的购买或需求欲望，并使之产生购买行为。公益性财经广告则是通过宣传增强大众环保、养生等意识，推动社会文明进步。它本身是通过报纸、杂志、广播、电视等媒体公开广泛地宣传有关货物及其出售、劳动及其服务、技术及其转让等信息所制作与使用的广告样式。

二、财经广告的类型

1. 广告应用文和广告文学作品

从一般文体写作角度分析，广告文稿又称广告文案，是广告中的文字语言表达部分，属于以广告宣传为目的的文字作品范畴之内，分广告应用文和广告文学作品两大类型。

广告应用文是广告文稿的一个类别，指以应用文体裁写作的广告文，包括用布告体、格式体、简介体、新闻体、论说体、问答体、证书体、书信体等写成的广告文稿。

广告文学作品是指以文学作品体裁写成的广告文，如小说体、戏剧体、小品体、诗歌体、散文体等体裁的广告。

2. 从财经应用角度分析，广告可以根据不同使用标准分为多种类型

（1）根据广告性能分。

1）经济广告，主要涉及生产、流通领域及其服务行业的广告，如各种商品广告。

2）文化广告，主要指文化、科技、教育、卫生、娱乐、出版等方面的信息广告，如学校招生、出版新书征订、电影、戏剧海报等。

（2）根据广告的形式划分。

1）报纸广告。这种广告是指企事业单位为了推销产品或服务、介绍企业情况，借助报纸进行推广和宣传，以引起消费者兴趣和购买动机的实用文体。报纸广告的读者面广，发行量大，宣传效果好，影响大，制作简单，收费较低。

2）杂志广告。这种广告是企事业单位为了推销商品、提供服务、介绍企业情况等，通过杂志进行宣传，引起消费者购买欲望的实用文体。杂志广告可用彩色印在杂志的插页上，对广大消费者有很大的吸引力。

3）广播广告。这种广告是企事业单位为了推销商品、提供服务、介绍企业情况等，通过广播宣传，引起消费者的兴趣和购买动机的实用文体。广播广告发挥以声夺人的特长，主要靠语言配音乐介绍商品，要求文笔简练、语言通俗易懂。这种广告传播迅速、及时，拥有亿万受众，宣传效果好。

4）电视广告。这种广告是企事业单位为了推销商品、提供服务、介绍企业情况等，通过电视进行宣传，以引起消费者兴趣和购买动机的实用文体。电视广告通过画面与文字的有机结合，达到巧妙构思，耐人寻味，生动有趣，不落俗套，寓商品介绍于娱乐之中，富有艺术欣赏价值。电视广告深入千家万户，宣传效果好。

5）霓虹灯广告。这种广告是使用彩色霓虹灯来进行产品、厂牌或企业名称宣传的广告。它的式样多种多样，有图案式，也有文字式，还有图文并茂式。它的优点是利用光电色彩相结合，给人以美感，富有吸引力，宣传效果好。

6）橱窗广告。这种广告是通过使用陈列在商店玻璃橱窗里的产品来进行宣传。陈列的产品，可用实物，也可用图片加文字说明。它的优点是真实感强，宣传效果好。

7）路牌广告。这种广告是使用不同形状的广告牌立于路旁，对过路行人进行宣传。这种广告一般画面大，多以图案文字结合为主，醒目、美观，可长期保存，宣传效果好。

8）传单广告。这是使用纸片传单的形式进行产品宣传的广告。这种广告一般用布告或描述体介绍产品；可读性强，消费者易于接受，宣传效果好。

9）邮政广告。这是要用邮局为媒介传递的广告。它的形式多样，如各种征订单、销售函、产品介绍、商品说明书、产品样式图片等。这些广告用在不同的场合，表现形式不同，写作方法和制作方法也各不相同。

第二节　财经广告的构成及写作要求

财经广告一般包括三个部分：标题、正文和标语。

一、财经广告标题的主要类型及写作要求

广告标题是整个广告文案乃至整个广告作品的总题目。广告标题为整个广告提纲挈领，对广告中最重要的、最吸引人的信息进行创意性的展现，以吸引受众对广告的注意力；它昭示广告中信息的类型和最佳利益点，使受众继续关注正文。人们在进行无目的的阅读和收看时，对标题的关注率相当高，特别是在报纸、杂志等选择性、主动性强的

媒介上。大卫·奥格威曾说过，"读标题的人数平均为读正文者的5倍"。一份测验报告表明，80%的读者都要先浏览广告标题再看广告正文中的信息。

1. 广告标题的主要类型

根据标题的写作形式不同，广告标题有以下三种类型。

（1）直接标题。这种标题是以简明的语言直接表明广告内容，使人们一看便知商家要推销什么，会给消费者带来什么利益。例如：

中意冰箱，人人中意——中意电器集团公司广告标题

唯独这种煤气能向你提供一大桶热水，比普通快3倍——美国煤气联合协会广告标题

家中有万宝，生活更美好——万宝冰箱广告标题

星河音响，再创音乐新生命——星河音响广告标题

上述广告标题都是直接传播广告信息，将产品的主要情况，产品效用直截了当地告诉消费者。直接标题虽然简单明了，但它往往不能引起消费者的足够注意。

（2）间接标题。这种标题中不直接出现所要推销的商品的内容，往往连产品的名称都不告诉消费者，而是利用艺术手法暗示或诱导消费者，引起消费者的兴趣与好奇心理，从而进一步注意广告正文。例如：

把闪烁的星星揉碎，溶入绚烂的晚霞之中

该标题充满诗情画意，具一种梦幻般的意境。但只看标题，读者会觉得费解，于是，他们只能从正文中去寻找答案。读了正文后方才领悟到这是一则化妆品广告，而广告标题产生的浪漫氛围已氤氲于读者心中。

眼睛是灵魂的窗户，为了保护您的灵魂，请给窗户安上玻璃吧！——美国眼镜广告标题

该标题没有直接说出广告的商品，但已用暗喻的手法间接地告诉了消费者，显示了对他们切身利益的关心，因而使消费乐于接受这样的诱导。间接标题诱发兴趣的根本目的，就是诱导读者阅读正文。

（3）复合标题。这种标题是将直接标题与间接标题复合起来。一则复合标题常由一两个标题组成，除了有一个主标题外，还有一两个副标题，位于主标题的右面或下方。主标题往往以艺术的手法表明一个引人入胜的思想，副标题则是说明产品的名称、型号、性能等。副标题的目的在于进一步补充和扩展主标题的含义。因而，复合标题会失去一点引人好奇的价值，却能使消费者立即明白引起他们的好奇是什么产品。例如：

小到一颗螺丝钉——四通的服务无微不至

这是四通文字处理机的广告标题，前一部分文字是主题，采用间接标题，运用了对比的修辞手段，是虚写；后一部分文字是副标题，采用直接标题，道出了广告所宣传的产品，是实写。以小小的螺丝钉作文章，让消费者联想到四通的产品质量过硬，服务周到，小到一颗螺丝都毫不马虎，关键部位就更不用说。通过间接标题的诱导、直接标题的点明，消费者从形象思维过渡到产品本身，加深了他们对产品的印象。这个标题是匠

心独运的。

复合标题能将直接和间接两种标题揉在一起，各取所长，既富有情趣性，又具有清楚明白的效果。这类广告标题常在前两种标题不易表达广告内容时使用。

2. 广告标题的写作要求

（1）揭示广告主体给予目标受众的利益许诺。这就是广告标题要能说明广告主体与消费者关系最密切的利益许诺内容，如"酸甜冷辣都不怕——上海防酸牙膏""高露洁——坚固牙齿、口气清新"。同样是牙膏，而广告标题中突出的是不同品牌牙膏给予消费者不同的使用效果，这就是给消费者利益许诺，同时要求广告主体的利益许诺只能是最突出的焦点。

（2）简短有力，字数不宜太多。广告标题要具有比较强的概括表现力，集中地表达广告主题和利益许诺点，如"雀巢咖啡——味道好极了"。标题字数通常要求控制在10个字以内，如果标题过长且确有必要，可以用复合标题形式加以表达，但是需要注意，构成复合标题时每个子标题的字数通常也要求不超过10个字。

（3）通俗易懂易读。广告标题的写作需要从消费大众的理解与接受能力出发，不但需要使消费者能够通过广告标题迅速理解接受广告主体的诉求内容，而且还需要考虑广告标题容易上口、记忆和传诵。

（4）具有创意，富有趣味。广告标题以独创性的语言表现，突出同类产品的不同个性特征，有助于广告主体在消费者心目中建立起比较牢固的位置。广告标题在整个广告文稿中具有画龙点睛的作用，能够吸引消费者对广告宣传的主体产生比较强烈的兴趣，因此，标题的写作要求富有趣味性，如一则皮鞋广告："天下第一厚皮"。

二、广告正文的写作原则及写作方法

广告正文是指在广告文案中处于主体地位的语言文字部分。其主要功能是，展开解释或说明广告主题，将在广告标题中引出的广告信息进行较详细的介绍，对目标消费者展开详细诉求。广告正文的写作可以使受众了解到各种希望了解的信息，受众在广告正文的阅读中对产品有了一定的了解，从而建立起兴趣与信任，并产生购买欲望，促进购买行为的产生。它与标题的关系是：标题吸引注意，正文进行说明；标题提出问题，正文回答问题。

广告正文，在不同媒介的广告中有不同的表现形式。在印刷广告中，正文以文字语言叙述，一般称为广告文稿；在广播广告中，正文以口头语言来报道，叫作脚本；在电视广告中，正文以语言（包括文字语言与口头语言）结合活动画面来叙述，叫作故事板；在实物广告中，以文字语言结合商品实体来说明，如橱窗广告、商品展销。至于其他广告，如交通广告、路牌、灯箱广告等的正文与印刷广告基本相同。

1. 广告正文的写作原则

广告正文的写作，可以有多种多样的体裁，可以根据不同的媒体特点而创作，在写法上没有固定的模式，但是有几点写作的原则要注意。

（1）条理清晰。文案正文所表达的广告信息，比广告的标题要丰富得多，所以，信息的条理就非常重要。在信息之间建立清晰、明确的逻辑关系，可以使正文条理清晰。

（2）重点突出。正文的信息虽然丰富，但不是所有的信息都同等重要，所以在正文中应该将与主题信息最密切的信息作为重点，并且将它们突出地表现出来。

（3）用词准确。在正文中，用词的准确尤其重要，因为标题已经起到了吸引观众阅读正文的作用，所以观众希望在正文中能了解关于企业、产品、服务的更为详细、准确的消息。

（4）简明易懂。正文的简明易懂与标题的简洁明了同样重要，广告文案写作人员一定要注意这一点：观众没有时间也没有兴趣和耐心阅读过分含蓄的正文。

2. 广告正文的写作方法

广告正文是广告文案的主体。根据广告目标和广告主题的要求，在撰写广告正文时，可以有很多种模式。虽然文无定法，一个熟练的广告撰稿员并不需要依照一定的模式去进行写作，但不同的模式有不同的写作要求和方法，对其进行认识和把握，对于实际创作还是有帮助的。根据诉求方式的不同，广告正文大体上可分为三种文体类型：理性型广告正文、情感型广告正文和情理交融型广告正文。

（1）理性型广告正文。理性型广告正文是以摆事实、讲道理、提出确凿的证据和事实为诉求方式，以商品或劳务的优点、特质和特别的利益为诉求重点的广告正文。该类广告正文以理服人，让消费者用理智去判断和选择，一般比较适用于新产品、竞争性产品和生产资料类产品。理性型广告正文主要包括陈述体、说明体、论说体和证明体。

1）陈述体。这是以陈述、诉说为主要表达方式的广告文体。它又包含布告体、新闻体、对话体等，主要用于开业启示、招聘招生、通知声明等。

2）说明体。这是以说明为主要表达方式的广告文体。广告内容主要是对商品和劳务等实物的性质、特点、内容、成因、功用等进行详细说明，以使消费者形成明确的产品概念和学会正确的使用方法。例如，麦氏咖啡在打入中国市场初期的一则广告采用的就是说明体："哥伦比亚咖啡，制成世界最香浓的咖啡"。

3）论说体。这是以议论、说理为主要表达方式的广告体。它是以概念、判断、推理的逻辑思维形式，直接阐述事理，传播信息。

4）证明体。这是以证明为主要表达方式的广告体，主要借助于有关权威的鉴定评语、荣誉称号、获奖情况，或各界知名人士、典型用户的见证和赞颂之辞，以及一些典型事例来证实广告内容的真实性。

（2）情感型广告正文。这种广告正文是以人们的喜、怒、哀、乐的情绪和道德感、群体感、美感等情感为诉求方式；以异性的喜爱、大众的赞美、亲友的情谊、美丽的景色协调等为诉求重点，来诱发消费者的感情，使其在情感或情绪的影响支配下产生购买行为。这类广告正文以情感人，追求情调的渲染和氛围的烘托，富有人情味，更容易打动消费者的心，多用于装饰品、化妆品、时髦商品，以及其他软性商品。情感型广告正文主要包括描述体、抒情体、故事体、文艺体、谐趣体等。

1）描述体。这是以描写、叙述为主要表达方式的广告体。它通过生动细腻的描绘和刻画来渲染消费者的情绪，达到促进销售的目的。

2）抒情体。这是以抒发情感为主要表达方式的广告体。抒情体广告不同于文学作品的抒情，它是在广告商品或劳务的事实上进行抒情，多用生动形象的语言——"我化""情化"的描写，去拨动消费者的心弦，从而赢得他们的认同。

3）故事体。这是通过讲故事的形式来传递商品或劳务信息的广告体。故事体广告一般有简单的故事人物和故事情节，故事人物往往是商品的使用者，故事情节常常是购买和使用前后的一些矛盾、难题以及解决的过程。解决问题式的故事体广告运用得非常普遍。

4）文艺体。这种广告体采用诗歌、散文、小说、童话、戏剧、歌曲等各种文艺形式宣传商品的性能、优点，以引起消费者的浓厚兴趣。

5）谐趣体。这是以诙谐幽默、生动风趣的手法和语言为主要表达方式的广告体。

（3）情理交融型广告正文。该类广告正文将理性诉求和感性诉求融为一体，既动之以情，又晓之以理，双管齐下，说服消费者。该类文体多运用于电视机、音响、摩托车、汽车等耐用消费品和贵重商品的宣传。

三、广告标语

广告标语，又叫广告口号。它是广告在一定时期内反复使用的特定宣传语句。广告标语的写作要求如下。

（1）简短易记。广告标语使用的目的，在于通过反复宣传，使消费者留下对商品、劳务或企业的印象。因此，标语字句一定要简短易懂、易记、上口。标语全文不宜超过20个字，最好在10字以内。如果标语全文比较长，可以分句，但每句要短。

（2）突出特点。广告标语要起到鼓动人心，加深印象的作用。它必须结合广告主题，突出商品、服务或者企业的独特之处，尽量用视觉化语言，加深印象，如"喝孔府宴酒，作天下文章""要把牙病防，洁银帮你忙"等。广告标语在广告文稿中可以单独表现，也可以与广告标题合成在一起，即以标语形式来表达标题，且在广告文稿不再有其他的广告标语出现，如"做光明的牛，产光明的奶"。

（3）广告标语与广告标题的区别主要表现为两点：一是广告标题的位置在广告文稿的开头，广告标语的位置通常在广告文稿的后面或两侧；二是广告标题是可以经常变换的，而广告标语通常是相对固定的一个时期内进行反复宣传的特定用语。

第三节 广告的作用及观念突破

一、广告的作用

（1）广告可以传递信息，活跃经济。一种商品，在此地积压，通过广告宣传，使众多消费者知晓，前来购买，使商品滞销成为畅销，这样，不但促进了市场经济发展，而且加快企业资金流动，提高经济效益。

（2）广告可以指导消费，提高企业知名度。广告沟通产、供、销渠道，介绍商品信息、产地、质量、性能、价格，既使消费者了解商品或服务的情况，根据需要选购商品或服务，又提高了企业商品或服务的知名度。

（3）广告可以扩大外贸，增加外汇收入。比如，有的土特产，通过广告，打入国际市场，在国际市场上有了广泛的影响，出口贸易规模随之扩大，增加了外汇收入。

二、广告观念的突破

许多人认为，进入21世纪，广告业将在经营观念上有新的突破，主要有以下四点。

1. 广告宣传突出社会责任感

传统观念认为广告宣传的第一目的就是推销商品，塑造企业与品牌形象。从这一经营观念出发，广告必然对消费者采用高压式的硬性推销手法，广告主与广告经营者携手对消费者施加影响。而现代企业经营哲学则强调"企业是地球的公民""企业是社会一员，是社会的组成部分"。广告应反映企业的这一经营理念，突出对社会负责、对消费者负责的精神。

2. 广告宣传突出生活品质，凸显品牌价值

广告诉求主题历来都是强调提供信息、诱发需求、刺激购买，其实质强调的是生活，以及如何满足人们的生活需求。21世纪的广告更多地强调的是人生。"人生"的含义比"生活"更广、更深，它既包括物质生活、生活方式，也包括人的精神生活以及人生价值观念、社会责任、处事原则等。这种营销观念反映在品牌策略上，更注意使品牌人格化，使消费者从产品品牌联想到产品的属性，产品的利益，产品代表的文化、性格和产品的使用者，使产品的销售由以"物"为中心转变到以"人"为中心上来。

3. "软性广告"更能满足消费者的需要

新时期广告将更带有人情味，以温情的"软性广告"满足消费者的心理需要。美国的广告业已反映了时代的这种变化，许多大广告公司过去行之有效的做法已趋于陈旧，越来越多的公司以诚恳而低姿态的广告去销售它们的产品，即使是高科技产品，也运用微笑和亲切的手法来表达诉求，以获得良好效果。

4. 广告的个性化更为突出

21世纪，由于消费的需求越来越趋向于共性向个性发展，产品生命周期缩短，新产品日新月异，客观上要求广告宣传要适应这一变化，广告应面向不同消费阶层的心理需要，在表现上越来越细腻。日本广告界认为，无论从价值观，还是从经济状态，或是从地域差上来看，同质化、一体化的时代将要结束，广告写作与传播的方式将更具独创性，否则难以产生真正的活力。由此可以看出，广告的个性化是发展趋势。国际广告更应着眼世界，因地制宜，以最具个性化的特色来吸引消费者。

【例文导读】汇丰银行的广告

	评析
洞悉国际商情，决策快捷可靠 　　商贸良机一瞬即逝，必须及时把握。因此，您需要一家洞悉国际商情，对市场了如指掌的国际银行，在关键时刻，助您及时做出英明决策。 　　汇丰银行植根亚洲，放眼世界，累积逾 128 年的丰富经验，与世界各地商贸市场一直保持紧密联系，助您迅速掌握全球最新金融资讯，洞悉瞬息万变的市场动向，汇丰集团遍布全球的 3 000 余家办事处，均配备先进电信系统，组成快捷可靠的服务网络，随时为您提供周全服务及精辟独到的专业意见，助您拓展业务。 　　目前，我们全力为国内客户提供优质贸易服务，包括贸易咨询、出口信用证通知、进出口结算及押汇、外币票据贴现、贸易融资及项目贷款等。 　　作为全球规模最大的银行集团之一，汇丰银行拥有雄厚的资源和丰富的经验，助您尽得先机，做出快捷过人的精明决策。查询详情，请与就近汇丰银行分行或办事处联系。 　　咨询电话：×××	1. 标题：属于间接标题。 2. 正文：广告突出对商品的性能、质量、服务、价格方面的简介。 3. 结尾：广告结尾要写明单位名称、地址、电传、电话、邮政编码、联系人姓名。

【应用升级】

如何写好一篇精彩的广告

一、如何构思文案

　　构思一篇精彩的广告文案是许多准备进入广告及相关行业的同学梦寐以求的事，但不少同学认为广告词设计充满神秘感，都认为好的广告文案"可遇不可求"，将创意神秘化使自己的智慧受到抑制，看来广告设计首先要跨越自己的心理障碍。实际写好一篇文案并非想象的那般高深莫测，还是有很多诀窍可循的。

　　（1）你要先消化通过产品与市场调查收集的资料，然后你用 20～30 个字的文字将产品描述出来，这 20～30 个字要表现产品的特点、功能、目标消费群、精神享受四个方面的内容。

（2）紧接着你要问自己：我应该向消费者承诺什么？这一点很重要，若没有承诺，那么就没有人会买你的东西，承诺越具体越好。"让你美丽"不如"消除你脸上的色斑"及"让皮肤变得洁白、有光泽"来得有力；"为你省钱"不如"让你省下10元钱"来得有力！不要写下连你自己都不能相信的承诺，在文案中你要考虑清楚承诺靠什么来保证。

（3）必须确定一个核心创意，也叫大点子、大创意（big idea）。这个核心创意一是要很单纯；二是要可延伸成系列广告的能力很强；三是要很有原创性，可以唤醒许多漠不关心，漠然视之的消费者。

例如，我们为奥林蒸馏水确定的核心创意是"有渴望，就喝奥林"，围绕着人的种种"渴望"以及"口渴"的种种情景展开系列广告，轰动一时；为"红常青羊胎素"这一美容保健品所确定的大创意是"红常青，为女人除不平"，"不平"指脸上的"皱纹、斑斑痘痘"，又指心中的不平、怨言，展开的系列广告也颇引人注意。

（4）每一则广告最重要的是标题，标题写得好，广告就成功了70%～90%，标题的创作应该把握三个基本点。

1）故事性。标题具有吸引人的故事性会吸引人认真读内文，如《意想不到，一部赛车开进了厨房》，这是我们为火王97新款燃气炉"赛车一族"创作的广告，用"赛车"开进"厨房"产生了故事性，吸引了人看广告的兴趣。

还有《谁是"受害者"》《我是"受害者"》作为绿卡鳖精创作的逆向诉求广告，创造了很高的阅读率。

以下标题都相当有故事性：

《"舒味思"的人来到了本地……》（奥格威为舒味思饮料创作的广告）

《一个美丽的女人背后两个男人》（采纳公司为王老七口服液创作的广告）

《为什么要炒我的鱿鱼？》（采纳公司为宽飞仿生被创作的广告）

2）新奇性。一则可以引发人们好奇心的广告会吸引很多人来阅读。广告标题一定要有新奇性，我们为益生堂三蛇胆创作的广告《益生堂三蛇胆为何专作"表面文章"？》《上火啦》《战"痘"的青春》为佳百娜红葡萄酒创作的《今晚，你准备"亲吻"佳百娜吗？》《佳百娜五岁了，尚未开封》《咦，怎么少了一个人？噢，他被佳百娜"迷"住了》，为一致全家福创作的《今天请倒过来看广告——一致全家福到了！》，采纳公司自己的形象广告《老虎能飞起来吗》《一个老总为何需要两个脑袋？》等都比较符合新奇性的要求。

3）新闻性。大家都爱看新闻，标题写得像新闻会很受人瞩目。采纳公司为宽飞仿生被创作的《独家披露被子里的新闻》，为海南啤酒创作的《海南将要"桶"获膨胀》《海南今年夏天可能要降"温"》，为古方三蛇胆创作的《可以全面停"火"了》，为益生堂三蛇胆创作的《从深圳开来的战"痘"特快已抵达本市》，为吾老七口服液创作的《这三个寻常女人引起全城女性关注》《曝光面子"丑闻"》，为金汤减肥冲剂创作的《深圳女人可以"瘦下来"吗？》等广告都取得了很好的效果。

为写好一则广告，在动手写正文之前，请务必写15个以上的标题，然后从中选出一个最满意的。

二、标题创作的基本方法

（1）拟人化。当把产品拟人化之后，一般都会有奇妙的创意。采纳公司为三点摩丝创作的广告《你的头发在生气？》，为千仟玉手足柔嫩剂创作的广告《北京人，谁的手足在哭泣？》，为视力1+1眼睛营养液创作的广告《别让我一辈子"嫁"给它》（我是眼睛，它是眼镜），为天人防盗锁创作的《结婚篇》《离婚篇》，为火王燃气炉创作的《我天生一肚子火气》等，都运用了拟人的手法，相当生动。

（2）逆向思维。威廉巴克公司为艾维斯出租车创作的《在出租车行业里，艾维斯是第二位的》就令人兴奋。采纳公司在许多广告中运用逆向思维，房地产都喜欢说自己在"黄金地段"，我们为一处房地产做的广告却说它在"白银地段"诉求它"升值有潜力"，为另一处房地产创作的《我喜欢挑剔的买房人》，为蓝旗衬衣创作的《一件不合格的衬衣》，为三蛇胆创作的《另外的80万粒您吃不到》，为金汤创作的《请别相信100%有效》，为吾老七创作的《女人的年龄可以"撒谎"》等也体现了逆向思维。

（3）情景想象。许多广告要借助生活中熟悉的场景想象。例如，创作的《归心似箭篇》《刮目相看篇》，为益生堂创作的《你准备送我什么》《年轻人火气不要太大》《这一回，别烤"糊"了》，为天健花园创作的《这里看来需要开一家宠物店》都围绕返乡、回家、男女谈恋爱时的对话，办公室、高考、公园等情景，展开创意，非常有人情味。

（4）借助热点话题、新闻。在电视剧《水浒传》最火爆、歌曲《心太软》最流行的时候，采纳公司为古方三蛇胆创作出《孙二娘篇》《对付上火、长痘怎能心太软？》，两个最红的元素被植入在古方三蛇胆的广告中，广告效果自然非同凡响。在深圳扫毒、扫黄运动如火如荼时推出的三蛇胆的《扫毒灭疮篇》广告引起格外关注。中华豆腐在台湾借母亲节推出的《中华慈母心，中华豆腐心》亦妙不可言。在作家莫言获诺贝尔文学奖后，名不见经传的白酒"莫言醉"的商标身价一夜飙升，名声大涨。

（5）利用比喻、象征、联想等手法。将某一特点与某一物象或其他事物相比或产生联想，往往会产生比较惊人的效果。比如，我们把"哇哇乱叫的汽车电子防盗锁"比喻为"猫"，广告标题就是《猫能救你的车吗？》，还有佳百娜红酒的广告标题《来自烟台的"美妙女郎"——佳百娜》，我们用名著、名画来比喻天健花园的建筑，洗面奶除痘被比喻成"用碾子磨面又慢又烦"等。

（6）一篇好的广告文案，最主要的是靠事实和数据，而不是矫揉造作；要赋予亲切感，注入真实的感情。

讲事实，最经典的就是奥格威创作的《当劳斯莱斯以每小时60公里行驶时，车内最大的噪音来自电子仪表》，文案列举了大量的事实，令人异常兴奋。广告内容一定忌讳空洞的说教，要告诉消费者一些非常实在、具体的数字。

赋予文案亲切感，是指你一定要以朋友的口气去写文章，娓娓动听，字里行间透露出你的真诚、可亲近，你的这种气质会被带入产品中，消费者很可能会因为这一点而去购买产品。

（7）优秀的广告文案直接向目标人群打招呼。如果广告的目标消费群是女性，那么最好在文案中出现"女人""姐妹"等字眼；如果目标消费群是孩子的妈妈，那就要出现"妈妈"；如果目标消费群是男士，那就要出现"男人"字眼。

（8）广告的优劣不取决于文案的长短。许多人错误地认为没有人会去读长文案，而事实上，一个写得引人入胜的长文案同样也会吸引很多的读者。例如，益生堂三蛇胆的一篇广告文案《益生堂打破神话》，全文共计5 000字，收到了上万封消费者的来信；绿卡鳖精的《2 000亩鳖园的真相》，全文共计1 500字，反响亦很好。如果一个产品用短文案能表达清楚，那就短；如果用长文案会写得更生动有力，促销力会更强，那就用长文案。

（9）在广告文案中安排抽奖、赠品、赠券等内容会更具有吸引力，在叙说这些赠品时或抽奖时要给人耳目一新的感受。

（10）将广告文案与某一事件、活动结合起来写会更加生动。我们为西藏产品藏王宝创作了广告《藏族朋友向无锡人"送宝"来了！》，同时结合在广场的赠送活动，效果就不同凡响。

（11）要写好一篇文案，脑子里必须有足够的画面和参考资料。奥格威和李奥贝纳都有一个本子，记录下非常好的创意，当自己思路枯竭时，会打开这个"百宝箱"看看。他们经常花业余时间去剪报，剪下好的广告以及非常棒的新闻标题以备选。他们写文章时顺便连插图一起想，这样他们就可以和设计师进行良性沟通了。

（12）切忌用很生僻的字。把读广告人看成只有初中文化的人比较好，不要绕弯，不要被自己的创意所感动而不肯放弃，设计者要想想，如果你对面坐着一个初中文化的妇女，你可以和她"之乎者也"吗？

以下字眼可以常用：免费、亲爱的、尊敬的、省钱的、惊人的、公布、曝光、新闻、崭新的、快乐的、舒服的、感动的、秘密、真相、底细、某年某月某日、今天、明天、后天等，还要多用问句、多用动词、多用感叹句，语言要有起伏、韵律，文风要流畅，少用"因为、所以、不仅、而且"等虚词。

若能长期坚持以上原则，你一定能写出精彩文案。广告是一种应用性的说明文，是企事业单位向消费者或服务对象介绍商品，报道服务内容或文娱节目的一种宣传方法。

资料来源：http://www.job1688.com/.

小知识

奥格威曾在他满意的一个广告附记中说："这是我生平所写的最有效果的广告。拜尔斯利·鲁姆尔（波多黎各长官）看过后一字不改地核准，并说这个广告给'波多黎各带来了许多新工业'。"⊖据说，广告刊出后竟有14万读者剪下了这则广告中的回单，当中的几十个人后来在波多黎各开办了工厂。

⊖ 丹·海金司.广告写作艺术[M].刘毅志，译.北京：中国友谊出版公司，1995：97.

这是很少见的长广告，据奥格威自己计算有961个单词之多，译成中文近2 500字。如果写成一般的广告，能够读完的读者，可能是极少数，但由于奥格威采用小标题的形式，就投资者关心或涉及的各种问题，如税收政策、劳动力资源、生活环境、交通条件、重点扶助的投资项目等被一一醒目地列出来，既使行文活泼，增加可感性的同时避免了冗长感，又可以使读者根据小标题的导引，随时迅速找到自己最关注的问题。

广告界似乎有一种偏见，那就是短的比长的好，但从这则广告的成功我们可以看出，广告不以篇幅的长短论"英雄"。

【模拟实训】

一、填空题

1. 财经广告具有_____、_____、_____的作用。
2. 财经广告具有_____、_____、_____的特点。
3. 广告文案的格式由_____、_____、_____构成。
4. 财经广告创意方法是_____、_____、_____、_____、_____。
5. 广告语的写作形式常见的有_____、_____、_____、_____、_____。

二、问答题

1. 商品广告有哪些写作要求？
2. 财经广告与商品说明书有哪些区别？
3. 广告文案正文常见的形式有哪些？
4. 创作广告需要注意哪些问题？

三、分析题

1. 如何理解"读标题的人数平均为读正文者的5倍，换句话说，标题代表着为一则广告所花费用的80%"？

2. 阅读下文，回答问题。

阁下：

驾驶汽车时速不超过30英里①，您可饱览本地的美丽景色。

超过80英里，欢迎光顾本地设备最新的急救医院。

上了100英里，那么请放心，柔佛州公墓已为你准备了一块挺好的墓地。

问题：该广告文案的正文属于哪一种常见形式？谈谈你的理解。

3. 一则广告写道："该厂生产的工业缝纫机，荣获国家名牌产品称号，欢迎来函来电订货"。

请对这则广告语的错误予以纠正。

---

① 1英里=1.609 344千米。

Chapter 7
课题七

经济消息

应用导航

北京疏解"非首都功能"的计划，将影响到雄安新区和北京副中心的定位

2019年年初，京津冀地区两个重点的总体规划获得了批复，它们分别是《河北雄安新区总体规划（2018～2035年）》和《北京城市副中心控制性详细规划（街区层面）（2016～2035年）》。

对于雄安新区与北京副中心（通州）的发展，都是以北京疏解"非首都功能"为纲的，这在中国各地区的总体规划中，也是前所未有的事情。

在北京疏解"非首都功能"，乃至北京疏解人口的规划中，河北省雄安新区、北京副中心通州的发展，都要以北京疏解为纲。

一、关于河北省雄安新区的总体规划

对于河北省雄安新区的总体规划来说，北京疏解"非首都功能"成为核心要点，可以说雄安新区的建设和发展，本身就是以承接"北京疏解"为目标的。

然而，雄安新区一个地区的发展，还需要依赖首都北京，这也是一个比较奇特的地方，也是中国各地区总体规划中，尚未出现的"发展套路"。

对于雄安新区的发展来说，一方面要高标准进行建设，另一方面又要承接从北京疏解来的非首都功能。这两点平衡的难度是很大的，因为从北京疏解出来的"各种非首都功能"中，很少有高标准的产业，大都是北京淘汰的产业，如区域批发市场。

二、关于北京城市副中心通州的总体规划

虽然北京城市副中心通州目前名气很大，但是通州在北京的郊区当中，一直属于人口多、产业少的地方。

从北京疏解"非首都功能"的角度来看，通州这个北京副中心，一直承担的就是疏解北京人口的任务，通州区总体规划也是如此，通州区还要容纳从北京疏解而来的市中心区的40万人口。如果说北京城区的人口疏解到通州有利于减轻北京市中心的压力，那么什么样的"非首都功能"应该疏解到通州就是不确定的。目前看，搬到通州的"功能"不多，"产业"也很少，大多数是北京市的行政办公单位。

综上所述，根据北京疏解"非首都功能"的精神，雄安新区与北京副中心（通州）的首要任务就是"北京疏解"，因此地区发展联动性非常强，京津冀地区互相配合的难度也比较大。

资料来源：https://baijiahao.baidu.com/s?id=1621826978512922110&wfr=spider&for=pc。

【点评】

这是中国新闻网发表的经济评论文章，雄安新区和北京副中心建设是为推进京津冀协同发展做出的一项重大决策部署，对疏解京津地区人口压力，缓解目前大城市生态环境恶化，促进地区经济均衡发展意义重大。文章对北京副中心建成后的辐射及拉动效应进行分析，全文文字紧凑，观点明确，言之有物。

点睛之笔

教学重点：

经济消息的标题、导语、主体等几部分的写作。

教学难点：

1. 经济消息的结构、内容及其基本的写作方法。
2. 灵活运用写作理论，及时、准确地报道经济活动中有价值的消息。

第一节　经济消息概述

一、经济消息的概念

经济消息是对新近发生的典型经济事实的报道，是反映社会经济活动的现状与发展态势的一种新闻文体。

经济消息是现实社会生活中使用频率最高的新闻体裁之一，它能把人们希望了解的经济领域中的新情况、新动向、新变化、新成就迅速地报道给广大读者，从而为人们打开一扇了解经济领域现实状况的窗口；同时，也为党和各级政府宣传经济政策，指导经济工作，进行经济调控提供了一种便捷有力的传播工具。

例如，2016年3月，《重庆日报》记者姜春勇发表在《走村进户访贫困》栏目中的《一个仡佬族村寨的旅游梦》一文，报道了武隆田家寨依托民族村寨旅游资源，带动村民脱贫致富的思路。2018年3月，记者再次来到这里，感受田家寨的新变化。

二、经济消息的特点

经济消息是一种最讲求时效的文体，它一般具有真实性、时效性、简明性的特点。

1. 真实性

经济消息是经济建设的重要信息资源，是决策者制定经济决策极为重要的参考依据。因而，经济消息在内容上要做到真实、准确，反映的现象和报道的事实，要源于实际生活，是一种客观存在。作者对事实的分析，要符合客观事物的本来面目，同时也要注意揭示事物变化的规律，预见事物未来的发展趋势，这些都是以信息的真实性为基础，而不是仅仅依赖于可能性信息。

2. 时效性

时效性是指经济消息的信息新、报道快、时间性强。西方新闻界曾有"今天的消息是金子，昨天的消息是银子，前天的消息是垃圾"的说法，指的就是消息的报道要快。经济活动是动态的，它无时无刻不在传递出最新消息。这些最新信息可能正是政府进行宏观调控和经济组织制订计划、择优决策与科学管理的重要依据，如果迟写慢发，消息就会贬值或失去意义。如前些年，有一家报纸刊登了一篇经济消息，说某城市的莴笋价格俏、销路好。有个贩运专业户得知这一消息，借款大量收购莴笋运到该市，结果因这篇消息见报晚，当地市场发生了变化，莴笋销不出，致使他倾家荡产。因而，经济消息务必把现实经济活动中出现的新情况、新数据、新技术、新态势迅速、及时地报道出去。

3. 简明性

经济消息在语言表达上要求简明。所谓简，就是文字简洁，表达简捷，篇幅简短。所谓明，就是表达明白，把事实说得清清楚楚、明明白白。简明这一特点正是由上述两个特点所决定的。经济消息要求真实报道，就不可能像文学创作那样去虚构，去想象。经济消息讲求时效，必然以简要说明为基本要求，既不能像记叙性文章那样细致描述，也不能像议论文那样反复论述。

三、经济消息的类别

工作中常见的经济消息可分为动态经济消息、经济经验消息、综合经济消息、述评性经济消息。

1. 动态经济消息

这是报道国内外经济领域中发生的重大事件，反映最新情况和动向的报道。这类消息大都是一事一报道，以叙述为主，篇幅短小，焦点集中，时效性强。这是经济消息中最常见的一种。简讯、要闻、快讯、动态消息、市场行情等属于这一类。例如，《天津出台房地产调控新规》（腾讯财经，2017年4月1日）这则消息用简短数语报道了天津为稳定房地产市场，促进房地产市场发展而推出的相关政策。

2. 经济经验消息

这是对经济部门、企业在某项经济工作中的成功做法、措施、经验的报道。这类消息旨在用典型的经验推动全局，指导一般，使党和政府的经济方针、政策具体化。在写法上要注意突出经验的普遍性和可操作性。

如《区（街）如何取得骄人成绩？来海宁这里看看……》（浙江新闻，2018年1月3日），介绍了2018年海宁经济开发区聚焦聚力高品质产业新城，打造杭州湾时尚产业基地、智能制造高地和高质量外资集聚地，在"芯"兴产业区、国际时尚区、创新合作区、绿色示范区、品质新城区这"一城三地五区"的建设上奋发有为，取得了骄人成绩。经济经验消息也可以通过介绍经济领域中的新人、新事、新成就、新时尚宣传党的经济改革政策，如《当好改革开放排头兵 创新发展先行者——专访中共中央政治局委员、上海市委书记韩正》（《新华每日电讯》3版，2015年3月7日），介绍了上海市委书记韩正在上海自贸区改革领域做出的努力。

3. 综合经济消息

综合经济消息是综合反映带有全局性的经济情况、动向的集中性报道。其特点主要是围绕一个主题，将发生于不同地区、行业、部门的同类经济现象或同一个地区、行业、部门的侧重点各异的经济现象做集中报道，从而以报道面广、声势大、立体感强的优势发挥经济消息的宣传作用。例如，《2017年服务业稳定较快增长，质量效益提升》（《经济日报》，2018年1月19日）这则经济消息，从对服务业在国民经济中的主体地位的分析入手，介绍了国内服务业发展的最新情况。

4. 述评性经济消息

述评性经济消息也叫经济述评，是一种夹叙夹议，以叙为主兼有评论色彩的经济消息。这类消息通常用在新闻价值高、政策性强、矛盾比较突出的经济事件的报道中。记者通过分析形势，研究动向，揭示矛盾来对某种具有典型意义的经济问题加以点评，帮助读者加深理解，从而使经济消息具有政策导向的作用。在这类消息中，叙述是进行评论的依据，评论是在叙述的基础上升华，二者水乳交融，相得益彰，如《与改革开放同行 中盐以中国速度引领盐业变革》（新华网，2019年1月14日）在回顾中盐改革的基础上对盐业行业全面变革进行乐观展望。

第二节　经济消息的结构、内容与写作

经济消息的结构与新闻大体相似，多采用"倒金字塔式"，即按照材料重要性的程度依次递减安排顺序，将最重要、最精彩的内容放在消息的开端。

一、经济消息的结构与内容

一则完整的经济消息通常由标题、导语、主体、结尾四个部分构成。此外，还有对背景材料的灵活运用。

1. 标题

标题是对经济消息的主要内容或主旨的提要，用以吸引读者或帮助读者阅读。它与

一般文章的标题相比,在内容上要更具体、明确,形式上更要多样。例如,"雨"可作为诗歌、散文或小说等文艺性文章的标题,而作为经济消息的标题就不够具体、明确;"华北地区久旱未雨,玉米产量预计骤减"则在内容上概述了我国华北地区玉米产量骤减的信息,是一则较清晰、完整的经济消息标题。

(1)直接标题和间接标题。经济消息的标题,从内容上可分为直接标题和间接标题。

1)直接标题,即直接揭示经济消息的内容,直截了当,鲜明突出。这类标题在经济消息中占绝大多数。例如:

《河北省发展改革委召开主任办公会安排部署 2019 年全省经济工作总体思路谋划和年度计划编制工作》(盖德化工网,2018 年 10 月 11 日)

《鲁比尼:美元走强将损害美国经济》(《新浪财经》,2017 年 1 月 3 日)

2)间接标题,不直接揭示经济消息的内容,而多采用提问的方式,以引起读者注意。它通常由经济消息报道的对象和问句组成,问而不答,旨在吸引读者注意从主体中寻找答案。例如:

《谷歌、推特供应商麒麟网络拟 IPO 毛利率超 90% 或引发审委关注》(《每日新闻网》,2019 年 1 月 15 日)

《全球货物贸易增速创近七年最快?》(《经济参考报》,2017 年 3 月 31 日)

(2)正题、引题和副题。经济消息的标题,从形式和作用上可分为单行标题和多行标题。多行标题中又有正题、引题、副题之分。

正题,又称主题、母题,它是整个标题的核心,用来突出信息最重要的事实或揭示中心思想。其位置居于多行标题的中间一行,用醒目字体,字号突出。

引题,又称肩题、眉题,它的作用是交代背景,或说明原因,或烘托气氛,或揭示意义。其位置居于正题的上一行。

副题,又称辅题,它一般用来补充、解释、印证正题,或对信息内容进行提要,或补充说明事件结果。多行标题既可以只由正题组成,也可以由正题加副题组成,还可以由眉题、正题、副题共同组成。这些标题虚实相间,互为补充,既可以准确表达信息内容,更能够吸引读者,给人留下深刻的印象。

1)单一的正题。经济消息的标题只由正题组成,例如:

《多重不确定性困扰 ST 长油股价连续异动》(《证券日报》,2019 年 1 月 14 日)

2)引题 + 正题。例如:

《坚定信念 守住底线——学习习近平总书记系列讲话精神心得体会》(财政部官网,2017 年 4 月 2 日)

《银行结构性存款:"换马甲"保收益 产品风险需警惕》(《经济参考报》,2019 年 1 月 10 日)

3)正题 + 副题。例如:

《金融圈"奇葩"年终奖——我走过最长的路,还是你的"套路"》(《中国证券报》,

2019 年 1 月 15 日）

4）引题+正题+副题。例如：

《中国改革再扬帆——庆祝改革开放 40 周年大会侧记》（新华社官网，2018 年 12 月 19 日）

经济消息的标题是对消息内容的浓缩与概括，是经济消息的眼睛与门面，要求写得具体鲜明、富有吸引力。其主要作用在于传递信息，因此标题拟制应力求语言简明，可以新颖，但不可因追求新奇而影响了明确性。

小知识

消息的概念

消息与信息具有同等意义，信息是关于事物运动的状态和规律的表征，也是关于事物运动的知识。信息就是用符号、信号或消息所包含的内容，来消除对客观事物认识的不确定性。由于信息是事物的运动状态和规律的表征，因此信息的存在是普遍的；又由于信息具有知识的秉性，因此它对人类的生存和发展是至关重要的。信息普遍存在于自然界、人类社会和人的思维之中。信息是人类社会实践的深刻概括，并随着科学技术的发展而不断发展。1948 年，信息论的创始人 C.E. 香农在研究广义通信系统理论时把信息定义为信源的不定度。1950 年，控制论创始人 N. 维纳认为，信息是人们在适应客观世界，并使这种适应被客观世界感受的过程中与客观世界进行交换的内容的名称。1964 年，R. 卡纳普提出语义信息。语义不仅与所用的语法和语句结构有关，而且与信息对于所用符号的主观感知有关。所以语义信息是一种主观信息。20 世纪 80 年代，哲学家们提出广义信息，认为信息是直接或间接描述客观世界的，把信息作为与物质并列的范畴纳入哲学体系。

2. 导语

导语是消息的第一段或第一句话。它是一则消息里最具有新闻价值的内容概述，是一则消息的"橱窗"。与经济消息"倒金字塔式"的结构相对应，导语要用简明、生动的语言把消息中最重要、最精粹、最新鲜的事实提炼、展示在消息的开端部分，以便先声夺人地引起读者的关注。

在经济消息的撰写中，由于报道的时间不同、报道的角度不同，导语在写法上也有些变化。其常用写法有叙述式、根据式、引语式、提问式和评论式几种。

（1）叙述式，即用直接叙述的方法将经济消息中最新鲜、最重要的事实简要写出。例如，《工商总局："工商阿里大数据交互平台"正式启动》（政府官网，2017 年 4 月 2 日）

（2）根据式，即在报道经济消息事实之前，交代信息的来源以显示其消息的真实性。例如，《全国各省市人均 GDP 比拼：9 省超 1 万美元》⊖（中商情报网，2017 年 3 月 1 日）的导语：

⊖ 见 http://www.askci.com/news/finance/20170301/1346119208/.shtml。

通过对31个省份2016年人均GDP的统计发现，天津、北京和上海三大直辖市均超过了11万元，位列前三，有12个省份超过全国平均水平（53 817元）；若将各省份的人均GDP换算成美元，包括这三大直辖市在内，有9个省份的人均GDP超过了1万美元。

（3）引语式，即借人物的语言揭示新闻特点、进程或意义。例如，《全球步入"诡异新常态"：重新审视投资逻辑》（《第一财经日报》，2016年8月22日）的导语：

2016年，本该加息4次的美联储不加了，本被认定"雷声大雨点小"的英国脱欧竟然成真了，本该背道而驰的股票、债券却持续呈现齐涨格局，"资产荒"的现象从中国到全球比比皆是，而从雷曼危机以来总计降息667次的全球央行仍在独自死撑。

（4）提问式，即把问题鲜明地提出来，再用事实简要回答，引起读者注意。例如，刊登的《春节期间快递停运？识别假消息致力真服务》（《工人日报》，2019年1月15日）的导语：

春节期间快递停运？经核实，近期流传的此类消息均是假消息。目前，主要寄递企业尚未公布春节期间具体服务安排，但均表示不会停运。

（5）评论式，即在叙述事实的同时立即对事实做"点睛"式评论，以加深读者对新闻意义的认识。例如，《2018"中国时间"年度经济盘点：十大区域经济亮点》（中国经济网，2019年1月15日）的导语：

2018年，是改革的一年，是腾飞的一年。这一年港珠澳大桥建成通车，新八达岭隧道顺利贯通，中国（海南）自由贸易试验区获批，贵阳入选国家物流枢纽承载城市，东北三省经济企稳回升……全国各地、各大经济区域在政策的影响下都在实现质变的飞跃。新年伊始，中国经济网策划推出2018"中国时间"年度经济盘点系列，对一年来中国经济发展做一系统回顾。本期推出十大区域经济亮点。

导语是消息中的精华部分，又处于篇首的重要位置，因此一个好的导语就好比一个出色的演员登台亮相，应给人留下深刻的印象。总的说来，应注意以下几点。

第一，提纲挈领，抓住事件的核心。在导语的写作中，最重要的是抓住信息的灵魂，突出经济事件本身具有的特点。要把最具有新闻价值，读者最感兴趣的东西从信息矿藏中"冶炼"出来，而不是用一般化、公式化、概念化的东西搪塞读者。

第二，言简意赅，清晰明了。句子要简洁明确，概念越少，就越容易理解，越引人注目。因此，句子要短，抽象术语要少，不要堆砌经济术语以免引起理解困难。

3. 主体

主体紧接导语构成消息主干内容的部分。它要用具体、典型的材料来展开导语，使导语的内容得到阐释、补充乃至深化，使导语里所提到的信息梗概更为详细确凿、丰满清晰。

主体部分由于内容相对较多，材料安排上就要尽量做到层次分明、条理清晰，常用的结构形式有时间顺序、逻辑顺序、并列顺序三种。时间顺序即按照事物自然发展过程为序来安排材料；逻辑顺序即以事物的性质及内在联系为序来安排材料，它有递进式、因果式、主次式等形式；并列顺序即交叉运用时间顺序和逻辑顺序两种形式来安排材料。

主体部分在写作上要注意点面结合，既要有概括性的材料，又要有生动典型的具体事例。

4. 结尾

结尾是经济消息的最后一句话或最后一段文字，一般指出事物发展的趋势或对报道内容做概括式小结，有的则提出希望等。精彩的结尾耐人寻味、发人深省，可以起到加深读者印象的作用。

对于采用倒金字塔式结构的消息来说，由于重心在前，高潮在前，结尾在前，因而相比之下结尾就显得不那么重要，有些经济消息没有结尾，是否需要结尾要服从于全篇的需要。

5. 关于背景材料的运用

所谓背景材料，是指写进经济消息中的与消息事件发生的原因、政治背景、地理环境、历史沿革和物质文化条件等相关的一些材料，用于烘托、深化主旨，帮助读者认识所报道的事实的性质和意义。

背景不是经济消息的独立组成部分，它有时被写在导语之后，单独成为一段，但更多的时候则是穿插于消息的各个部分中。

背景材料包括对比性材料、说明性材料和注释性材料。对这些材料的运用要从实际报道的内容出发，要从是否有助阐明主旨，说明事实的来龙去脉出发，或用或不用。总的原则是，背景材料要少而精，并且紧扣主题；可有可无的一律不加；不言自明的一概省略；已经熟悉的不再重复。

经济消息的结构不是固定的格式，有的可以没有导语，有的可以没有结尾。不管形式如何，都要服从经济工作的需要，服从经济消息整体的需要。

二、经济消息的写作要求

1. 材料要精当，主旨要集中

要写出有价值的经济消息，首先要求写作者广泛收集经济领域的各种数据资料，密切关注经济活动的发展态势与走向，同时要善于从众多的信息中提炼最能体现本质特征和消息"个性"的材料。在掌握了充分的真实而典型的材料后，对此进行科学分析，确定明确的写作主旨。

2. 要写清五个基本要素

经济消息作为一种新闻文体，其写作要求与新闻大致相同，首先要写清新闻的5个基本要素，即"5个W"：When，Where，Who，What，Why，使人们明确知道时间、地点、人物、事件、原因。

3. 经济消息要真实、准确

真实、准确是经济消息的生命所在。经济消息是通过事实来说明问题、论述主张，为经济决策者提供决策依据的。因而必须用事实说话，报道要有根据，确如其事，人物、地点、时间、数字、引语、细节都要准确无误，客观存在。

4. 语言表达要简明、规范

经济消息在表达方式上以说明为主，即以客观、科学的说明方式，把经济信息的内容解说清楚，很少进行细叙与议论；在语言上，强调文字简洁、准确，表达明白无误，应力避芜杂或含糊其辞的语言，努力达到文字的简约化和语句的规范化、程式化。

【例文导读】

2017年河南省农民工工作要点：放宽农民工进城落户条件

2017年3月28日，据河南省人民政府门户网站消息，2017年河南将放宽农民工及其随迁家属进城落户条件，推动有条件、有意愿的农民工及其随迁家属在城镇落户。日前，河南已下发《河南省农民工工作领导小组2017年工作要点》，实行多项措施保障农民工就业创业。

根据安排，2017年，河南将进一步拓宽落户通道，放宽农民工及其随迁家属进城落户的条件，推动有条件、有意愿的农民工及其随迁家属在城镇落户；完善以居住证为主要依据的随迁子女义务教育就学政策，切实简化、优化随迁子女入学流程和证明要求；扩大普惠性学前教育资源；完善高中阶段学校考试招生制度；完善和落实农民工随迁子女在当地参加中高考的政策措施，使随迁子女升学通道畅通。同时，将符合条件的农民工纳入住房保障范围，进一步加快公租房竣工和分配工作，为更多农民工提供住房保障；全面落实住房公积金异地贷款和提取支付房租政策，依托全国转移接续平台，支持农民工租赁、购买自住住房；鼓励金融机构创新适应农民工特点的信贷产品，加大对农民工在三、四线城市和县城购房的贷款支持。

据了解，今年1月16日，河南省第十二届人民代表大会第七次会议召开，河南省省长陈润儿在政府工作报告中提到，要强化郑州房地产市场调控，增加市场供给，控制房价上涨。

此外，河南省政府办公厅于2017年2月6日印发的《河南省县城规划建设导则》表示，河南省将加快县城城中村和城郊村改造，在县城规划建设用地范围内禁止审批、新建独家小院式住宅和零星住宅，避免形成新的城中村，向到2020年所有县城建成现代化中小城市的目标迈进。

评析

1. 标题是对经济消息的主要内容或主旨的提要，用以吸引读者或帮助读者阅读。内容上要具体、明确，形式上要多样。

2. 导语和标题相比，是对标题的展开，或是换一个角度把消息核心价值的另一个侧面展现出来，引起大家的关注。

3. 消息的主体，它是对导语的层层展开：时间、地点、人物、事件、原因。其中可以穿插背景，在财经应用文写作中，这个背景，即大局观、历史沿革。

4. 消息的结尾，消息的主体之后是结尾。消息的结尾应做到苏东坡所说"当止则止"。篇幅较长的评论，600～800字为最佳。

【应用仿真】

很多经济消息都来自国家主流媒体，每天中央电视台的《经济半小时》就有很多最新的经济消息为人们所关注，请根据自己关注的新闻内容，介绍一下近期当地有哪些经济类新闻，并按照经济消息写作的要求，写一篇经济消息。

【应用升级】

很多同学不擅长写消息的导语。导语写作成功了，就意味着消息写作成功了60%。导语在消息里起到非常重要的作用，要有意识地训练导语的写作。导语要有一个看点或卖点，是体现消息价值的最主要部分。导语要调动读者的情绪，而不是他的大脑。导语的内容要越具体越好。消息的标题和导语写作，就是沙子里挑金子这样一个过程。总之，要把读者最难忘的事放在消息的开头。导语要通过对事实的取舍，表达作者自己的立场感情。同样的事实站在不同的立场，写出的报道截然不同。导语要新奇，要紧紧抓住读者眼球，语不惊人死不休。消息写作，首先要找到好的新闻线索，在生活中，在案头文件中发现的一些亮点，也是很好的线索。其次，对新闻线索进行价值判断，确定是否有典型性、有指导性等，随即寻找角度，写消息，角度要越小越好，越具体越好，从很小的具体的事写起。消息写作和公文写作不同。导语，在50字内，把消息最有价值的部分提炼在文章的开头，引起读者关注。"5个W"，即时间、地点、人物、事件、原因，这是新闻教科书提出的导语五要素。最新观点认为，"5个W"并不重要，只需把其中最重要的两三个要素提炼出来，二三十字就能形成非常有价值的开头。消息写作是财经文体写作的基本功，而导语写作是基本功中的基本功。

【模拟实训】

一、填空题

1. 经济消息具有_____、_____、_____的特点。
2. 经济消息可以分为_____、_____、_____、_____四类。
3. 经济消息的标题有_____、_____、_____三种写法。

二、判断题（请在题后的括号内打上"√"或"×"）

1. 经济消息的写法与通信的写法没有区别。（   ）
2. 经济消息侧重于记事。（   ）
3. 经济消息的时效性要求不高。（   ）
4. 经济消息可以采用议论或抒情手段。（   ）

三、问答题

1. 经济消息有哪些写作要求？
2. 根据以下财经消息⊖编写自己所在省市的十大财经消息。

⊖ 资料来源：腾讯财经。

"2016中国十大财经事件评选调查问卷"共涉及13个财经事件,分别是供给侧结构性改革进入实施阶段;两会通过"十三五"规划;人民币纳入SDR,国际化进程加速;东北经济振兴;股市熔断;期货市场,黑色期货暴涨;楼市过热,房地产泡沫;网约车新政;跨境并购,中国成全球最大买家;万宝之争;央企重组;我国首次出台产权保护顶层设计;农村土地三权分置。继2015年11月10日中央提出供给侧结构性改革后,2016年成为供给侧结构性改革的实施攻坚之年,"三去一降一补"成效备受关注。尤其是去产能系列改革已引起一系列市场连锁反应。此外,2016年10月1日,人民币正式"入篮",加入SDR意味着人民币作为国际储备货币的地位得到IMF的正式承认,标志着中国货币外汇和金融体系改革取得重大进展,中国货币和金融体系都走向开放。

Chapter 8 课题八

经济评论

📖 应用导航

两会经济评论：资本市场改革，"稳"字当先

在今年的政府工作报告中，直接涉及资本市场的内容共有43个字：深化多层次资本市场改革，完善主板市场基础性制度，积极发展创业板、新三板，规范发展区域性股权市场。关于建立和完善多层次资本市场，几年来的政府工作报告都有提及：2014年是"加快发展多层次资本市场"；2015年是"加强多层次资本市场体系建设"；2016年是"促进多层次资本市场健康发展"；2017年则特别使用了"深化"一词。强调"深化"，意在明确多层次资本市场格局的基本确立，未来工作的重点将放在加强监管、完善机制、优化结构和可持续发展上。

报告提出的"完善主板市场基础性制度"，肯定了主板市场在多层次资本市场中的引领作用；"积极发展创业板、新三板"，充分体现了政府对于创业、创新型企业和新经济模式的呵护与支持；利用资本市场的融资功能改善中小创企业的融资环境，将得到进一步重视；而对于区域性股权市场，报告中的表述是"规范发展"，表明未来的着力点将更多放在监管上——只有监管机构与地方政府齐抓共管，而且有力监管、有效监管，新生的区域性股权市场才能真正健康发展，为地方企业的融资需求保驾护航。

在资本市场上，投资者与融资者对金融服务的多样化需求，决定了资本市场应该是一个多层次的市场体系。所谓多层次，一是资本市场既包括股票市场，也包括产权市场、债券市场、期货市场和其他金融衍生品市场；二是这些市场形态，既包括全国性的场内市场，也就是交易所市场，也包括集中的场外市场、分散的场外市场。目前，我国已形成由主板、中小板、创业板、新三板和区域性股权市场构成的多层次资本市场体系，在调结构、助力创新、引导资源配置方面发挥了重要作用。从"深化"到"完善"，从"积极发展"到"规范发展"，今年政府工作报告中的这些表述，高度概括了未来资本市场改革的工作要点，也让我们读出了资本市场"稳"字当先的改革取向。

资料来源：新闻客户端，2017年3月16日。

【点评】

　　这是我们常见的经济评论，这种文体的最大价值是作为经济活动的风向标，向人们传递经济政策信息，帮助人们把握经济脉搏。对投资人而言，它是制定战略性投资决策的根本依据。

点睛之笔

教学重点：
重点掌握简单经济评论写作的结构要求和语言要求。
教学难点：
1. 理解经济评论的概念，以及它与其他类型经济应用文体的区别。
2. 把握经济评论的文风特点。
3. 掌握经济评论的分类。
4. 掌握经济评论的写作技巧。

第一节　经济评论的概念和特点

一、经济评论的概念

　　经济评论是作者对经济领域中存在的现象或发生的问题，以及政府层面的经济决策进行评价和议论的一种文体，从文体上说应归属于新闻报道类。新闻从业人员都清楚，新闻评论是众多新闻体裁中比较难写的一种。而在新闻评论中，比较难写的就是经济评论。如何写经济评论是个大题目，优秀的经济评论往往是作者各方面知识水平的综合体现，非大手笔很难为之，大学生只能在模仿优秀经济评论的基础上，掌握一些基本的写作技法。

　　新闻评论，是新闻机构所发表的言论的总称，包括经济评论。新闻和评论一实一虚，如同鸟之双翼，构成报纸的两大文体。它是针对现实生活中的重要问题和各级政府经济决策直接发表意见、阐述观点、表明态度的新闻体裁。以与新闻联系为前提，各类具有新闻价值的论说文，不拘长短，不论署名与否，均可称为新闻评论。

二、经济类新闻评论的特点

　　（1）与其他言论一样，经济评论由论点、论据、论证三个要素组成，具有政策性、针对性、准确性的特点。

　　（2）在有限的篇幅中，主要靠独特的见解认识视角，吸引读者而取胜。

　　（3）立意新颖，论述精当，文采斐然。

（4）主要面向广大群众说话，做到语言平实，通俗易懂。

第二节　经济评论的种类及写作要领

一、经济评论的种类

目前，我国新闻评论的分类对经济评论的分类而言具有参照价值，归纳起来有以下几种。

（1）按评论对象的内容分类，有政治评论、军事评论、经济评论、社会评论、文教评论、国际评论。

（2）按评论的性质功用分类，有解说型评论、鼓舞型评论、批评型评论、论战型评论等。

（3）按评论写作论述的角度分类，有立论性评论、驳论性评论、阐述性评论、解释性评论、提示性评论。

（4）按评论的形式分类，有社论、编辑部文章、评论、本报评论员文章、短评、编后、编者按、思想评论、专栏评论、新闻述评、论文、漫谈、专论、杂感等。

因为经济活动是社会大系统中的一个重要构成要素，经济现象与其他社会现象之间有着千丝万缕的联系，所以在经济评论中，很多时候会对其背后的政治、文化、宗教等原因做出理性分析，这就需要作者拥有丰富的人文社科知识，体现出作者驾驭宏观经济应用文写作的能力。

二、经济评论的写作要领

1. 写作要领

（1）要注重针对性。对人们普遍关心、迫切需要回答的观念问题，以及社会主义市场经济发展中人们迫切需要回答和解决的实际问题，运用科学的立场、观点和方法，通过系统、科学的分析，实事求是地给予说明、回答和指导。

（2）论点要新鲜。就一篇评论而言，论点是观点，是灵魂。论点不新鲜，或者和在其他媒体上发表过的相雷同，读者看了开头就兴味索然，不忍卒读。

（3）论据要有典型性，具有说服力。评论的论据，就是用来阐明论点的新闻事实和有关材料的。论据，既是论点的依据，又是评论判断和推理的基础，因此精心挑选作为论据的新闻事实至关重要。

（4）说理要有深度。写评论，要在说理上下功夫。一篇评论，说理有无深度，往往关系到它的成败。

此外，评论写作还要注意写得平易近人，力避俗话套话，力求有一定文采，使读者爱看。写经济评论难，究竟难在哪里？主要有三个方面难点：一是难在掌握经济走势；二是难在发现典型和问题；三是难在掌握经济规律。

2. 常见经济（新闻）评论简介

（1）社论。这是代表报纸对重大问题发表意见的最重要的评论形式。党和政府的机关报重要社论，代表着同级党委说话，具有极大的权威性。各级党和政府的机关报刊，经常借助社论的形式，对所属党政管辖范围内的重大问题，发表指导性的意见，宣传党和政府的路线、方针、政策。社论是报纸的重型评论，还常用于表示欢迎、纪念、庆祝之类的场合。

（2）编辑部文章。这是以编辑部名义，代表报纸对国内外重大事件或现实的重大理论问题做比较系统的分析和论述的评论形式。它的内容含量一般比社论更大，篇幅比社论更长，涉及和论述的问题更全面，既有现实性，又有理论性。编辑部文章的重要性和权威性与社论一样，时间要求不如社论迫切。

（3）评论、本报评价员文章。这是新闻评论中的一种评论形式。其规格和重要性仅次于社论和编辑部文章，篇幅一般也比它们短。评论论述的范围广泛，大都就现实生活和实际工作的某一方面进行分析和评论。有些评论、本报评论员文章和有关的新闻报道同时发表，起着引导舆论导向的作用。

（4）编者按。这是一种最简短、最轻便的评论形式，是编者对新闻报道所做的说明和批注。编者按可以表明编者的态度和意见，也可以提示要点，还可以交代背景；补充材料或借题发挥，一般起强调重点、表明态度的作用。编者按一般放在报道的文前，有时也放在文章的中间。

（5）小言论（小评论）。小言论亦称袖珍评论或小评论，它论题单一，分析简明，篇幅短小，从立论到写作，既不同于一般评论，又不同于杂文，常常一事一议，有的放矢，对读者有很大的启发。这种经济评论相对前面提到的评论形式来说，写作上手法灵活，容易掌握。

（6）论文带有时评性质，是讨论专门问题具有现实性和理论性的一种评论形式。它属于政论文章，包括理论、学习笔记、工作札记、书刊（影视剧）评介等。

三、经济评论写作具体要求

1. 把握好现象与本质的关系

经济活动本来就纷繁复杂，目前我国企业处于转型升级过程，经济下行压力较大，影响因素的不确定性增强，经济现象的复杂和多变更是层出不穷，这就需要我们于纷繁中理清头绪，透过表面现象看到事物的本质。比如，近期钢材、水泥等工业和基础设施建设的原材料，价格持续走低，这是否说明供需不平衡，供大于求，需要快速下马一批钢铁企业和水泥企业？实际恐怕未必如此。为了拉动经济的增长和创造更多的就业机会，我们实施积极的财政政策，政府用于基础设施的投资这几年一直都在稳定增长。当这种投资积聚到一定的数额时，原材料的供给侧改革就成为保证市场价格的重要方面，供给侧问题解决不好就会导致价格下行。但是，政府的供给侧改革到位，实施有效的产业转型升级，促使需求增加，那么价格也就会跟着回升。这才是事物的本质。

又比如，我国的钢产量已居世界第一，这是否说明我国的钢铁工业走在了世界前列？恐怕也不能这样理解。钢产量第一是事实，但我国每年仍然在进口大量的价格昂贵的特种钢，因为我们生产这类钢材的能力太弱。这说明我国钢铁的产品结构亟须调整，炼钢的技术水平还亟待提高。这些就是事物的本质。如果我们只看到现象，而缺乏科学的分析，那么写出来的经济评论，观点就会出现偏颇，对经济运行产生不利的影响。

2. 要把握好局部与总体的关系

在经济活动中，"1+1"并非就一定等于"2"，经济学研究也证明了这一点："有时候我们会假定，对局部来说是正确的东西，对总体来说也正确。然而在经济学中，我们经常发现总体并不等于局部之和。如果你认为对局部来说成立的东西，对总体也必然成立，那你就犯了'合成谬误'。如果某一农场主获得丰收，他的收入会增加；但如果所有的农场主的收成都打破纪录的话，他们的农场收入却会下降。"这是获得过诺贝尔经济学奖的美国经济学家保罗·萨缪尔森在《经济学（第16版）》中讲的一个著名的例子。其道理很简单——"猪多肉贱了嘛"。然而我们以前有不少经济评论都犯了"合成谬误"。

比如，2018年的一场汽车降价潮，自2018年5月22号下午财政部宣布降税后，我国整车平均税率降到13.8%，零部件平均税率降到6%。消息一出，各大汽车制造企业纷纷表态，启动价格评估进而做出价格调整。在政策发布不到三小时内，特斯拉宣布已调整中国在售车型的价格。6款车型降价4万～9万元不等，吉普也在第一时间将其进口车大切诺基6款车型的价格下调5万～6.5万元。德系车中，奔驰对旗下的梅赛德斯奔驰、梅赛德斯迈巴赫、梅赛德斯AMG、smart四个品牌的百款车型做出价格调整，幅度为7 000～256 000元。奥迪则宣布会对旗下AQR三大车系指导价进行下调，最大降幅为16.5万元。宝马中国官网则显示，目前已经下调113款车型的产品价格，下调区间为1.6万～16.2万元。豪华车第二阵营中，捷豹路虎可谓"大放血"。捷豹路虎揽胜运动版SVR更是降幅高达39.28万元，降幅目前最高。一直没有国产的雷克萨斯则将旗下全系57款进口车的价格下调1.4万～10.9万元。整体来看，降价并没有降低汽车行业的营销和投资热情，反而促使行业优势更加集中，一些科技型专业化汽车企业利用资金、管理和产业链优势，反而逆势加速扩张的战略步伐。

3. 把握好敏感与冷静的关系

写评论没有时代敏感性不行，但仅有时代敏感性也不行，尤其是写经济评论，不能望风扑影，要据实而评。有些事情一下子看不准可以先放一放，但也不能因此而不去关注。

比如，关于视频电子商务问题。目前世界范围内的网上购物对产品的展示都是静态的，无论增加各角度图片的数量，还是运用3D技术进行物体旋转，我们都无法方便地对折一件衣服，从而查看其左右袖子是否拥有同样的长度，我们也无法打开一部手机的后盖来仔细看看其内部构造。视频网上购物应该是一个解决方案。比如，服装类产品可以要求客服人员在不同灯光条件下展示衣服，这样一来就避免了拍摄条件造成的买回来的衣服和网上看到的图片颜色不一的问题。所以，对于电子商务中的这类敏感性问题，要采取科学、冷静的态度进行思考，提供有参考价值的结论。

4. 把握好知识面与知识点的关系

写经济评论需要具备专业知识，比如宏观经济知识、工业经济知识、农业经济知识、商贸经济知识、新经济知识等，不掌握专业知识，你就会说外行话，甚至写不好文章。要想写好经济报道、写好经济评论，就得赶紧补好有关经济知识这一课。但是，经济的范围太广，你不可能掌握方方面面的知识。怎么办？这就要把握好知识面与知识点的关系。简单说，就是平时掌握的知识面要尽可能广，最好多方面了解涉及的问题；在具体写某项内容时，知识点要尽可能深，撰写者应当是这方面的准专家。

5. 要把握好材料的占有与选择的关系

写经济评论需要占有大量的材料，因为编写者的思维方式、个人观点、观察都来自这些材料。占有材料好比挖掘和收集含金的矿砂，如果没有这些含金的矿砂，你就不可能提炼出黄金来。占有大量材料对于经济评论的写作来说，就是在挖掘和收集含金的矿砂。但是，并非占有的所有材料都能用到所写的经济评论之中，还有一个筛选的过程，这就是材料的选择。也就是说，论点和论据之间一定要有极强的内在逻辑联系。这个论点一定来自这些论据，只有这些论据才可能产生这个论点。这样的经济评论才能使人信服，才能产生较强的影响力。

6. 要把握好深入与浅出的关系

新闻媒体的经济评论与专业杂志的经济论文不同，因为它面对的是广大的普通民众。它既不能太深奥，使广大读者看不懂；又不能太浅显，使经济界读者觉得读了索然无味。如何使专业化与通俗化相结合、指导性与可读性相结合、理论的光辉与实践的魅力相结合，是经济评论写作中始终要十分注意的问题。也就是说，经济评论所讲的道理（表达的观点）要有相当的深度，总要说一些别人没有想到、没有说过的话；用来表述这些道理（观点）的文字要尽可能直白，尽可能让最广大的读者看得懂。因为只有这样，经济评论的影响面才有可能更广，影响力才有可能更大。

写好经济评论除了需要有丰富的新闻阅历和对相关领域熟悉外，专业知识也非常重要。比如，如果你不懂供需关系中的"正斜率""负斜率"，就很难对厂商价格战的预期做出高人一筹的判断和评价；如果你不懂"存款准备金""互联网金融"，就会对很多涉及金融的问题束手无策；如果你不懂中国采用了哪些非关税壁垒的形式，就很难对外贸进出口的业绩做出客观的评价；如果你不知道什么是"石油美元""欧洲美元"，就会对中东局势失去应有的兴趣；如果你不会运用"机会成本"的理论，就会在对待长三角地区的经济开发的问题上人云亦云。

【应用仿真】 根据下面提供的经济评论，谈一下经济论文的主要结构要素。

2017年3月23日上午，博鳌亚洲论坛2017年会新闻发布会暨博鳌亚洲论坛学术发布会召开，中国社科院世界经济与政治研究所副所长姚枝仲出席并发布《博鳌亚洲论坛新兴经济体发展2017年度报告》（以下简称《报告》）。自2010年博鳌论坛发布首期《新兴经济体2009年度报告》并首次将阿根廷、巴西、中国、印度、印度尼西亚、韩国、墨西哥、俄罗斯、沙特阿拉伯、南非和土耳其定义为"E11"（新兴11国）以来，该报告已经连续8年对新兴经济体在经济增长、就业与收入、物价与货币政策、国际贸易、国际直接投资、大宗商品、债务和金融市场方面的新进展进行评论和展望。

《报告》指出，得益于大宗商品价格缓慢回升以及经济政策调整与改革的成效逐步释放，新兴经济体的经济增速大幅下滑势头得到抑制，总体呈现缓中趋稳的发展态势。2016年E11的经济增长率为4.4%，较上年仅仅下降0.1个百分点。同期，世界经济增长率为3.1%，欧盟和七国集团的经济增长率分为1.9%和1.4%，远低于E11的经济增长率。

分国别来看，由于俄罗斯、巴西等经济体经济走出衰退，经济增速触底反弹，E11国家之间的经济增速分化有所收窄。2016年，在E11国家中，中国的经济增速最高，为6.7%；巴西的增速最低，为-3.5%。两者相差10.2个百分点，比上年度的增速差减少1.2个百分点。物价温和上涨、就业与收入分化加大、国际贸易持续低迷、国际直接投资增长大起大落亦是一年来新兴经济体经济运行的总体特点。

《报告》指出，2016年E11对世界经济增长的贡献率为60%，经济总量占全球的份额持续增加。这表明，当前新兴经济体仍是推动世界经济增长的重要力量，在世界经济体中的地位逐步提高。与此同时，新兴经济体在全球治理中的话语权得到进一步提升。在G20杭州峰会上，以中国为代表的新兴经济体精诚合作，与发达经济体一道共同推动制定了《G20全球贸易增长战略》和《G20全球投资政策指导原则》。两份文件以有针对性的行动方案促进全球贸易投资的复苏和发展，为新形势下应对保护主义，推动国际贸易投资合作建立了新的制度框架。同时，"一带一路"倡议的持续推进，不仅有效促进了沿线国家之间的经贸与人文合作，而且为应对"逆全球化"思潮，塑造全球化动力提供了新的支撑。

《报告》还指出，当前新兴经济体经济增长出现向好势头，但仍将面临各种风险和挑战。例如，劳动生产率增速放缓、收入分配差距扩大引发的社会不稳定、债务水平攀升、外汇市场大幅波动、保护主义不断升级，美国等主要发达经济体经济政策的不确定性及各种地缘政治风险等问题均不容忽视。在外部需求疲软、全球金融市场大幅波动以及内需增长乏力等压力下，新兴经济体经济增长动力仍然不足，相互之间的投资、贸易和金融合作还有很大提升空间。

【应用升级】

<h3 style="text-align:center">如何才能写好一篇评论</h3>

这个问题是非科班出身的人写作经济评论时所面对的首要问题。在写经济评论之

前，我们应该做的事情就是模仿，模仿别人的评论，分析别人评论的文章。在这方面可以多看报纸，报纸的评论一般比较深邃，而网络上的评论一般比较简单，观点比较鲜明，这些都是学习的样板。

看报纸主要是看写作者评论的结构，也就是学习他们的评论手法、各段的衔接；而看网络评论则是努力学习他们看问题的切入点，这可以培养自己对新闻的敏感性。在报纸方面，主要可以参考的有《南方周末》《经济日报》《参考消息》；在网络方面，网易、新浪和腾讯上的评论值得参阅。

以上这些都是针对某个单独的评论来说的，要想把握评论的趋势，就去看看五大门户每天的新闻排行榜以及跟帖，看新闻排行榜可以知道最近的热点是什么，看跟帖可以获得一些新的观点。

具体到评论的操作上，一般就是三段式：第一段引用已经报道过的新闻，第二段是对这个新闻的评论，第三段总结出结论。这样的段落安排对初学者来说最合适，因为其结构清晰，观点明确，只要观点有说服力就可以成功。另一种方式就是夹叙夹议，这是比较难的，是一边截取原新闻，一边进行分析的方式。这样的方式对事件阐述清晰，事件与分析结合紧密，但不容易把握结构，最好在达到一定程度以后再使用。评论的原则是观点不能偏激，每个评论人员要摆正自己的位置，要明确为什么要写评论，假如你只是为了写而写，那么写出来的就只能是篇垃圾文章。要记住，写评论的人需要有同情心、宽容心和爱心。

小技巧就是写评论的时候要自己先在脑子里过一遍自己的观点，要看这个观点是不是有足够的论据，是不是有与众不同的观点。也就是说，经济评论最忌讳人云亦云，你一定要有自己的观点，要清楚地阐明这个观点，少绕弯子，最好是开门见山。另外，在展开论述的时候，应该举一些与这个事件相似的例子，以及这些例子的结果，来加强评论的说服力。在引用的时候，可以横向比较，即与国外或者其他省市比，或者与其他行业比；也可以纵向比较，即与历史上发生过的事情比。

要把引用做好，就要求有足够深厚的文化背景，可以信手拈来，这就要有足够的积累，要多看书，多看书，还是多看书，并把有价值的东西记录下来，而不是看过就忘记。你知识面的宽度、对知识理解的深度，决定着你评论的质量。

最后就是总结观点了。所有的评论都要得出观点，很多评论都将观点放在最后，这是因为经过论述以后，观点或结论就显而易见了，评论员所做的就是明确地表明自己的观点。在表明自己观点的时候，最好能够引用一些名人的话，这样更有震撼力。

好的评论是能够震撼人心，发人深省的，切记不要为了写评论而写评论。评论员的水平应该高于一般编辑，应该是有独立思维和爱心的。

【例文导读】

外资汽车品牌为何在中国集体沦陷

中国汽车消费者对于外资品牌的崇拜，惯坏了许多高

评析

1. 开头部分先摆评论对象有关的事实，再明确观点。

高在上的洋大人。它们口头上高唱社会责任与社会公益，实际上却在某种程度上将对汽车消费者的责任忽略不计。

就在大众汽车在中央电视台曝光的压力下宣布召回之后，更多的外资品牌被卷入"假冒伪劣"的丑闻。

德系三家豪车品牌：宝马、奥迪、奔驰，因为被曝光使用对人体健康有严重威胁的沥青，而成为国家质检总局调查的对象。韩国的现代品牌，因为在中国使用已被其在世界其他市场弃用，更加不安全的铁片油箱，而成为中国媒体的关注对象。通用汽车也宣布将在全球范围内召回约3.4万辆别克君越中级车和凯迪拉克SRX，其中中国市场召回6 000辆。

《华尔街日报》很情绪化地宣称，"外国汽车厂商成为中国媒体的攻击目标"。但是，与其说是中国媒体刻意攻击，不如说是外资品牌没有真正做到洁身自好。

中国车市场已经是完全国际化的市场，这个市场充斥了几乎所有跨国公司的汽车品牌，而中国的自主汽车品牌却仍然在边缘处努力甚至挣扎。

这些车企真的是像自己宣称的那样在中国使用了全球标准，而被中国媒体所冤枉？还是它们根本就罔顾中国市场的消费者而追求自己利益的最大化？

道德问题不能期盼跨国公司自己去反省改过，必须要有严厉的、常态的媒体监督，而真正让跨国公司以全球标准打造中国汽车产品的，还必须是中国更加完善的法律制度，以及更有效率的执法机构。

2. 主体对评论对象做简要的评议和分析。

3. 结论或指出问题的本质，或归纳上文得出的结论，或提出办法、建议等。

【模拟实训】

一、填空题

1. 经济评论具有_____、_____、_____、_____等特点。
2. 经济评论写作的难点是_____、_____。
3. 经济评论按论述的角度分为_____、_____、_____。
4. 经济评论写作首先要注意的是_____。

二、判断题（请在题后的括号内打上"√"或"×"）

1. 经济评论中提出的观点只要自己认可就可以。（   ）
2. 经济评论的观点是指有关工作的判断、认识、意见、办法和建议等。（   ）
3. 经济评论与政治评论没有任何。（   ）
4. 经济评论通常是一事一评，也可以是性质接近的一组文章。（   ）

5. 经济评论是内部的参阅材料，对它的读者对象也是有一定限定的。（　　）

三、问答题

1. 经济评论的主体层次安排通常有哪三种方法？
2. 经济评论和经济信息有何内在联系？
3. 如何理解经济评论的科学性？
4. 根据以下新能源汽车评论部分内容，完成新能源汽车评论的后续话题。

对于新能源汽车而言，2016年是福祸相依的一年。在国家政策层面，支持新能源汽车的产业政策接连出台，不到一年时间新能源汽车生产资质就发放了7个。然而，一些车企的骗补行为导致国家相关部门开展联合调查，直接的后果是地方补贴政策迟迟不出台，中央补贴因为骗补调查也一直处于"停摆"阶段。有新能源乘用车企业向记者表示，对于他们这类没有骗补行为的企业来说，2016年很难熬，补贴迟迟没有下发，企业资金一直处于紧绷状态，"卖一辆亏一辆"。基于种种因素，2016年前11个月新能源汽车销量也未出现去年3～4倍的增长速度，仅增长60.4%。

1. 购置税优惠缩减　触动车市神经

就在车市风雨飘摇之际，2015年9月，国务院决定2015年10月1日～2016年12月31日，对购买1.6L及以下排量乘用车实施减半征收车辆购置税的优惠政策。

2. 新能源骗补企业　害惨"老实车企"

除了1.6L及以下排量传统汽车补贴退坡外，新能源汽车2017年补贴政策调整为"提高技术门槛，设置中央和地方补贴上限，防止出现地方配套补贴标准过高现象"，初衷就是防范新能源汽车"骗补"，充分发挥补贴政策扶优扶强的导向作用。

3. 多元化转型　押宝跨界造车
4. 无人驾驶成全球汽车产业风口

第四篇
财经报告文书

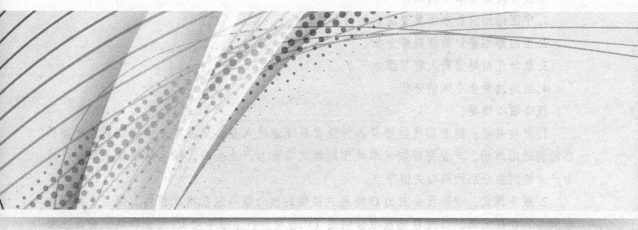

Chapter 9
课题九

市场调查报告

📖 应用导航

2018 中国结婚产业发展报告（概述）

结婚产业观察，作为中国结婚大消费第一产业服务平台，对结婚数据、消费行为、企业案例以及未来趋势等进行了深入研究和展望，最终得出这份《2018 中国结婚产业发展报告》。

报告全文近 2 万字，由"结婚产业观察"出品，"婚嫁同窗""百合婚礼"联合出品。

本报告将呈现以下问题：

1. 中国结婚消费市场发展现状如何？
2. 国内婚姻登记数据趋势分析。
3. 新时代结婚消费人群习惯如何？
4. 结婚消费企业案例分析。

报告核心摘要：

1. 发展基础：随着传统结婚服务行业发展逐渐进入整合发展期，供应侧发展较差的公司将退出市场，产业将逐渐从单兵作战模式转变为产业生态，线上结婚服务平台将成为产业链利益分配的核心关键节点。

2. 服务模式：现阶段企业为 C 端用户提供的核心服务包括商家预约、商品交易、内容服务和在线工具，而向 B 端收取营销费（广告费和技术服务费）、佣金和展位费是主要盈利模式。

3. 发展趋势：未来随着用户需求持续演进，将加速倒逼结婚服务行业服务模式创新，在这个过程中，移动端在线结婚服务平台通过聚合用户降低企业获客成本，以及整合信息提高用户决策效率，行业价值将进一步提升。

2018 年 10 月 29 日，民政部发布"2018 年前三季度各省社会服务统计数据"。

根据内容可知，2018 年前三季度，全国结婚人数为 764.91 万对，同比下降 3.08%；离婚人数为 289.92 万对，同比增长 3.87%。

同比 2013 年，结婚数据方面出现大幅度下降，5 年时间足足下降 211.85 万对，跌幅达到 21.69%。

数据解读：

1. 河南省在结婚登记和离婚登记中，牢牢占据冠军的位置，对结婚数、离婚数贡献极大。
2. 经济较发达地区的结婚率普遍偏低。
3. "00后"性别比例严重失衡，或将导致结婚率进一步下降！
4. 结婚人数减少，人口红利逐渐消失，适婚新人的消费需求，决定着婚企能否在市场竞争中"笑到最后"。

基本数据：

1. 备婚时长：66% 半年以上的备婚期。
2. 65% 选择的婚礼策划服务费在 3 万元以上。
3. 婚宴桌数：10 桌以上的婚宴占 75%。
4. 每桌婚宴价格预算：3 000～6 000 元的预算占 47%。
5. 婚礼当日预算：48.47% 为 5 万～10 万元；39.31% 为 10 万～30 万元；6.11% 为 30 万～50 万元；11% 为 50 万元以上。

【点评】

这是一份关于结婚情况的调查报告。标题由"年份＋地域＋调查方向＋文种"构成，属于公文式标题。第一部分可视为引言，特点是分类清晰，观点明确，言简意赅。正文由基本数据、数据分析和结论三大部分组成，每一部分都大量使用数据进行定量分析，保证了报告的客观性和严谨性，特别是原文大量使用了彩色直观的饼状图和柱状图，更加直观，一目了然。最后的结论部分是对第一部分观点的概括，短小简捷，没有出现与前面的观点重复和交叉的现象。

点睛之笔

教学重点：
重点掌握市场调查报告的结构要求和语言要求。

教学难点：
1. 了解市场调查报告的作用。
2. 掌握市场调查报告的文风特征、构思方法及其基本分类。
3. 掌握市场调查报告的写作要领。

第一节　市场调查报告的概念

无论是生产者还是经营者都必须以市场为导向安排自身的经济活动，市场调查报告是生产经营中必不可少的应用文书。

一、市场调查报告的概念及作用

市场调查报告是调查报告的一种，是通过直接、系统地收集有关市场情报、资料，并且对其进行整理和分析以后，科学地阐明市场状况以及市场发展规律，提出调查结论，供有关决策者使用的书面报告，它是记载市场信息的重要方式。市场调查报告的形成过程是由市场调查和市场研究这两个阶段有机结合而成的。这种报告是实际工作中常用的一种文体，它的表现形式、特点与一般的调查报告有很多趋同之处。

二、市场调查报告的作用

随着不断加深的经济全球化的趋势，我国社会主义市场化也在不断深入，这就客观上促进了我国对市场调查研究的加深。市场竞争不但是资源的竞争、商品的竞争和科技生产力的竞争，同时也是市场信息的竞争、科技信息的竞争。以收集市场信息、科技信息为直接目的的市场调查，越来越受到各行各业的重视，也为企业的成功经营发挥着越来越重要的作用。市场调查报告的作用概括起来主要包括以下几个方面：

（1）市场调查报告可以反映市场的真实情况，揭示市场营销活动中存在的问题，从而引起有关方面的重视，使问题得到及时、合理的解决。

真实地反映市场运营情况是市场调查报告的生命力所在。市场调查报告能及时、正确地提供市场供求、商品价格、市场竞争、消费者心理、企业经营等各方面的信息，这些信息可以成为企业管理者制定市场开发战略的重要依据；同时也是有关部门了解市场、掌握市场、引导市场的重要参考资料，进而推动市场经济不断发展。

（2）市场调查报告是领导部门用来总结工作，推广经验，指导工作发展的有力工具。

市场调查报告使用范围较广，在科学研究、新闻宣传报道、领导机关指导工作中都可应用。它是各部门工作中普遍使用的一种应用文。目前，我国各行各业都在进行转型升级，实施供给侧改革，需要应用市场调查报告的形式认识经济规律，运用经济规律，按经济规律办事。经常地、有目的地进行市场调查，就能不断改善市场经营管理，提高经济效益。

（3）市场调查报告所提供的资料可为主管部门了解市场情况，制定市场政策提供依据。

市场调查报告为政府职能部门提供安排的市场信息非常广泛。它可以提供居民、用户的购买力状况，这些资料可为商业部门安排市场，平衡供需关系，编制计划起到重要作用；它可以分析市场商品可供应量与社会商品购买力的平衡关系，协助职能部门正确处理供需矛盾，调整货币流通量与商品流通量，保证市场稳定。

三、市场调查报告的种类

市场调查报告涉及的内容广泛，表现形式多样，常用的市场调查报告有以下几种。

1. 反映市场基本情况的市场调查报告

这类市场调查报告，内容相对而言比较单一，有商情简报、市场行情报告等。这种类型的调查报告只对调查对象的某一方面进行调查，不是面面俱到地进行分析。从内容上只反映市场的真实情况，可以不加分析。

2. 总结市场经营、管理经营和存在问题的市场调查报告

这类市场调查报告一般用来反映先进单位或个人的典型经验或存在的问题。它往往充分列举问题或成绩，并从中分析概况出成功的经验或失败的教训，给读者以启发和参考。它所介绍的经验具有一定的代表性，揭示存在的问题具有普遍性，所以能起到推动、指导工作的作用。特别是对当前经济转型和互联网经济中涌现出来的具有普遍指导意义的典型经验加以总结推广，可使之在更大范围内开花结果。

3. 揭示市场问题的市场调查报告

这类市场调查报告是针对国内市场发展变化中存在的问题进行周密调查，查清事实，揭露问题。它可以为职能部门解决市场存在的问题提供资料，可以引起有关方面对市场的重视。

4. 研究探索市场政策的市场调查报告

这类市场调查报告，是针对市场经营、管理、执行政策中需要探讨、研究的问题，开展调查研究而形成的市场调查报告。

5. 针对消费者情况的市场调查报告

这类市场调查报告主要通过在消费者中进行广泛调查，反映他们的数量、分布地区及其经济收入情况，了解他们因职业、年龄、性别、民族、所受文化教育不同而形成的消费心理、消费习惯、消费水平的差异，摸清他们消费与购买力的规律，诸如喜欢购买什么、在什么季节购买、购买的数量等。

四、市场调查报告的特点

1. 针对性

写市场调查报告的目的，是反映市场真实情况，研究市场存在的问题、经验，收集对企业有价值的数据信息，因此，进行市场调查必须抓住国家和居民对市场普遍关心的问题，必须重视与企业发展相关联的大数据；要从实际出发，有针对性地深入调查研究，力求正确回答"面"上迫切要求解决的问题。所以，在写市场调查报告时，调查对象和调查目的必须明确。诸如有关市场的生产、需求情况，有关市场行情等急需解决的问题，都可以作为市场调查报告的课题。有了针对性，才能体现市场调查报告的价值。

2. 真实性

真实性是市场调查报告的生命，也是市场调查报告赖以存在的基础。撰写市场调查报告要不唯上，不唯书，要唯实。要如实地、客观地反映市场真实情况，调查报告的材料不夸大、不缩小、不拔高、不贬低，更不能虚构，这样才能增加市场调查报告的可信度及说服力。

市场既反映了供给情况，又反映了消费情况，面对复杂、瞬息万变的市场，就要多渠道、多方位地收集市场真实信息。只有市场信息来源可靠、客观，写出的分析报告才能真实，真实的市场报告才会成为企业应对市场变化的决策依据。

3. 时效性

国内外市场瞬息万变，要在市场调查报告中获得有价值的资料，就必须抓紧时机，如果行动迟缓，就会失掉良机，写出的报告不是雪中送炭，而成为雨后送伞，就没多大意义了。所以写市场调查报告要求行动快，资料反应及时，具有时效性。

4. 科学性

市场调查报告的科学性体现在两个方面：一是要经过认真、深入、细致地分析研究，从调查得来的材料中找出规律性的东西；二是要有正确的或肯定的结论。因此，要求作者必须对调查所得的各种事实（材料）、现象做出简明扼要的分析和正确的判断，而不是对材料进行的堆砌，对现象罗列。

第二节　市场调查报告的写作要领

市场调查报告作为企业制定战略规划的客观依据，在写作中要格外重视报告资料的完整、全面和客观，同时在写作过程中要灵活掌握处理材料的艺术，通过"提纯"材料，体现市场调查报告的价值。

一、市场调查的主要方法

市场调查方法多种多样，各有所长，在实际调查中，可以根据调查的对象、环境、目的，选择一种或灵活地将几种调查方法结合起来使用。下面介绍五种调查方法。

1. 问卷查法

问卷调查方法是根据调查的项目和目的，调查者运用统一设计的问卷了解情况的调查方法。问卷调查法是通过设计、发放和回收问卷来收集资料的一种方法。这种方法具有节省时间、人力与物力，不受时间场合限制，匿名性强，便于量化分析等优点，特别适合较大规模的市场调查。

2. 抽样调查法

抽样调查法是从总体中抽出部分样本单位作为观察对象进行调查研究，并以此来推断总体状况特征的调查方法。抽样调查法属于非全面调查，这种调查方法具有节省人力、物力，快速及时，准确度高，应用范围广泛的特点，常用于人口、社会心理、民意测验、消费市场、家庭收支、住房、就业、健康、教育、环境资源等方面的调查。

3. 访问调查法

访问调查法就是要调查者据调查的项目和目的，有计划地与被访问者直接或者间接地交谈已获得相关资讯的方法。它是直接感知社会、了解市场的最基本方法之一。访问调查法方式比较多，可以分为程序式访问与非程序式访问、一次性访问与跟踪式访问、直接访问与间接访问、个别访问与集体访问、一般访问与典型访问等。其主要特点在于既可用于定量研究，也可用于定性研究；既可以获得当今和当地的事实，也可获得过往和异地的情况；既可获得语言的资料，又可以获得非语言（肢体语言）的信息，而且收集资讯的成功率比较高，生动深刻。

4. 观察调查法

观察调查法是指调查者根据研究课题，通过听觉、视觉等感觉器官或者借助科学仪器等辅助手段，有目的地对研究对象当前正在发生的现象进行考察，以获得在自然状态下的事物属性与规律的一种方法。客观性是观察的首要原则。观察所获得的信息称为经验事实，又称为第一手材料。当然，观察既然是人的一种感受和感知，那观察者就不能不受到各种主观因素的干扰和客观因素的制约，这就要求观察者能更全面、更合理地运用多种方法，力求使观察结果符合客观实际。

5. 全面调查方法

全面调查是对调查对象中所包含的全部单位进行无一遗漏的调查，其主要目的在于取得总体现象比较全面、系统的总量指标，如各种全国或全行业普查和全面统计报表。过去，只有政府作为调研主体，动用社会资源才能进行大规模的全面调查。企业主观上虽有意愿，但是由于财力、人力不足，而难以实现。现在，先进的数字技术和物联网使企业级的全面调查成为可能，全面调查可以在更加广泛的范围内实现。

二、市场调查报告的基本结构

市场调查报告从结构上看大体由标题、导言、主体、结尾四部分组成，其结构和写法如下所示。

1. 标题

标题是市场调查报告的题目，它根据确定的调查目标、内容和范围命题而确定。标题有三种形式。

（1）中心内容和文书种类组成标题。它是由市场调查报告的中心内容和调查报告的种类两部分组成的标题，如《某市家庭工商业发展情况调查》，前一部分标明报告的中心内容，后一部分标明调查报告的种类。

（2）仅由中心内容组成标题。它是只由市场调查内容主旨组成的标题，如《2018年家电市场质量调查报告》。

（3）正副题结合的标题。这种标题的正题是揭示报告的主题，副题是给予补充式解释，如《手机"崇洋媚外"——中国手机消费习惯和观念调查》。

不论什么形式的标题，都要求命题要确切、简洁、新颖、醒目，具有高度的概括性。

2. 导语

市场调查报告的导语又称前言、序言，这是市场调查报告的开头部分。导语要求能概括全文的主要内容，介绍市场调查的时间、地点、对象、目的、背景。通过导语，读者能对全文有一个总的印象。它能起到画龙点睛、引人入胜的作用。

导语写法主要有以下三种。

（1）概括介绍调查对象基本情况的导语。在导语部分概括介绍调查对象的基本情况或者概括介绍全文主要内容，一般介绍调查的目的、背景、地点、范围，参加调查的人员情况；调查经过和方法、调查对象的基本概况等。这种导语简要进行总体概括，使读者对全文内容有一个概括性的了解，便于其把握全文的中心内容。

（2）概括调查的基本观点。这种导语将文章的主旨、要点提炼出来，以引起读者的关注。

（3）采用或结论，或描述，或评论，或对比，或引文等新颖独特的形式开头，增强文章的可读性和吸引力。

写导语的目的是让读者对调查什么、为什么调查、调查的结果有一个初步的了解，因此可根据主题和内容的需要，选用上述一种或几种方法，力求做到提纲挈领，简明扼要。

3. 主体

这一部分的内容包括市场调查获得的资料，以及市场调查报告的观点、结论等。主体部分撰写时要做到材料和观点的有机结合，要有论有述，论述结合；要有分析，有论据，分析和论据相结合。

主体部分的撰写有三种方法。

（1）纵式结构法。这种方法主要有依照序列和分层展开两种方式。依照序列是指以时间先后为序，或者按照事情发展的阶段，或者依照一定的逻辑顺序来安排文章的结构。其特点是脉络清晰、叙述连贯，利于读者了解前因后果。揭示事件，介绍市场风云人物的市场调查报告多用此法。分层展开式则按照文章内容的逻辑逐层铺陈，通常包括陈述事实、情况分析、调查结论三个层次。其特点就是层次清楚，重点突出，方便读者把握整体。这三层内容的展开不能平均用墨，要根据调查的目的，有所侧重。此法适用于专题市场调查报告。

（2）横式结构法。这是一种以纲代目、纲举目张式的结构，通常将主要事实按照性质的不同、类别的不同进行分类，采用夹叙夹议的写法，以观点为纲目，带动具体材料的陈述。每个观点之间都是并列关系。特点是条理清晰，泾渭分明。经验式的市场调查报告多采用这种写法。

（3）纵横结构法。这种方法有的为横式结构，而并列的每个部分则向纵深的方向发展；或者总体为纵式结构，每个连贯的层次则分开向横的方向展开。这种纵中有横、横中有纵的结构具有概括力大、综合性强的特点，适用于揭露问题的市场调查报告、情况复杂或者内容丰富的大型市场调查报告。

4. 结尾

市场调查报告的结尾是调查报告的结束语，也是市场调查报告结论的概括。如果主体部分已将意思说完，可以不写结尾；如果必须有结尾，它大致有以下三种写法。

（1）对全文进行总结。有些调查报告结尾部分对全文主要内容或主要观点进行归纳概括，以便强化主题，利于引起人们对问题的重视。例如，《2018年并购市场回顾与展望》一文，结束语为：总体来说，未来中国境内外并购在机制和监管政策的改革下将重回产业发展的合理道路；并购目的将从简单的资产配置过渡到以产业整合为主的精细并购，对产业协同性要求将越来越高。

（2）对未来进行展望。有些市场调查报告的结尾部分对未来进行展望，给人以启迪和鼓舞。例如，《中国经济形势与未来展望》一文，结束语为：经济增长进入变轨期后，经济下行的惯性压力与发展潜力并存且不断积累，经济发展策略预计将进一步调整与优化。未来3～5年内，尽管努力扩大需求、保持适度经济增速仍会作为宏观经济策略的基本取向，但策略重点将进一步明确，不断优化投资、消费、出口三大需求结构，带动供给结构优化升级，同时挖掘区域经济发展战略纵深，加快核心领域市场化改革，确保经济平稳过渡并为中长期经济发展蓄力。

（3）针对问题提出建议。有些市场调查报告针对问题提出建议，以表明作者对解决问题提出的观点。例如，《我市面粉市场变化特点》一文，结束语为：面粉是人民生活必需品，也是市场敏感商品和国家专控商品，面粉的供应、销售均关系到人民群众的正常生活。因而应在采购资金到小麦价格等方面予以保护，以确保商品的合理储备与正常供应。另外，商业企业应积极组织一些名优面粉供应我市市场，以缓解地方商品的压力。

三、市场调查报告的写作要求

1. 必须收到有关市场情况的第一手信息资料

要写好市场调查报告，首先必须搜集、占有第一手市场信息资料。没有丰富、翔实的第一手信息资料，写作方法再多，写作技巧再高明，也无法写出高质量的市场调查报告。一般来说，搜集、占有第一手资料越多、越细、越全面，写出的调查报告内容就越具体，质量就越高。占有第一手市场资料的方法和途径主要有以下两个方面。

（1）要有目的、有计划、有步骤地进行调查研究工作。调查研究工作是一项复杂而艰苦的工作，要保证调查得到预期效果，必须在调查之前制订一个调查方案，内容应包括市场调查的目的、调查的项目、调查的单位、调查对象和调查时间。有了周密的调查方案才能保证整个市场调查有目的、有计划、有步骤地进行，避免因调查任务不明而造成盲目调查。

（2）要恰当地运用多种市场调查方法。市场调查涉及面宽，调查项目、单位多，同时时间要求比较紧，所以调查时必须科学地运用调查方法。市场调查有以下三种方法。

1）直接观察法：对某些重点问题和重要情况，调查人员直接深入现场体验观察，取得第一手资料。

2）报告法：调查人员可以向基层单位布置各种表格，要求按时、保质向调查人员报送资料。

3）采访法：调查人员直接访问调查对象，组织调查对象开座谈会取得调查资料。

以上三种方法可根据具体情况灵活选择，也可以交叉使用几种调查方法。

2. 要认真地整理、分析市场调查材料

市场调查阶段取得的第一手材料，有真有假，有主有次，相互掺杂。必须进行资料整理，去伪存真，进行归类。对整理后的资料要认真分析，找出市场规律和本质问题。分析市场资料的方法有以下三种。

（1）分类对比计算法。将调查来的市场资料按照调查目的，划分成若干类和组，并通过静态和动态的对比计算，对资料进行分析研究。

（2）综合归纳整理法。将调查阶段取得的个别单位、个别现象等分散资料归纳综合成完整、系统的资料，以观察其市场规律性。

（3）逻辑推理法。以特殊的（个别的）事实为前提，运用逻辑归纳推理得出一般性（普遍性）的结论。

3. 市场调查报告的撰写要做到材料和观点的统一

一篇好的市场调查报告，必须有丰富的材料和明确的观点，注意用观点统帅材料，用材料说明观点。那种不分主次、无视真伪、观点不明的材料罗列，脱离材料的空洞议论，都是不妥当的，撰写市场调查报告时必须避免这种情况。

正确的观点要从大量的实际材料中概括、归纳、提炼，不能凭空想象。一篇好的调查报告实际上做到了材料和观点的有机结合。要做到这一点，撰写市场调查报告在运用材料时必须注意：

（1）要结合运用全面材料和典型材料。

（2）要对比运用正面材料和反面材料。

（3）要结合使用定量材料和定性材料。

4. 撰写市场调查报告要求内容要新，分析要深

新，是指选择调查课题要新，要反映新情况、新问题，尤其要在互联网思维的思想指引下，抓住产业转型升级的新情况。选题要摸准决策部门欲知而未知之事，报告要提供在决策部门决策问题之前，才能起到指导和监督的效果。此外，市场与广大消费者休戚相关，所反映的问题要想消费者所想，急消费者所急，对于大众关注、众说纷纭的问题，要尽快研究提供报告。

深，是指反映情况和问题有一定深度，对问题剖析透彻。其关键是要抓住问题的要害和主要矛盾，分析得有根有据，所提措施令人信服，并有其使用价值和社会效益。唯有深入，才能创新。

5. 市场调查报告要求结构严密、语言简练

结构就是市场调查报告的内部构成，各部分要组成一个完整的有机整体。报告结构

要严密，思路要清晰，判断、推理要符合逻辑，做到观点和材料的合理结合。

市场调查报告的语言要达到准确、简洁、生动。准确，是指语言要完全符合实际，不可言过其实或词不达意；简洁，是指用最少的文字，表达较多的内容，做到言简意赅；生动，是指在内容正确、情感健康的前提下，力争语言通俗易懂、精练生动，力戒死板、老套。

小知识

撰写市场分析报告有"十忌"，这就是：
一忌数字不准，情况不实；
二忌针对性不强，无的放矢；
三忌春暖送寒衣，时过境迁；
四忌数字文字化，没有观点；
五忌满纸概念，没有数据；
六忌模棱两可，似是而非；
七忌报喜不报忧，脱离实际；
八忌下笔千言，离题万里；
九忌追求数量，忽视质量；
十忌穿靴戴帽，套话连篇。

【例文导读】

2016年全球智能手机市场调查报告	评析
智能手机现在已经为我们所常用，走在大街上，一眼扫过去，人们用的手机几乎都是智能手机。那么，智能手机的市场到底如何呢？它的发展优势又是怎么样的？以下是2016年智能手机市场调查报告。 报告导读：2015年全球智能手机出货量约为4.52亿部，智能手机出货量猛增54%，尤其第四季度出货量更是创纪录地达到1.55亿部。2016年第二季度全球终端用户手机销量达到4.19亿部，与2015年第二季度相比下滑了2.3%，而智能手机的销量却同比增长42.7%，占到全部手机销量的36.7%。从这些数据中可以看出，手机的总体销量在下滑，但智能手机的销量却持续增长。预计2016年其销售量有望增至6.14亿部。随着智能手机全球市场的急速扩大，预计2016年年末将增至37.46亿部，人口普及率为49%。此外，预计2016年度的智能手机销量将达到12亿部。	1. 标题是市场调查报告的题目，它根据确定的调查目标、内容和范围命题。 2. 市场调查报告的导语又称前言、序言，这是市场调查报告的开头部分。导语要求能概括全文的主要内容，介绍市场调查的时间、地点、对象、目的、背景。通过导语，读者要对全文有一个总的印象。

2016年,在智能手机应用环境趋好、用户规模化增长以及"千元智能机"热销的带动下,我国智能手机市场保持高速增长态势,全年销量达到7 344.4万部,实现了129.4%的增长。2016年第二季度,中国市场智能手机出货量占全球出货量的27%,高居榜首,而中国本土品牌的出货量增长惊人。2016年第二季度,中国智能手机市场出货量前三分别为三星、中兴、联想,苹果滑落至第五位。虽然三星仍旧在中国智能手机市场上占据整体的领导地位,但与第一季度相比,市场份额有所下滑,而中兴等本土品牌厂商的出货量增长迅猛。海外手机厂商出货量为1 670万部,同比增长率为67%。相比之下,中国本土智能手机品牌的总出货量为2 560万部,同比增长率达518%,占中国智能手机市场整体出货量的60%。

从数字背后的市场看,智能手机市场竞争将会进一步升级。巨大的市场增量意味着巨大的市场需求,未来需求增长的趋势将会进一步增强。对于手机厂商而言,智能手机市场的爆发式增长意味着机遇和挑战,新一轮的市场洗牌已经开始。手机厂商纷纷通过硬件的"军备竞赛"、价格战以及多元化营销手段建立自身的竞争优势,强化自身品牌在用户端的认知;对于互联网厂商而言,智能手机市场的爆发式增长意味着不断增长的移动互联网用户群,因此互联网厂商开始纷纷涉足手机市场,通过把控终端来抢占用户接入通道。

预测未来3年智能手机市场依旧会保持快速增长的态势,这主要是因为整体手机市场的重心逐渐向智能手机迁移,价格不断降低,用户对于智能手机的购机需求将会规模化增长,换机比例将会进一步加大。

3. 主体。这一部分内容包括市场调查获得的资料,以及市场调查报告者的观点及其所下结论等。

4. 结尾。市场调查报告的结尾是调查报告的结束语,也是市场调查报告结论的概括。大致有以下三种写法:对全文总结;对未来进行展望;提出建议。

【模拟实训】

一、填空题

1. 市场调查报告包括_____、_____、_____、_____四个部分。
2. 市场调查报告的特点是_____、_____、_____、_____。
3. 市场调查报告的主体部分的写作方法有_____、_____、_____、_____。
4. 市场调查报告的写作要求是_____、_____、_____、_____。
5. 撰写市场调查报告要求内容要_____,分析要_____。

二、**判断题**（请在题后的括号内打上"√"或"×"）

1. 市场调查报告在形式和特点上与一般报告没有区别。（   ）
2. 真实性是市场调查报告的生命。（   ）
3. 市场调查报告只能用于企业经济活动。（   ）
4. 市场调查报告的导语要求能概括全文。（   ）
5. 市场调查报告的结尾可以不写。（   ）

三、**问答题**

1. 简述市场调查报告的主要内容。
2. 常见的市场调查方法有哪些？
3. 选择你所熟悉的某种商品，对其市场现状进行调查，写一篇小型市场调查报告。
4. 市场预测报告与市场调查报告有何联系与区别？

Chapter 10
课题十

市场预测报告

📖 应用导航

IDC：2019 年中国 PC 市场预测　销量持续走低

　　2018 年 12 月 28 日消息，IDC 中国公布预测数据，2019 年中国 PC 市场销售量为 5 060 万台，同比下滑 2.7%，持续低于全球平均年度增长率。2018 年对于 PC 行业从业者是不友好的，虽然中国 PC 市场人民币口径平均单价增长了 5.5%，但是全年人民币汇率接近 10% 的波动却让大部分 OEM 厂商仅有的利润空间变得更加有限。另外，下半年的上游供应问题，使得 2018 年全年中国 PC 市场最终销售为 5 200 万台左右，下滑了 3.4%。全局看，中国笔记本的销量占整体 PC 比例偏低，2019 年笔记本增速将依然高于台式机。随着英特尔九代处理器的陆续升级，英伟达发力推广图灵架构显卡以及未来可期的游戏版号审批放开，游戏本将会在 2019 年迎来爆发式增长。

　　游戏玩家的福音——2019 年迎来游戏笔记本换机潮。2019 年，英特尔会将原有的 Coffee Lake 平台处理器整理再升级成第九代处理器平台，重点提升了游戏相关性能。英伟达也会大力推广图灵架构新一代 GPU，加之预计 2019 年会发布一批新的 PC 终端游戏，明年可以说是游戏玩家非常激动的一年。

　　时尚高性能笔记本引领 2019 年笔记本新潮流。由于消费 PC 市场应用更集中在学习、娱乐、照片设计等方面，且高性能笔记本客户群正在扩大，高性能笔记本的外观设计将偏向工业风格，更符合大众消费者的审美需要。随着 GPU GTX Max-Q 更广泛的应用，最高性能的笔记本产品的厚度将逐步下降到 18～21mm。

　　企业数字化转型，推动 PC 再定位。IDC 认为，随着企业数字化转型进入到倍增创新的第二篇章。未来的工作将围绕未来工作文化、未来工作空间、未来劳动力三个方面展开。5G 笔记本满足未来时随地的办公需求，具备语音、图像识别等人工智能应用的 PC 产品会更好地解决人机之间的交互问题。

　　资料来源：https://baijiahao.baidu.com/s?id=1621074701169377943&wfr=spider&for=pc。

【点评】

　　企业经营需要针对市场，没有市场需求，企业的生产经营将处于盲目状态，所以企业在进入市场之前，需要对市场需求进行预测，这就是市场预测报告的内容。市场预测报告没有固定的模式，可以根据企业自身情况增加或减少预测内容。重点在于把市场预测的信息收集完整，运用数据进行说明。

点睛之笔

教学重点：
重点掌握市场预测写作的结构要求和语言要求。
教学难点：
1. 理解市场预测报告的概念和方法，以及预测过程中采用的技术手段。
2. 掌握市场预测的基本特点和作用。
3. 掌握市场预测的作用。
4. 掌握市场预测报告的写作要领。

第一节　市场预测报告的概念

预测市场的未来发展趋势，赢得企业生产经营的主动权，是一个企业管理者的智慧所在。预测可以使产品或服务顺应未来市场需求的变化，保持企业持续的核心竞争能力，促进地区经济稳定，满足消费者不断增长的需求，为企业升级赋能，促使企业不断发展壮大。

一、市场预测报告概念

市场预测报告是以经济理论为指导，综合市场经济的历史资料、目前状态以及相关信息，进行统计归纳、分析研究后，对市场经济的变化规律及其发展趋势做出科学判断的一种前瞻性报告。经济预测报告既是市场经济中常用的文体，也是促进市场经济建设有秩序发展的重要手段。

二、市场预测报告的作用

1. 科学决策的向导

市场预测报告是建立在市场调查和市场分析的基础之上的合理推论，是经济理论与经营实践有机结合的成果。对市场现状进行充分、准确的分析和预测，有助于企业管理的决策者把握市场的变化规律，洞察业内的动态走势，明确未来的经营方向。可以说，准确的经济预测，往往能规避失误，提高决策的正确性。

2. 企业发展的动力

未来的市场是动态的、变化的。市场预测报告往往能提示市场需求的倾向和变动趋势，使企业经营管理提前明确发展思路，拟定产销规划，抢占市场先机，从而提高企业的科学化、现代化管理水平，提高企业的市场适应能力和竞争能力。

3. 资源优化的参谋

企业的生存必须适应市场的变化。企业的发展总是要以最少的资源博取最大的效益。市场预测报告对市场发展变化的合理推断，为企业的人力资源、产业规划、产品结构、产销安排、原料采购、成本控制、能源配给和资金运作等资源的运用，提供了应变、调整的依据。企业通过这些资源优化、科学整合，不仅为企业、为社会节约了大量宝贵的资源，也为企业、社会增加了财富，为国家的经济创造了可持续发展的强劲动力。

三、市场预测报告的特点

1. 可信性

可信性是市场预测报告科学性的具体体现和深化。市场预测报告以充分准确的历史事实和客观现实为依据，通过寻求事物发展过程的内在联系和基本规律，进而推测市场经济未来的发展趋势。这种科学的预测不是主观随意的猜测，也不只是经验归纳式的简单推断，而是运用现代信息学、经济学、统计学等学科的原理和方法，融合行业的专业知识，经过科学的运算、严密的推理和可观的描述，得出的正确结论。预测的结果越接近未来发展的事实，就越具有可信性。

2. 专业性

撰写市场预测报告是一项严肃的工作。其预测的目的是指导微观乃至宏观的经济工作。这就要求预测的主体不仅具有市场预测的专业知识和能力，还应具有切实把握被预测客体的专业知识和能力。由具有丰富的专业知识和分析能力的人员撰写的市场预测报告，才具有权威性和说服力，才会对社会的发展起到正确的引导和积极的推动作用。

3. 创见性

预测本身是一种创见。一般来说，市场经济是有规律可循的，但市场经济的明天不会是今天或昨天的简单重复。市场预测报告的写作就是要排除重云密雾，摒弃人云亦云，吹糠见米，去芜存菁，直至形成独到的真知灼见。

4. 前瞻性

市场预测报告的前瞻性有两方面含义：一方面市场经济报告是面向未来的，不论是近期预测还是远期预测，其结论都是先于事实的一种表述，而且均要接受市场检验；另一方面说明预测结果与事实之间具有近似性。越科学、越准确的预测，就越接近未来的事实，也就越具有前瞻性。

第二节　市场预测的分类及预测方法

在市场预测过程中，企业会根据客观情况的变化，采用不同的预测方式来满足撰写市场预测报告的需要。

一、市场预测报告的分类

市场预测的内容广泛而复杂，凡是能引起市场变化的因素都是市场预测的内容。但其核心问题是商品的供给与需求关系。所以，市场预测应围绕商品供求关系的变化来进行。

市场预测根据预测范围不同可分为宏观市场预测和微观市场预测。

1. 宏观市场预测

它是对大范围或整体现象的未来所做的综合预测。它既包括对社会商品购买力与商品可供量总额平衡的预测，又包括对商品供求构成的发展变化趋势及特点的预测，还包括对商品供应量的城乡、地区分布趋势的预测。

2. 微观市场预测

这种预测包括以下六方面内容。

（1）主要商品或服务市场需求量发展趋势预测。

（2）市场占有率预测。

（3）主要商品或服务供应量发展趋势预测。

（4）新商品或服务发展趋势预测。

（5）商品或服务价格变动趋势预测。

（6）商品或服务生命周期预测。

二、市场预测的方法

市场预测方法很多，大体上可分为定量预测方法和定性预测方法，非数学模型预测方法和数学模型预测方法。常用的预测方法有以下四种。

1. 集合意见法

集合意见法就是集合工商企业的厂长、总经理及与市场有关的各类科室人员对商品或服务提出的供求意见，然后将各种意见归纳起来，分析、判断以确定预测值。

2. 专家意见法

专家意见法（又称德尔菲法）是根据预测的目的和要求，向专家提供一定的背景资料，请他们根据自己的判断，对未来做出预测。

专家预测法在具体运用中，常采用两种形式：专家会议法和专家通信法。专家会议法就是邀请有关方面的专家，通过会议的方式，请各专家发表预测意见（方案），在专家们分析判断的基础上，综合出预测结果；专家通信法，是请各专家在互相保密的情况下，用书面的方式独立地回答预测者提出的问题，并经反复多次修改各自的意见，最后在各位专家意见趋于稳定时，预测者进行综合，确定预测值。

3. 时间数列模型预测

这种预测是假定已知时间数列的变化趋势会连贯到未来时期，运用这种连贯性原则预测未来。常用的有趋势外推法、移动平均法、指数平滑法。

4. 因果预测法

因果预测法也称相关分析法。市场上各种经济现象都是互相联系的，一种经济现象发生变化会引起另一种经济现象的变化。例如，市场商品或服务价格变化会引发商品销售量的变化；居民的手持现金量的变化会引起银行储蓄、商品购买力的变化，我们称这种经济关系为相关关系，运用这种相关关系可以进行相关因素预测。

第三节 撰写市场预测报告的准备：市场预测

一般来讲，市场预测包括：确定预测目标；收集市场预测所需资料；选择预测模型，确定预测方法；计算、分析与评价。

一、确定预测目标

预测的第一个环节是确定预测目标。只有目标明确，才能达到一定的预测目的。确定目标包括确定市场预测的范围、目标领域和时间要求。市场预测目标的确定应服从市场决策的要求。为此，首先要了解决策的要求，并据此来确定应达到的基本要求。

预测目标确定后要对其进行分析。目标分析是解决问题的第一步。所谓目标分析，就是运用系统的分析方法，逐步把握市场预测目标的外部环境与内部因素之间的关系，找出影响市场变化的主要因素，在此基础上选择合适的预测方法。例如，关于对我国发展普及型电动轿车发展前景的预测，目标确定后，对预测目标要进行分析。对电动轿车生产发展前景的预测，在目标确定后，要对预测目标进行分析。影响电动轿车生产与发展的因素有：社会集团需求和家庭个人需求。社会集团需求又分为企事业单位、旅游出租业、乡镇企业的需求。影响个人需求的因素有收入水平、价格、消费能力、社会消费倾向等。影响电动轿车生产与发展的因素还有：生产能力、产品发展周期、轿车质量等。对影响因素进行逐步分析，认识总目标就会变得更加容易，对于收集的资料也会更有把握。

二、收集市场预测所需资料

市场资料的收集是市场预测的依据。市场预测所需资料、信息可以分为两种：一种是关于市场预测对象本身的资料，称为内部信息；另一种是背景材料，称为外部信息。内部信息与预测市场的历史和发展现况有关；外部信息与影响预测对象发展过程的各因素有关。在收集外部信息时，应注意收集那些能对预测对象的未来发展起重大影响的背景材料。收集信息资料一定要注意广泛性、适用性，信息资料收集得不完全、不全面、不系统，将严重影响预测质量，但也不是说收集的信息越多越好，要把握好资料的详略分寸。

市场预测中信息资料的来源有以下六个方面：

（1）部门和企业内部的原始记录。
（2）国家政府部门和市场管理部门公布的各种统计资料。
（3）各主管部门收集的资料。
（4）各种信息情报中心的交流资料。
（5）各种研究单位、报纸杂志刊登的调查报告、统计资料。
（6）采用各种调查方式取得的第一手资料。

对于收集来的各种市场信息资料一定要进行鉴别和整理加工，判别资料的真实性和可靠性，去伪存真，采用有用、可靠、真实的资料。

三、选择预测模型，确定预测方法

选择预测模型，确定预测方法是市场预测的关键。据统计，目前进行市场预测的方法大约有300多种，基本预测方法大约有十几种。每个预测项目都可用多种方法得到预测结果，考虑人力、物力、财力、时间等条件的限制，往往只选择其中的一种或几种方法就可以达到目的。但是，每种预测方法对不同预测目标的有效性是不同的，如果方法选择不当，将会大大降低预测的效果和可靠性。在选择预测方法时，主要应考虑以下三个方面的因素：①预测目的和要求；②预测目标本身的特点；③现有的条件。

关于方法的选取，首先应服从预测的目的，以便向决策者提供所需要的具体信息。例如，对一个企业来说，首先，产品市场预测、短期销售计划、年度生产计划和产品发展规划所需要的信息是不同的，因此选用的预测方法也不同。其次，选择预测方法时要根据预测目标本身的特点。不同的预测目标具有不同的属性和其内在的变化特点，如产品的生命周期。有些消费品（如儿童玩具、服装、家用电器等）的生命周期表现为流行曲线，这类产品一旦被消费者接受，其发展速度非常迅速，但更新淘汰得也非常快，因此，不适合采用趋势外推法。再次，选择预测方法时必须考察现有条件。因为预测方法的选取必须建立在能够实现的基础上，尽管预测方法有很多，但实际应用中往往由于数据、经费、人力、设备等方面的影响，许多方法实施起来十分困难。最好的方法就是面对现实，建立一个实用的数学模型。在达到预测要求的情况下，预测模型越简单越好。大量事例表明，预测精度并不和选用模型的复杂性成正比。另外，模型的选取要尽可能充分地利用现有的数据信息和前人的经验。实际上，任何预测方法的使用都不是孤立的，应结合具体情况，发挥不同方法的长处，将各种可行的预测方法和预测人员的知识经验融合在一起，相互补充，以期解决预测问题。

四、计算、分析与评价

运用收集到的资料和选择的预测方法,就可以建立预测数学模型,计算或推测预测目标未来的发展趋势。但是,由于这种分析和推测是根据现有的知识体系以及当前的社会情况,对未来做出的估计和判断,还由于社会体系的复杂性和不确定性,以及市场信息不完全,经验的不足等原因,预测结论和实际情况总是存在一定的偏差。因此,对于任何预测结果都要进行分析和评价。

通常的办法是计算估计误差,估计误差反映了预测值和实际值之间的误差度,以确定预测结果是否可信,并根据分析情况对预测结果进行修正,使之更接近实际。

第四节 市场预测报告的写作格式及要求

市场预测分析报告是预测工作最后的落脚点,是预测工作的书面总结材料。

一、市场预测报告的写作格式

1. 标题

市场预测报告的标题是用来表明预测的对象(视察过)的范围,反映期限、预测目标的。一般讲,它包括四个要素,即对象、时限、范围、文体名称。预测报告的标题要求做到简明、醒目。

2. 前言

前言是预测报告的开头部分。它的主要任务是交代预测的对象、目的和意义。有的前言部分简单介绍预测对象的现状,初步揭示预测的结论。有的前言可以省略,预测对象单一、篇幅短的市场预测报告,就可以不写前言,一开头就直接进入主题。前言要求简明扼要。

3. 主体

主体是市场预测报告的核心部分,一般包括现状、预测和建议三部分。

(1)现状。现状部分是指运用一定的信息资料和数据对预测对象的历史、现状情况进行的说明,是进行下一步推断预测的根据。市场预测现状部分,一般主要反映市场需求情况、商品资源情况、市场行情、企业生产经营状况等。但是,由于预测的侧重点和预测的内容不同,因而在反映市场现状时不能面面俱到,而要有所取舍,有所侧重。

市场现状分析部分的写作必须注意选材的真实性,选材要有代表性,能够反映出市场的主流和本质;不能将局部范围的个别情况代替总体现状,将枝节问题当成主流。所以,现状部分的叙述要去粗取精,去伪存真,反映市场真实、本质的状况。

(2)预测。预测部分是通过现状部分获得的有关资料,运用科学的预测方法和一定的逻辑推理,对预测对象的未来发展变化趋势进行预测并做出判断,提出预测结论。预测部分是市场预测报告正文的核心,体现了预测主题的特征。因此,在写作时要注意,所用预测方法要正确，将数学模型分析与推理分析相结合，定量分析预测与定性分析预测相结合。市场变化复杂，因素多，不能简单机械地套用数学模型。此外，预测时除了运用预测模型外，还可采用图表和文字说明。

（3）建议或对策。建议或对策部分是根据预测结果提出的如何适应未来的建议和办法，是一篇市场预测报告的最终落脚点。如果说现状部分回答了预测对象"现在怎么样"，预测部分回答了预测对象"将来是什么状况"，那么建议部分就回答了"最终怎么办"。建议部分的内容要尽量具体、切实。切忌教条的空洞记述，所提措施必须切实可行，切忌脱离现实的空想。

市场预测分析报告三部分内容之间紧密相连，有着严密的逻辑关系。但在具体写作中，可以根据预测目的、资料占有情况的不同，适当调整先后顺序，恰当安排主体的结构布局。以上说的先后次序不是一个固定模式，可进行灵活调整。

4. 结尾

结尾是预测报告全文的收尾和结束，主要目的是起到全文的首尾照应作用。

市场预测报告的结尾写法有很多，有的以发展展望结尾，以引起读者关注；有的以预测中的问题作为结尾，以引起重视。结尾部分要简洁自然、干脆利落、简明扼要，切忌画蛇添足、空喊口号。

二、市场预测报告的写作要求

市场预测报告对撰写人的要求极高，在写作中要坚持辩证唯物主义与历史唯物主义，在全面了解现实市场状况的基础上，预测并判断市场的未来走向。

1. 深入调查，从实际出发

市场调查必须是在对市场的历史、现状进行深入细致的调查的基础上进行的。这也是写好预测报告的前提。调查阶段所取得的资料不准确、不全面，不仅不能全面正确地把握市场变化的趋势和规律，而且很可能做出错误的结论，给决策者带来失误，给生产经营者带来损失。因此，掌握市场历史与现状材料是写好预测报告的前提。

2. 目标明确，突出重点

预测目标在市场预测报告的写作中具有重要作用，明确了目标后，材料的收集、筛选、使用，报告的结构安排才有依据。目标明确后要突出重点，一篇预测报告只能回答重点问题，不能面面俱到。

3. 撰写预测报告要掌握有关经济政策

我国的市场营销活动主要是在党和国家的经济政策的指导下进行的，不熟悉经济政策，单靠对市场现状的了解和运用预测方法，是搞不好市场预测的。同时，在分析问题时要从我国国情出发，充分考虑有关政策规定。

4. 语言要求准确、简练

市场预测报告的价值，主要看预测的结论是否准确，建议是否切实可行。因此撰写市场预测报告必须对采用的资料、预测模型反复确认、推敲。语言的运用要准确、简洁，不必单纯追求语句的华丽等。只有准确、简洁的语言，才能更好地表达准确的结论和切实可行的建议、措施。

【应用仿真】 模仿下面的市场预测报告，写一篇某种生活用品的市场预测报告提纲。

报告主要针对通信电缆项目投资前期所必需的市场调研及市场前景预测进行撰写，主要包括对项目涉及的原料市场、产品市场、技术设备、项目测算以及未来项目产品市场前景等几大方面的调查与分析。

随着我国经济的不断发展，国家越来越重视通信电缆项目相关行业的发展，为了组织好通信电缆项目的投资建设，在前期需要进行深入的调查研究。报告正是针对项目投资需要为决策部门提供第一手的市场调研资料并对与项目市场前景相关的产业政策、税收政策、出口贸易政策做出分析。

报告以项目投资建设所必须考虑的问题为出发点，为投资者详细地分析整个项目面临的市场环境和未来的投资收益测算。报告以客观事实为依据，对于有意投资通信电缆项目的企业和资本机构具有极大的参考价值。

[目录]

第一节　通信电缆行业发展现状
第二节　当前产业政策
第三节　通信电缆项目行业相关政策规范
第四节　项目审批部门意见与关注问题
第五节　通信电缆项目在所处行业中的地位
第六节　行业同业竞争情况
第七节　行业盈利水平变化
第八节　行业发展特点与趋势分析

【例文导读】

2018年我国钢铁行业现状及发展展望分析

钢铁产能过剩不仅仅是钢铁行业本身的问题，也是中国当前面临的一个复杂的社会问题。中央经济工作会议提出2016年五大任务：去产能、去库存、去杠杆、降成本、补短板。把"去产能"放在第一位，足见当前"去产能"形势之严峻。

在"去产能"背景下，钢铁行业在上半年起死回生，实现盈利，看似"去产能"开始发挥作用，背后却离不开房地产业火爆这一关键推手。截至8月30日19点，46家上市钢铁企业中有42家披露半年报，其中2/3的钢铁企业

评析

1. 标题。市场预测报告的标题一般由预测、预测展望、组成标题构成，标题要简明、醒目。

2. 前言。这一部分要求以简短扼要的文字，说明预测的主旨，或概括介绍全文的主要内容，也可以将预测的结果先提到这个部分来写，以引起读者的注意。

实现了净利润同比增长。据统计，30家营业收入同比下滑的上市钢铁企业中，2/3都实现了净利润的同比增长。中钢协统计数据同样显示，上半年，会员钢铁企业实现销售收入1.29万亿元，同比下降11.93%；实现利润125.87亿元，同比增长4.27倍。分析师表示，除了"去产能"的因素，上半年各大钢厂实现盈利的主要因素还是在于钢价的上涨，行情的好转是它们盈利的关键。

  2018年上半年，对钢铁行业来说绝对可以算作起死回生的半年，绝大部分钢企摆脱了苦熬几年的亏损窘境，还有多家企业实现利润翻番，甚至连增数倍。从目前已经发布的钢企半年报来看，虽然钢铁行业在集体"去产能"，上半年钢铁企业营业收入出现缩水现象，但利润却不降反增。宝钢股份半年报显示，今年上半年其营业收入为779.93亿元，同比下降3.44%，但净利润达34.68亿元，同比上升9.26%，扣除非经常性损益后的净利润同比增长17.11%。武钢股份8月29日发布半年报，报告显示，今年1～6月武钢股份营业收入达288.5亿元，同比下降16.42%，实现净利润2.73亿元，同比下降47.66%，可喜的是，公司净利润从第一季度的0.3亿元提升至第二季度的2.73亿元。分析师认为，值得注意的是，部分钢铁企业净利润同比增长率表现惊人。南钢股份发布的年中报数据显示，2016年上半年公司实现净利润1.46亿元，同比增长了317.82%，去年同期，其利润额仅为0.35亿元。

  发展展望：绿色发展应贯穿始终

  当前，我国大力倡导绿色发展理念，民众对于雾霾等环境污染问题极其关注，节能环保工作不断向纵深推进。作为污染和能耗大户，钢铁业排放的二氧化硫、氮氧化物、烟粉尘等污染物占全国工业总排放量的7%～14%，是形成雾霾的主要污染源之一。因此，钢铁业成为我国环境治理的重点领域。

  环保部监测数据显示，截至2014年年底，70%的钢铁企业环保不达标。自"史上最严"的新《环境保护法》实施以来，钢铁企业普遍大幅增加环保投入，进行环保改造升级。截至2015年年底，仍有20%左右的钢铁企业环保不达标，其中约40%的钢铁企业由于装备水平比较落后、改造升级难度大、资金紧张，无法实现环保达标改

3. 正文。市场预测报告的正文是市场预测报告的主体部分，一般包括现状、预测、建议三个部分。

造，将依法退出，它们涉及产能约1亿吨。

工信部副部长冯飞曾表示，"十三五"钢铁业"去产能"总的思路，是要通过法律、标准和经济手段来加快过剩产能的退出。钢铁"去产能"主要有9种方式，其中排在最前面的就是通过加大环保执法力度和严格实施能耗标准压减产能。

绿色化对于钢铁行业有两层含义：一方面是通过制定更加严格的环境标准和排放指标，限制钢铁产能扩张速度，淘汰那些不符合绿色发展标准的生产设备；另一方面是对于实施"中国制造2025"来说，我们不能缺少高端钢铁生产技术。因此，必须加快钢铁行业转型升级，从绿色化的角度看，这就是要加大对现有生产设备环保和技改的投入力度，降低二氧化硫、氮氧化物以及烟尘的排放量，走出一条绿色生态、可持续发展的钢铁之路。

钢铁行业的提档升级和持续发展肯定绕不开绿色发展这条路，绿色发展应贯穿始终。

4.结尾。结尾是归纳预测结论，提出展望，鼓舞人心，也可以照应前言或重申观点，以加深认识。

【综合实训】

一、填空题

1. 市场预测报告具有＿＿＿＿、＿＿＿＿、＿＿＿＿、＿＿＿＿的特点。
2. 市场预测报告的正文由＿＿＿＿、＿＿＿＿、＿＿＿＿组成。
3. 市场预测报告的正文主体部分由＿＿＿＿、＿＿＿＿、＿＿＿＿组成。
4. 市场预测报告与市场调查报告的反映对象都是＿＿＿＿。
5. 市场预测方法大体上可以分为＿＿＿＿、＿＿＿＿、＿＿＿＿。

二、判断题（请在题后的括号内打上"√"或"×"）

1. 市场预测报告的首要一条是要调查研究。（　　）
2. 市场预测报告的结尾必须要反映主题。（　　）
3. 正文的最后一部分是预测。（　　）
4. 市场预测报告的关键就在于结构是否合理。（　　）

三、问答题

1. 常用的市场预测方法有哪些？
2. 市场预测报告正文包括哪些内容？
3. 请比较市场调查报告和市场预测报告两者的异同点。
4. 请深入某企业或某店铺，了解某一单项产品或商品的销售情况，写一篇市场预测报告。

Chapter 11 课题十一

经济活动分析报告

应用导航

推动河南经济高质量发展迈上新台阶
——2018年河南经济运行分析暨未来年经济展望

2018年是中国改革开放40周年。河南全省上下以习近平新时代中国特色社会主义思想为指导，按照党的十九大做出的战略部署，坚持稳中求进的工作总基调，全面深化改革开放，以党建高质量推动经济发展高质量，经济社会发展大局保持健康稳定态势。本报告立足从总体上认识我省当前经济形势，深入学习贯彻中央经济工作会议精神，谋划好我省明年的经济工作，在此基础上提出推动河南经济高质量发展迈上新台阶的思路与对策，为河南全面建成小康社会收官打下决定性基础提供理论支持。

一、回望2018：经济稳定运行，迈向高质量发展

经济运行在合理区间。(略)

转型升级有序推进。(略)

质量效益持续提升。(略)

新技术新业态新模式蓬勃发展。(略)

改革开放激发新活力。(略)

民生福祉稳步改善。(略)

看到发展成绩的同时，也需要清醒地认识到，河南当前经济发展仍存在一些突出问题和困难：

经济增长"前高后低"。(略)

企业经营状况有所下滑。(略)

环境污染防治任务艰巨。(略)

二、展望2019：发展压力增大，变局中危和机同生并存

要总体把握国内外更加复杂多变的新形势。(略)

要深刻认识重大机遇新内涵在我省的新特点。(略)

要科学判断来年河南经济发展的利好因素。(略)

三、奋力拼搏，为河南全面建成小康社会收官打下决定性基础

切实提振信心稳预期，保持高质量发展的战略定力。（略）
发挥国家战略集成效应，形成高质量发展的强大合力。（略）
立足省情彰显比较优势，增强高质量发展的巨大张力。（略）
推进区域经济协调发展，释放高质量发展的内在潜力。（略）
持续深入推进改革开放，激发高质量发展的无限活力。（略）
深入践行"两个高质量"，确保高质量发展的强大推力。（略）

资料来源：http://m.sohu.com/a/285059492_194264.

【点评】

正如宋代诗人苏轼流传的千古绝句"横看成岭侧成峰，远近高低各不同，不识庐山真面目，只缘身在此山中"所言，我们在分析经济现象时就不能仅以成绩或问题为评价地方经济运营优劣的唯一标准，更不能只站在一个角度上考虑问题，而要站在全局的角度看待和分析现存的各种经济现象。这样的经济活动分析报告才是客观、全面、科学的，才能对政府或企业决策具有指导意义。

点睛之笔

教学重点：
重点掌握经济活动分析报告写作的结构要求和语言要求。

教学难点：
1. 理解经济活动分析的概念，以及它与经济预测报告的区别。
2. 掌握经济分析报告的文体特征。
3. 掌握经济活动分析报告的分类。
4. 掌握经济活动分析报告的写作要点。

第一节 经济活动分析报告的概念及作用

经济活动与其他社会活动一样，要遵循一定的客观规律，我们在认识客观经济规律的同时，要善于把握经济规律的特点，利用经济规律为企业发展服务。这就需要重视不同媒体上的经济评论，这些评论会从不同角度揭示经济规律，向人们提供认识规律的路径和解决问题的方法。

一、经济活动分析报告的概念

经济活动分析报告，就是人们以经济理论和经济政策为指导，根据地区、企业部门或某一经济领域的计划指标、统计资料、会计核算、审计材料以及其他调查得来的材

料,进行全面系统的分析研究而写成的书面文件。它通过分析原因,总结经验教训,揭示事物发展的趋势与规律,为经济活动提供可靠的决策依据。它是用来记载和描述经济活动和成果的书面材料,是经济管理部门经常使用的一种专业应用文。它可以是对涉及整个国民经济问题的分析,如《当前经济形势分析与对策》;可以是对某一行业的问题分析,如《中国电动轿车市场分析》;也可以是对某一地区、某一企业,甚至是对企业内某一部门的某项经济指标的分析,如《京东商城集团2018年度经济指标完成情况分析》。总之,经济活动分析报告的适用范围很广。

二、经济活动分析报告的作用

当前,经济活动分析报告已成为企业改善经营管理、提高经济效益的依据,也是各基层单位领导企业、指挥生产、制定决策的依据,是提高企业生产、经营、管理水平的重要工具。

1. 经济活动分析报告,是加强企业生产、经营、管理,提高经济效益的重要手段

任何企业都存在着生产、经营、管理问题,其水平直接影响着企业的经济效益。各企业要获得较好的经济效益,就必须对企业经济活动状况进行分析,总结经验,提出改善管理方法的措施。这可以促使企业在管理上加大力度,向管理要效益。

对企业经济活动进行管理,必须用经济、科学的方法进行管理。经济活动分析是经济管理的一种方法,它比会计管理、统计管理、计划管理更具有多样性、综合性、灵活性,所以它有利于各级领导全面、及时地指导工作,有利于调动广大员工参与企业管理的积极性和创造性,有利于提高管理水平。

2. 经济活动分析报告能准确、及时、系统地反映企业的基本经济状况,并进行分析和预测,为企业经济的发展提供依据

经济活动分析报告是通过分析会计、统计、核算提供的资料,而写出的书面材料,它是企业和地区乃至国际经济活动的反映和总结。因此,经济活动分析报告能从总体及不同侧面对企业经济活动进行监测和监督,使其经济活动正常运转,并能检查企业的各项政策方针的实施情况,考核经济效益,检查和揭示存在的问题,不断促进企业进入良性发展轨道。

3. 经济活动分析报告能为企业决策提供依据

所谓决策,就是为了达到既定目标,通过预测、分析、比较和判断,在两个及以上可供选择的方案中择优而取。企业的发展决定于管理,管理的重心在于经营,经营的中心在于决策。正确的战略性决策可能使企业起死回生,转危为安,兴旺发达;错误的决策可能使企业一败涂地,破产倒闭。可见决策在企业管理中具有十分重要的作用。

正确预测分析有赖于充分、可靠的信息资料,经济活动分析报告是信息来源之一。企业领导掌握这部分信息,有利于指挥生产,制定方针政策,减少生产、经营、管理的失误。

第二节 经济活动分析报告的种类

经济活动分析报告可以从不同的角度，按照不同的标准而分为不同的种类。按分析内容类别分为：财务分析报告、统计分析报告、业务分析报告、产品或商品库存结构分析报告等；按分析报告内容与文字简繁程度分为：详尽分析报告和简单分析报告。因按涉及内容、范围分析的经济分析报告经常使用，所以对之做如下具体介绍。

一、综合分析报告

综合分析报告又称全面分析报告。这种分析报告，一般是从经济活动的全局出发，把某一部门、某一企业、某一地区、某一行业在一定时期内的经济活动作为一个整体进行分析而写成的报告，研究经济活动的效果。经济活动分析报告在写作过程中常常从经济效益入手，因为经济效益反映了一个企业或行业的总体情况，而这种分析报告所写出的企业或行业分析内容全面，有一定深度，对指导企业或行业创新商业模式，提高经营管理水平有重要的指导作用。

二、专题分析报告

专题分析报告又称专项分析报告。它是根据企业经营管理的需要对企业中某个比较突出的问题进行深入的调查分析以后写出的一种书面报告。它的内容，多数为结合中心工作对一些重点问题进行专门分析，如产品质量分析、降低产品成本的分析、计件工资问题分析等。有的是对重大经济改革、实施情况的分析，如原材料调价后，产品市场问题的分析；关于企业扩大自主权问题的分析等。这类报告内容单一，一般为一事一议，反映问题迅速、及时，分析问题深入、透彻，形式灵活，实用价值比较高。

三、进度分析报告

进度分析报告多在旬、季、年末综合报表中编写。报表为进度分析报告提供数字依据，进度分析报告为报表提供信息和文字说明。进度分析报告具有反映某项计划完成情况的分析，有短期经营、生产进度分析，资金运用、原材料供应、产品销售等分析。这种分析内容更为单一、具体，反映问题及时；写作过程多用实际资料反映具体情况，分析评议极少。因此，实际部门的经济活动分析报告大多采用简报形式。

第三节 经济活动报告分析的特点

经济活动报告与其他类型的报告有一定的区别，在写作方法和收集报告材料等方面都体现出自己独有的特点，这些特点成为撰写者应该掌握的基本要领。

1. 专业性

经济活动分析报告专用于经济领域，涉及工、农、商、金融、财税、税务等不同部门的各种专业问题。例如，工业经济活动中的产销、成本、质量等问题，商业经济活动中的购销、库存、劳动效率等问题。它甚至还涉及整个经济活动中的各种专门问题，如物价、消费等。因此，它的内容大都具有较强的专业性。

2. 定量性

经济活动分析报告非常注重以数据作为分析和立论的依据。在内容的表述上，定量性的数字占有极重要的地位，其对事理的分析往往建立在数据的基础上，或与数据密切相关，其常用的比较、平衡、因素、动态等几种分析法，也都离不开对数据的分析。例如，对比分析法，就是将实际完成数与计划数等多种相对应的数字进行单向对比或综合对比。

3. 检验性

对经济活动进行分析的目的，就是通过对经济活动的过程与结果的分析，检查经济部门和企业单位贯彻执行党和国家经济方针、政策、路线及有关财经制度、财经纪律的各项指标完成的情况，考核经济活动的成效，并对此做出客观、公正的评价，指出影响其各项指标执行结果的各种因素。正因为如此，经济活动分析报告的检验性在具体的对比分析中就显得十分突出。

4. 指导性

经济活动分析的一个很重要的目的与意义，就是通过分析总结，找到影响计划指标完成或未完成的主要因素和影响总体经济效益的薄弱环节，进而引起管理者的高度重视，及时采取相应的举措，加强管理，提高管理水平和经济效益。因此它对经济部门和企业的发展规划、工作重点及计划的制订与实施，都具有重要的指导意义。

第四节 经济活动分析报告的结构

经济活动分析报告的结构一般包括标题、导语、正文、结尾四个部分。

1. 标题

经济活动分析报告，单从形式上看，从狭义的角度可视其为经济文书的一个文种，即经济活动分析报告；从广义上理解，它则是某类文章的总称，即凡是对经济活动予以分析研究的文章，都可以被视为经济活动分析报告。据此，经济活动分析报告的标题主要有两种：公文式标题和文章式标题。

（1）公文式标题。这类标题一般由单位、分析内容和文种组成，其文种常冠以"报告"，如《股份有限公司关于2017年度营销业绩分析报告》《市第三季度房地产市场分析报告》《我市人才市场供求分析报告》等。

（2）文章式标题。这类标题丰富多彩，没有固定的格式，通常是围绕文章的主题内容，充分彰显文章的理性与个性。单标题的，如《网上开店：路宽灯绿没"警察"》《外资并购在风险与利润的碰撞中提速》《港人理财"四部曲"》等；双标题的，如《是"清嘴"，还是"亲嘴"——清嘴广告玩悬念》《物流人才急缺，业界着急——国际物流认证能否挺进中国》等。

2. 导语

导语即概述，一般包括市场目标现状、资料的来源、分析的主要目的和意义等，要求言简意明。

3. 正文

经济活动分析报告的正文一般由市场现状、分析研究、结论与建议三部分组成。

（1）市场现状。这主要是陈述分析对象的发展概貌和现实状况，重点突出分析对象的规模、特点和主要数据，揭示对象的主要矛盾，以引起读者的关注，为分析研究提供基础。

（2）分析研究。这是写作的核心部分，根据调查、搜集得来的资料和数据，运用多种科学的研究方法，进行定性、定量分析和逻辑论证，进而获得对事物本质的认识。这部分的写作结构常见的有三种。一是并列式结构，即将数据和资料根据其内在的联系分门别类，继而对这些不同类别的资料逐一分析，然后根据经验和逻辑做出判断。这种结构适合于对宏观事物的定性分析。二是推导式结构，即将数据的资料按照其因果关系进行排列，逐步显示出事物发展的具体程度，这种结构适合于对微观事物做定量的分析。三是综合式结构，即将宏观的研究与微观的研究结合运用，对分析对象既做定性的分析，也做定量的分析，以求更全面地把握事物的本质。

（3）结论与建议。结论一般分为两种：一种是宏观的结论，主要描述事物的"可能性"和"趋势导向性"；另一种是微观的结论，主要是通过具体、精确的数学描述，判断事物量的变化以及由量的渐变而导致的质的飞跃。

建议部分可以是肯定式的建议，也可以是或然式的建议。肯定式的建议是指当事物的发展目前只有一种可能的趋势时，建议的重点要放在应该注意的问题上，如网上开店时机已经成熟，经营者要注意网上店铺的"专业性""技巧性"和"建立除价格之外的价值性"。或然式的建议是指当事物的发展有几种可能的趋势时，建议先要将其一一列出，然后根据利益最大化的原则给予导向式的说明。

4. 结尾

经济活动分析报告的结尾并非必要部分。有的文章用精短的文字总括全文，或提示重点，或描述前景；也有的文章则以正文的收束作为结尾。

第五节　经济活动分析报告的写作步骤

经济活动分析报告的写作，大致有以下三个步骤。

1. 根据经济活动分析的目的，搜集资料，掌握企业或行业的实际经济情况

企业经济活动分析的目的与企业的任务有密切的联系，所以经济活动分析的目的首先必须依据经营的需要而定，依据企业或行业存在的实际问题进行分析。因此，撰写分析报告时必须依据目的搜集资料，这样分析才有依据，写出的分析报告才切合实际。

企业经济活动分析所依据的资料有文字资料和数字资料、现实资料和历史资料、企业资料和外企业资料，还有计划资料、会计核算、统计资料。这些资料都是进行企业经济活动分析的重要依据。有了这些资料就可以进行经济活动的动态、横向、纵向、对比研究，以便掌握第一手资料，为经济活动分析打好基础。

2. 依据资料深入分析，做出评价

将收集来的资料进行整理、汇总、加工分组，用活动分析的方法，结合数字和文字两方面资料对经济现象进行分析。通过分析，对企业或行业的经济活动做出正确的评价。

3. 归纳整理，写出分析报告

最后一步就是根据分析所得出的结论，抓住主要问题，围绕经济活动的目的，进行归纳提炼，写出书面分析报告。

第六节　经济活动分析报告的写作要求

经济活动写作过程中也需要掌握一定的技法和要领，要在写作实践中揣摩、体会写作规律。

1. 明确目的，抓住重点

作者务必从掌握到的一堆材料中找到问题的实质，明确写作的目的，即通过这个分析报告，要侧重说明哪些是具有实质意义的问题，得出什么结论以至改进工作的建议，能给人什么启示或借鉴。作者在明确目的以后，就要抓住重点，深入分析，坚决舍弃那些与写作目的无关或关系不大的材料。

2. 处理好硬资料与软资料的关系

这里所说的硬资料，是指具体的数据、报表、凭证、计划，都是现成的、账面上的资料；软资料则是指经济管理经营的策略、技巧、企业管理方法、企业精神等。经济活动分析报告专业性、定量性的特点，决定了写作者在写作中要通过许多数据等硬资料来分析问题，有些经济活动分析报告甚至以大量的数据、图表为主，以事理性说明为辅。硬资料是看得见、摸得着的，易于引起注意，也便于推断；软资料则是无形的，属于账面外的情况，很容易被人忽略。因此，我们在写作中，一定要注意调查、了解和搜集软资料，并加以分析。只有将这两种资料有机结合起来分析，所得出的结论才能全面、客观、公正与准确。

3. 要善于运用各种分析方法

经济活动过程是比较复杂的，其中各个因素之间的相互联系、相互影响也是多种多样的。在分析经济活动的过程中，单用一种分析方法很难全面分析活动的内容。只有把几种分析方法结合起来运用，才能做出全面透彻的分析。当然，由于经济活动的内容丰富多样，分析的目的与侧重点也各不相同，所以，有时候也要根据不同的内容、写作目的和重点，以某种分析方法为主，以其他方法为辅，将宏观的分析与微观的分析结合起来，既分析客观因素，又分析主观因素，这样才能使分析有深度和力度。

4. 要提出指导与改进今后工作的意见或建议

经济活动分析报告，不只是罗列问题，分析问题，更是要解决问题。因此，一定要提出有侧重性的、切实可行的意见与建议，这样才能达到改进工作的目的。

【例文导读】 供电所经济活动分析报告范本

例文	评析
××供电所×年×月经济活动分析报告 ×年×月×日××供电所召开由××电工班、×××人员参加的经济活动分析会，对××××年×月经营活动情况进行了分析并完成了分析报告。 一、工作完成情况及原因分析 （一）供电区域经济与外部环境分析 主要供电范围（略） 供电区域的经济总量情况：人口情况、农业生产情况、工业生产情况、社会用电水平等。 产业结构变化：是否有重要的产业结构变化，变化情况如何，可能对供电企业产生什么样的影响。 经济政策：乡镇是否发布新的经济政策，内容如何，可能对供电企业产生什么样的影响。 其他可能对供电产生影响的情况。 （二）电力营销情况（略） （三）电网运行与安全生产情况（略） （四）人力资源情况说明（略） 二、其他需要说明的问题（略） 三、与企业经济活动工作有较为密切关系的其他情况及问题（略） 四、存在的主要问题和解决的措施建议（略） 五、上期措施的执行情况和取得的效果（略） 反映上期经济活动分析报告中提出的有关措施建议的落实情况，并总结是否取得了预期效果和分析原因。 　　　　　　　　　××××年××月××日	1. 标题。经济活动分析报告，单从形式上看，从狭义的角度可视其为经济文书的一个文种，即经济活动分析报告。 2. 导语即概述。它一般包括市场目标现状、资料的来源、分析的主要目的和意义等，要求言简意明。 3. 正文。经济活动分析报告的正文一般由市场现状、分析研究、结论与建议三部分组成。主要是陈述分析对象的发展概貌和现实状况，重点突出分析对象的规模、特点和主要数据，揭示对象的主要矛盾，以引起读者的关注，为分析研究提供基础。 4. 结尾。经济活动分析报告的结尾并非必要部分。有的文章用精短的文字总括全文，或提示重点，或描述前景；也有的文章则以正文的收束作为结尾。

资料来源：xiazai.zol.com.cn/soft/100729_1.html.

【模拟实训】

一、填空题

1. 经济活动分析报告具有_____、_____、_____、_____的特点。
2. 经济活动分析报告的正文由_____、_____、_____三部分组成。
3. 经济活动分析报告的主体部分由_____、_____、_____三部分组成。
4. 经济活动分析报告一般公文式标题由_____、_____、_____三部分组成。
5. 经济活动分析报告更加注重_____分析。

二、判断题（请在题后的括号内打上"√"或"×"）

1. 经济活动分析报告写作的目的是为决策做参考。（   ）
2. 经济活动分析的观点是指有关工作的判断、认识、意见、办法和建议等。（   ）
3. 经济活动报告文章式标题没有固定模式。（   ）
4. 专项经济活动分析报告往往是一事一议。（   ）
5. 经济活动分析报告的重点在于分析问题。（   ）

三、问答题

1. 撰写经济活动分析报告应符合哪些写作要求？
2. "说明事实，剖析原因"用的是什么分析法？"对未来的经济活动做出预测、判断"用的是什么方法？"对比各种指标、情况"用的是什么分析法？
3. 某鞋厂近年来效益滑坡。有关人员找来近几年来的统计资料，发现2016～2018年的销售量分别是15万双、17万双、18.5万双；税后利润分别为72.5万元、67.8万元、54.3万元。为什么产量逐年增加，而利润反而减少？结合其他统计数据分析后，找到了三个原因：①销售税率上升的影响；②原材料涨价，生产成本上升；③因滞销而降价促销。请据此写一份经济活动分析报告（如其他数据和条件可自拟，也可用"××"代替，文字说明必须合情合理）。
4. 去商场、超市对某商品的购销情况做一番调查，然后写一份商品购销活动情况分析报告。
5. 对消费者的消费倾向做一番调查，然后写一份消费倾向分析报告。
6. 去某单位，对该单位上半年度（或下半年度或上一年度）的财务工作做一番调查，并撰写一份×上（下）半年度或上一年度财务分析报告。
7. 简述经济活动分析报告的撰写方法及其正文的特点。

Chapter 12 课题十二

可行性研究报告

📖 应用导航

新增药品灌装线及配套设施技术改造项目可行性研究报告（略）

第一部分 新增药品灌装线及配套设施技术改造项目总论

一、新增药品灌装线及配套设施技术改造项目背景
（一）项目名称
（二）项目的承办单位
（三）项目拟建地区和地点
（四）承担可行性研究工作的单位
（五）研究工作依据
（六）研究工作概况
二、新增药品灌装线及配套设施技术改造项目可行性研究结论
（一）市场预测和项目规模
（二）原材料、燃料和动力供应
（三）厂址
（四）项目工程技术方案
（五）环境保护
（六）工厂组织及劳动定员
（七）项目建设进度
（八）投资估算和资金筹措
（九）项目财务和经济评价
（十）项目综合评价结论
三、新增药品灌装线及配套设施技术改造项目主要技术经济指标表

第二部分 新增药品灌装线及配套设施技术改造项目背景和发展概况

一、新增药品灌装线及配套设施技术改造项目提出的背景
二、新增药品灌装线及配套设施技术改造项目发展概况
（一）已进行的调查研究项目及其成果

（二）厂址基本情况

三、新增药品灌装线及配套设施技术改造项目投资的必要性

第三部分　市场分析与建设规模

一、市场调查

（一）拟建项目产出物用途调查

（二）产品国内市场调查

（三）产品国外市场调查

（四）产品价格调查

二、国内市场预测

三、新增药品灌装线及配套设施技术改造项目产品方案和建设规模

（一）产品方案

（二）建设规模

第四部分　建设条件与厂址选择

一、新增药品灌装线及配套设施技术改造项目资源和原材料

（一）原材料及主要辅助材料供应

（二）燃料及动力供应

二、新增药品灌装线及配套设施技术改造项目建设地区的选择

（一）自然条件

（二）基础设施

（三）社会经济条件

三、厂址选择

第五部分　工厂技术方案

一、新增药品灌装线及配套设施技术改造项目组成

二、生产技术方案

（一）产品标准

（二）生产方法

（三）技术参数和工艺流程

（四）主要工艺设备选择

【点评】

这个报告对新增药品灌装线及配套设施技术改造的项目运作规程所涉及的问题给予详尽罗列，可行性研究报告将促使厂商做出最后新增药品灌装线是否上马的决定。从中可见，可行性研究报告对商业决策具有十分重要的意义。

点睛之笔

教学重点：

重点掌握可行性研究报告写作的结构要求和语言要求。

教学难点：
1. 理解可行性研究报告的实际价值，以及它与一般报告的区别。
2. 掌握可行性研究报告的研究方法。
3. 掌握可行性研究报告的基本特点及表达方式。
4. 掌握可行性研究报告的写作要领。

第一节 可行性研究报告的概念

可行性分析报告使人们在实施重大的经济活动之初要完成的一项重要的工作，体现出人类对自身活动的理性认识和对风险的事先控制。

一、可行性研究报告的概念

可行性研究报告是一种运用经济理论和科学方法，对某一项目在技术上、经济上是否合理可行，进行全面分析、论证、比较，做出最终评价和决策研究的文书，亦是为最终确立和审批提供可靠依据的书面文件。因此，在撰写可行性报告的过程中，必须严格依照程序，对双方的技术条件、资金状况、项目（产品）的市场竞争力、设备和技术的先进程度以及近期和远期的经济效益进行多方案比较和详细、科学的论证，使可行性报告成为审批的最佳方案和决策依据。

一般来说，一个项目的项目建议书经有关主管部门批准后，即可进行可行性研究。可行性研究报告的编制程序一般分为初步可行性研究和详细可行性研究。

（1）初步可行性研究，也称为预可行性研究。它是在项目建议书的基础上，对内容和方案进行粗略的估算、初步审查，以确定该项目是否可行的一种研究过程。初步可行性研究对投资额和成本的估算的精确度要求在±20%范围以内。它的结论一般分为以下几种：否定项目，停止继续研究；可以投资，或决定合资；还需经过详细可行性研究，经过慎重严谨的分析后再做决定。因此，初步可行性报告的作用主要是对于一些大型的、复杂的项目来说，可以及早得出大致的结论，避免人力、物力、财力的浪费。需要指出的是，初步可行性研究处于项目建议书与详细可行性研究之间，只是一个过渡性阶段，并非必经阶段。一些不太复杂的项目往往在立项批准后，就可以直接进入详细可行性研究阶段。

（2）详细可行性研究，又称为正式可行性研究、技术经济可行性研究，简称可行性研究。它是在全方位、多方案进行科学的数据分析和严格的技术经济论证后，提出最终决策方案的一种研究程序。详细可行性研究报告是对内容和方案进行周详的分析、探讨、论证后，得出的结论。其投资额和成本估算的精确度要求在±10%范围以内。所以，详细可行性研究报告是投资方做出决策所依据的书面文件，也是主管部门、计划审批部门和银行、金融机构决策的依据。可行性报告一经呈报批准，依其所确定的方案，投资各方就可进入章程的起草、签署以及合资企业的筹备、兴建等实质性操作的阶段。

需要说明的是，一般来说，小型的、比较单一的项目，可以直接进行正式的可行性研究；而大型的、比较复杂的项目，则要进行反复多次的可行性研究，直至得到唯一的结论。

二、可行性研究报告的作用

可行性研究报告在微观上看是企业决策的依据，在宏观上看是国家实施宏观调控的重要依据。

1. 为企业决策提供重要依据

可行性报告为企业提供的是经济环境、行业发展趋势等宏观或微观的发展情况，能给决策者提供参考。但由于每个企业的具体环境条件不同，同样的发展趋势，对每个企业的影响肯定不会相同。进行科学的决策，是企业能更好地适应市场竞争，在竞争中立于不败之地的重要保证。因此，企业在进行某一项活动前，必须根据自身的各方面条件，进行可行性研究，并加以论证。这样，才能为企业的发展提供智力支持与科学指导，才能保证企业决策的正确性、可行性。

2. 是项目审批和申请贷款的重要依据

企业投资某一项目，必须撰写可行性研究报告上报上级主管部门审批。这样，可行性研究报告也就成了企业决策与上级主管部门之间的中介，成为上级主管部门对企业投资进行审批与科学管理以及有效监督的重要依据；另外，企业在投资某一项目建设时，往往会遇到资金不足等困难，这就需要向银行或其他金融机构申请贷款，而银行或其他金融机构总是根据企业提供的可行性研究报告的项目论证，根据其项目实施以后可获得的经济效益来决定是否给予贷款，或给予多少贷款。

3. 是政府加强宏观调控的重要依据

经济建设需要政府加强宏观调控，以避免盲目性，避免跟风似的上项目，搞重复建设，造成资金的大量浪费和巨大的经济损失。无论是基本建设、技术开发、技术引进、技术改革，还是设备引进、招商引资、合资办企业等，政府及有关部门都要从宏观上加强监管，严格审批。而政府及有关部门正是以各企业事业单位上报的可行性研究报告为重要依据，来实施宏观调控和对项目进行审批的。

三、可行性研究报告的种类

可行性研究报告由于分类标准不同，可分为多种。

1. 根据拟投资建设项目的规模划分

（1）一般性可行性报告研究，是指那些规模不大、投资不多的拟建小型项目的可行性报告，如车间的扩建、机器设备的改造与革新、生产流程的调整等。

（2）大中型项目可行性研究报告，是指那些规模比较大、投资比较多、涉及比较广、影响比较大的拟建项目的可行性研究报告，如合资办企业、新厂房的选址与兴建、大宗设备的引进、供电供水厂房的建设、公路铁路、港口码头的建设等。这类可行性研究报告一般都要分阶段来编写，因此又可将它分为机会可行性研究报告、初步可行性研究报告、详细可行性研究报告等。

2. 按照其项目特点的不同划分

（1）自营项目可行性研究报告，是指由企业自己单独投资项目所编写的可行性研究报告，包括产品开发、技术改造、科技研究、基建设施等。比如，投资生产某一家电产品，投资建设一座商厦，对现有的生产技术设施进行扩建、性能改造等，它们都要按可行性研究报告的通常论证方法，统一考虑方案规划、技术论证、经济核算等方面的问题。

（2）合营项目可行性研究报告，是指由双方合营的项目所编写的可行性研究报告。所谓合营的项目，或供投资，或由一方出资金，另一方出技术设备；或有国内合营的，也有中外合资的。它要求合资双方对项目在经济财务、技术设备、生产管理、利润风险的分担以及合作条件等方面都要达成完全一致的意见，同时进行可行性论证。

（3）引进项目可行性研究报告，是指对引进海外的技术、设备进行可行性研究后所撰写的报告。它要求从我国的国情出发，充分考虑引进项目的吸收消化能力、管理能力、材料能源供应能力、交通运输能力等。同时，还要了解该项目在国外的水平、发展趋势、价格及其真实可靠程度。20世纪80年代初，我国的一些地方、一些企业曾出现盲目引进海外技术设备的现象，导致技术设备虽先进但无法使用，或者不符合国情等严重问题的出现，造成资源和资金的巨大浪费，这都是缺乏可行性论证的缘故。

第二节　可行性研究报告的写作要求

可行性报告与一般文体相比信息容量较大，涉猎的范围较广，体现出决策者考虑问题的全面性、系统性。所以，科学合理的结构框架是写好可行性报告的关键。

一、结构要求

编制可行性研究报告是一项科学性、严密性、准确性要求极高的工作。明确并掌握可行性研究报告的内容，不仅能提高整个可行性研究的工作效率，避免和减少决策的失误，而且对研究报告的结构安排、写作方法也具有非常重要的意义。

可行性研究报告由标题和正文构成，具体可分为总论、概括、项目设计、拟建规模和生产能力、效益分析、综合评价结论等几部分。

1. 标题

一般采用公文的标题写法，写法较为固定，由事由和文种构成，如《关于生产××

牌空调的可行性研究报告》《关于合资经营新世纪实业有限公司的可行性研究报告》。有的也把项目承担者写入标题，如《××集团投资北京房地产项目的可行性研究报告》。有时，文种也可省写为可行性论证，如《常州新北区安家镇工业园控制性详细规划可行性论证》，但一般要用全称。

2. 正文

正文一般由总说明、专题论证、结尾、附件组成。

（1）总说明。总说明又叫总论或概论。它是项目的基本概况，分为项目的背景和概括两部分。背景部分，主要交代项目的名称、承办单位、项目总负责人及经济与技术方面的负责人、项目建议书的审批文件。概括需要说明项目实施的必要性（项目的特点、意义、国内外市场供求、生产情况）、主要指标（项目方案、生产规模、工艺技术、投资预算、经济效益）、问题和建议。由于总说明是对整个报告内容全面扼要的介绍，是全文的缩影，因此上级机关、主管部门领导以及有关专家、合作者能从中得到报告的第一印象和总的感觉，因而要求写作上一定要字斟句酌，做到内容完整、中心突出、层次清晰、行文简洁，有较强的可读性。总说明对下文还起着提纲挈领的作用，写作时还要注意与下文专题所论证的基本问题相呼应。

（2）专题论证。这部分是可行性研究报告的核心。通常从以下几个方面对项目的可行性做具体的陈述和论证。

1）企业的基本情况和承办项目的条件。企业的管理机构、劳资情况、产销情况、利润水平、负债情况、物质供应情况等；企业承办项目的有利条件、不利条件。

2）项目生产规模和能力。项目的名称、规格、性能、用途、生产规模、能力。

3）物料供应情况。资源、原材料、燃料的来源、数量、价格及其他辅助设施的情况。

4）厂址选择。厂址的地点、自然生态、交通通信、经济和周边环境、水电的供应现状和前景。

5）厂房设计方案。

6）技术和设备的方案。技术和设备的选择、有关工程的情况、有关辅助设施的情况。

7）机构的设置和人员的配备。生产管理体制，管理机构的设置，人员的定员、来源和培训计划。

8）资金方案。项目费用、资金的来源、使用分配和偿还方式。

9）经济效益评估。产量、产值、成本、利润、经济寿命、企业经济评价、国民经济评价。

10）环保、劳保和消防设施。三废的种类、成分、数量、污染程度以及防治的技术、措施和程度；劳动保护的技术、设备和措施；消防的技术、设备与措施。

11）项目实施计划。从项目的申报到落成试产一系列过程的先后安排、时间和进度，如项目的申报、落实资金、勘察设计、设备购置、施工安装、验收等。

（3）结尾。通过专题论证，报告的结尾要写上可行的总的结论。例如，"本项目用多种方法进行经济分析，认为可行。因此，结论为：本项目经济上有益，技术上有保证，原料上有来源，销售上有方向与市场，将可行性研究报告上报，请审批。"有的还在结论中写上"问题和建议"，请求上级机关和主管部门给予解决与支持。作为上行文，大多数可行性研究报告，还要在最后写上"以上报告当否，请领导研究批复""以上报告是否可行，请批示"之类的结束语。

（4）附件。附件是可行性研究报告的一个重要组成部分。附件包括有关重要资料、证明文件和有关表格，主要是为了说明正文中有关材料与论证的可靠性，供项目审批机关参考。可行性研究报告的附件较多，主要有中方的资格证明、资产评估书、外商的有关资格、资信、经营状况等有关证明文件；有关的资金、场地、基础设施配套、环境保护等内容的协议文件或上述业务主管部门的签署意见；有关意向书、建议书的上级机关批准文件等。

另外，有些篇幅过长，头绪较多的统计资料、说明文字、技术论证过程、财务清算，以及与正文可行性论证关系不直接的平面规划图、批文等，也可以作为附件放在正文的最后，使正文中心突出，简明扼要。

二、可行性研究报告的内容要求

可行性研究是由投资各方共同参与完成的，其整个过程除了具有一定的科学性、系统性外，还有相当的复杂性。这就给研究报告的写作提出了更高的要求。在写作过程中，撰写者要注意以下几个方面。

1. 真实性

真实性是可行性研究报告的基础。由于项目的启动，要经过上级主管部门的审批，有的单位为了使项目获得批准，往往不惜夸大论证中的有利因素，而隐去或缩小不利因素，对有关数据、指标常常采用弹性模糊的写法。这样，虽然有时也能瞒过审批机关，使项目获得通过，但由于论证缺乏真实性的基础，项目上马后困难重重，很难实施，导致骑虎难下，造成人力、物力和财力的重大损失。例如，这些年出现的"大学园区热"，由于有些大学园区根本不具备必要条件，可行性报告虽然被上级批准了，圈了一大片土地，但项目上马后却很少有大学前来落户，致使土地荒芜，资金浪费其损失之巨，令人痛心疾首。

2. 可行性

可行性是可行性研究报告的关键。可行性研究报告是涉及自然科学、社会科学的多学科、跨部门、跨行业、多层次的综合性研究报告，有较为严格的调查研究程序。联合国工业发展组织编写的《工业可行性研究手册》，把可行性研究分析分为四个阶段：一是机会分析阶段，即初步调查研究投资的环境条件，分析投资的方向是否具有可能性，也就是能否发展成为投资项目；二是初步分析阶段，即在投资方向具有可能性的情况下，再组织各学科门类的专业机构和有关人员，做进一步调研，对项目的各个问题做初步论证，判断可行程度，做出初步的决定；三是详细分析阶段，即在详细分析的基础上做更深入周密的调查研究，设计若干个方案，在技术、经济上仔细分析不同方案中各个问题的优劣利弊，选择出一个最佳的方案；四是形成报告阶段，即对方案做出整体评估和决策，从而形成可行性研究报告。

3. 内容的专业性

可行性研究报告是一种专业性较强的文种。其内容不仅要求精确、详细、完整，而且涉及工程、技术、财务、环境、法律等多方面的专业知识。因而在编制可行性研究报告时，一定要精心挑选那些懂工程、技术、经济、业务的复合型人才组成专门班子，以保证可行性研究报告具有综合的专业性。在编制的过程中，还应该充分发挥各类专业人员的作用，充分运用他们各自的专业知识，按照科学的方法和步骤，进行测算分析、论证推断，为项目的审批机关提供具有专业性研究报告。

4. 表述的周密性

可行性研究报告是以叙述、说明为主，以议论为辅的方式，从各方面、各层次来表述对项目的看法和意见，这就要求在表述时，提出观点要明确，列举事实要可靠，分析问题要辩证，得出结论要正确，使全文层次清楚，严谨周密。

【例文导读】

某项目可行性报告	评析
第一章　概况	一、总论
合营企业的名称 合营企业的地址 中方负责人 外方负责人	1. 项目基本情况 　　包括项目名称、项目性质、项目的主办单位、项目负责人、可行性研究负责人（包括技术、经济的主要负责人），项目建设书的审批机关及审批文号、审批日期。
1. 合营的由来 介绍双方从接触到签约的简单经过、中方企业的生产历史及寻求外资合营的目的。	
2. 项目主办人简介 介绍中方企业的简况，包括企业的地理环境、厂房设施、职工队伍、技术力量、生产能力及能源交通等；介绍外方的生产情况、技术能力以及国际地位等。	2. 项目背景 　　以对项目的历史资料和现实状况的考证、认识为背景，说明投资的必要性。
第二章　合营目标	
1. 合营的模式 2. 合营的规模 确认合营企业的总投资额和注册资本，双方各占投资	

总额的比例及投资的方式。

3. 工艺过程

包括工艺流程、产品纲领及生产工艺等。

4. 市场预测

介绍合营企业产品的市场销售情况及双方的销售责任（应附国际国内市场供应情况的调查报告）。

5. 产品销售方案

做出若干年内产品外销与内销的计划，并规定双方的销售渠道与销售责任。

第三章 合营企业的组成方案

董事会的组成及权限，整个合营企业各办事机构的组成框架（附图）

1. 公司职工定员

2. 职工来源及培训

职工来源包括管理人员和工人。培训应做出初步计划，对不同层次的职工进行不同级别的培训。

3. 薪金及工资

第四章 生产原料供应方案

1. 主要原料

说明对每一种主要原料的需求量及其供应渠道。

2. 水、电、燃料

说明每日（或每年）的消耗量和解决的途径。

3. 包装材料

说明年需求量和解决的途径。

4. 主要设备生产能力的预算及购置计划（应列表说明）

第五章 安全环保

应根据我国环境保护法及有关安全规定、工业卫生标准的要求执行。

1. 污染物的处理

说明本产品的生产是否产生废水、废气、烟尘及噪声等，以及处理措施。

2. 环境美化

3. 劳动安全保护措施

第六章 技术经济分析

1. 技术上的合理性和可实现性

说明本企业与外方合营的条件，本企业的生产历史、

3. 可行性研究的依据和范围

以该项目论证后得出的统计为依据，对该项目（产品）竞争力、生产工艺流程的先进程度、产品销售渠道、市场分析、项目的风险预测及社会效益等重要文献予以说明。

二、概括

项目主办单位的基本情况和现有条件。

外方的基本情况和具备的条件（包括资信、信誉、资格及经营现状、技术能力等）。

同一项目（产品）国内现有工厂生产能力的估计。

国内外需求情况的预测。

项目设计方式和期限。

1. 资本构成

包括投资总额、各方出资比例及出资额、出资方式、主办单位的资金来源、缴款的期限及欠款的责任等。

2. 选址方案

应充分说明所选厂址的自然地理特征，运输、供电、供水、生产和生活福利区条件优缺点分析及最后结论。

技术及工艺流程的选定。

3. 工程建设

包括新建、扩建、改建项目，设计方案的选定，工程费用估算，工程责任分工及厂区设计总平面图（可作为附件）。

技术力量和管理经验；外方的生产历史、技术力量和国际信誉，两家合营后产量与质量可能达到的水平。

2. 经济分析（参见财务分析表）

3. 外汇流量表（参见财务分析表）

第七章 资金来源及项目组成

具体说明双方投资的金额和投资的方式。

例如，中方可以厂房或土地使用费、开发费抵部分或全部投资；外方可以先进的设备及生产流水线抵部分或全部投资。

如果双方投资需要分期投入，那么说明每一期投资的金额和方式。

第八章 实施计划

具体列出完成可行性研究报告、办理营业执照、有关商务谈判、土建筹备工作开始、生产厂房交付使用、设备安装试车、投产等一系列主要工程的时间。

第九章 评语

本合营企业符合国家利用外资的方针、政策（有利于产品更新换代和赶上世界先进水平，在经济上双方均有利可得）在经济效益方面的效果。

第十章 财务分析

（一）设计能力

（二）总投资费用及奖金筹措

（三）财务分析（附财务分析表）

合营双方一致同意由甲方做可行性研究报告。上报主管部门审批。

××××年××月××日

附件：财务分析目录（各类表格）

　　　国内外市场预测（调查报告）

　　　投资估算表

4. 设备选用

包括设备的名称、型号、规格、数量、性能特征的说明，设备的采购（国内购买或进口），设备费用估算。

5. 拟建规模和生产力

6. 近期和远期的测算

7. 销售渠道和方式

包括内外销的销售比例，中外双方销售的分工和责任。

8. 机构的设置

9. 职工的定员、聘用与培训

10. 效益分析

资金概算及筹集，包括基建投资、设备投资、流动资金和其他支出。

成本效率分析，包括成本构成和成本的效率分析。

外汇平衡，包括外汇总支出、总收入和平衡的措施。

财务评价，包括投资估算、销售预测、成本分析、风险分析及利润分析等。

11. 综合评价结论

技术方面的评价结论。

经济方面的评价结论。

综合评价结论。

三、存在的问题及解决措施

【模拟实训】

一、填空题

1. 可行性研究报告的格式一般由_____、_____、_____构成。

2. 可行性研究报告的标题形式有_____、_____、_____。

3. 可行性研究报告正文一般由_____、_____、_____、_____构成。

4. 可行性研究报告的特点是_____、_____、_____。

二、**判断题**（请在题后的括号内打上"√"或"×"）

1. 撰写可行性报告之前必须完成项目建议书。（　　）
2. 项目说明分为项目背景和项目概括两部分。（　　）
3. 报告的结尾要写可行性结论。（　　）
4. 可行性研究报告的关键是可行性。（　　）

三、**问答题**

1. 撰写可行性研究报告应符合哪些写作要求？
2. 你所在的学校要兴建财会实训中心，请据此撰写一份该项目的可行性研究报告（材料不够，可自行补充，下同）。
3. 某建筑项目即将开工建设，请替有关部门撰写该项目可行性研究报告（项目名称自拟）。
4. 某校欲改扩建实验楼，请撰写该项目可行性研究报告。
5. 某公司的一条生产流水线严重老化，欲对其进行改造，请为该项目撰写可行性研究报告。
6. 某软件公司准备开发一款新的文本处理软件，请为该开发项目撰写可行性研究报告。
7. 某建材公司对某建材产品的生产工艺做了改造，以减少粉尘等污染，请为该改造项目撰写可行性研究报告。
8. 甲和乙两公司联合经营某一产品，请撰写联合经营可行性研究报告。
9. 某学校要扩建图书馆，请为该项目撰写可行性研究报告。
10. 某海滩景区附近要新建娱乐场馆，请为该项目撰写可行性研究报告。

Chapter 13
课题十三

资产评估报告

📖 应用导航

资产评估报告

陕甲元凡天评报字（2018）第×号

AAAAAAA资产评估有限公司接受×××的委托，根据国家有关资产评估的规定，本着客观、独立、公正、科学的原则，按照公认的资产评估方法，对资产占有方提供的全部资产和负债进行了评估。本公司的评估人员按照必要的评估程序对委托评估的资产实施了实地勘查、市场调查与询价，对委估资产在2018年3月8日所表现的市场价值做出了公允反映。现将资产评估情况及评估结果报告如下：

一、委托方与资产占有方简介

1. 委托方×××　名称：住所：×××号　投资人姓名：×××　经营范围：电线、电缆的加工、销售。

2. 资产占有方×××，本次评估的委托方为×××，即本次评估的资产占有方。

二、评估目的 ×××为委托方企业改制（了解企业价值），提供价值参考依据

三、评估范围与对象

委托方提供的全部资产和负债，包括流动资产、固定资产，以及全部负债，评估对象为审计确认的全部资产。

四、评估基准日

本项目资产评估的基准日是2018年3月25日。一切计价标准均为评估基准日有效的价格标准，所有资产均为评估基准日实际存在的资产。

五、评估原则（略）

六、评估依据

我们在本次资产评估工作中所遵循的国家、地方政府和有关部门的法律法规，以及在评估中参考的文件资料主要有：（略）

七、评估方法

根据资产评估的目的及资产实际状况，本次评估采用重置成本法进行评估。具体如

下：(略)

八、评估过程分三个阶段进行

（一）接受委托（略）

（二）资产清查（略）

（三）评定估算及汇总审核（略）

九、评估结论

根据国家有关资产评估的法律和国家其他有关部门的法规与规定，本着独立、公正、科学和客观的原则及必要的评估程序，对本项目资产占有方提供的全部资产和负债进行了评估。根据以上评估工作，得出如下评估结论：委托方2018年3月25日企业净资产价值为×××元（详细情况见评估明细表）。

十、特别事项说明

以下为在评估过程中已发现可能影响评估结论但非评估人员执业水平和能力所能评定估算的有关事项（包括但不限于以下）：（略）

十一、评估基准日期后重大事项

评估报告基准日后至评估报告提交日内，未发生其他对本次资产评估产生重大影响的事项。

十二、评估报告书的法律效力

（一）本评估报告书的结论是在产权明确的情况下，以持续经营为前提条件的。

（二）本评估报告书评估结论有效期限自评估基准日2018年3月24日～2018年3月25日。当评估目的在评估基准日后的一年内实现时可以以评估结论作为参考依据，超过一年，需要重新确定评估结论。

（三）本评估报告书在评估机构签字盖章后，具有法律效力。

（四）本报告书的评估结论仅供委托方为本次评估目的使用，报告书的使用权归委托方所有，未经委托方许可，我公司不会随意向他人公开。

十三、评估报告提出日期

本报告书提交委托方的时间为：2018年3月26日。

注册资产评估师：

注册资产评估师：

AAAAAAA资产评估有限公司

二〇一八年三月二十五日

【点评】

资产评估报告的内容复杂，综合性强、操作性强、技术性强。编制资产评估报告是实际评估工作的重要一环，是资产评估工作的最终成果和总结。资产评估的基本理论和基本方法及其运用都集中体现在资产评估报告的编制上，因此是我们学习的重点。资产评估报告是联系理论与实践的桥梁，这部分内容掌握得好，可以直接提高学生的财务实战能力。由于大多数学生没有实际评估经验，因而他们学习资产评估报告的编制难度很大。

点睛之笔

教学重点：
重点掌握资产评估报告写作的结构要求和语言要求。
教学难点：
1. 理解资产评估报告的概念，以及它与一般报告的区别。
2. 掌握资产评估报告的特点和专业知识。
3. 掌握资产评估报告的分类。
4. 掌握资产评估报告的写作要领。

第一节 资产评估报告的基本概念

资产评估是对企业家底的量化分析，是赢得投资者信任的重要根据。因其报告涉及企业经营活动的诸多方面，一般个人很难驾驭这样的"鸿篇巨制"，需要诸多专家的参与，所以，对初学者而言，能够了解掌握该类文体的概念、特点是第一步。

一、资产评估报告的含义

资产评估报告是资产评估人员运用科学、规范的方法对企业的资产进行调查研究，通过所掌握的资料对企业进行定量和非定量的分析，从而正确估计出企业资产价值，并将这一过程用文字表述出来的书面资料。资产评估报告的突出特点是：鲜明的目的性、科学的评估性。根据评估的对象划分，资产评估报告可分为单项评估报告和综合评估报告两种。

二、资产评估报告的撰写作要点

资产评估报告通常由以下几部分组成。
（1）标题。标题直接写为"资产评估报告"即可。
（2）导语。导语部分要说明评估的目的、需要解决的问题、评估经过和评估范围等。
（3）正文。正文部分要明确评估企业的概况、企业环境条件评价和财务分析评价等。
（4）结尾。结尾部分要对整个报告进行概括性介绍，要对进一步开展工作提出合理意见和建议。
（5）附件。各种附件要准备齐全。

三、制作步骤

资产评估报告的制作步骤如下。
（1）整理工作底稿和归集有关资料。

（2）评估明细表的数字汇总。
（3）评估初步数据的分析和讨论。
（4）编写评估报告书。
（5）资产评估报告书的签发与送交。

四、资产评估报告书制作的技术要点

1. 文字表达方面的技能要求

资产评估报告书既是一份对被评估资产价值有咨询性和公正性作用的文书，又是一份用来明确资产评估机构和评估人员工作责任的文字依据，所以它的文字表达技能要求既要清楚、准确，又要提供充分的依据说明，还要全面地叙述整个评估的具体过程。其文字的表达必须准确，不得使用模棱两可的措辞。注册资产评估师应当在评估报告中提供必要信息，使评估报告使用者能够清楚理解评估结论。

2. 格式和内容方面的技能要求

对资产评估报告书格式和内容方面的技能要求，目前应遵循财政部颁发的《资产评估报告基本内容与格式的暂行规定》。

3. 评估报告书的复核及反馈方面的技能要求

资产评估报告的复核与反馈也是资产评估报告书制作的具体技能要求。对工作底稿、评估说明、评估明细表和报告书正文的文字、格式及内容进行复核和反馈，可以使有关错误、遗漏等问题在出具正式报告书之前得到修正。

对资产评估报告必须建立起多级复核和交叉复核的制度，明确复核人的职责，防止流于形式上的复核。

4. 撰写报告书应注意的事项

资产评估报告书的制作除了需要掌握上述三个方面的技术要点外，还应注意以下几个事项。

（1）实事求是，切忌出具虚假报告。报告书必须建立在真实、客观的基础上，不能脱离实际情况，更不能无中生有。报告拟定人应是参与该项目并较全面地了解该项目情况的主要评估人员。

（2）坚持一致性做法，切忌出现表里不一。报告书文字、内容前后要一致，摘要、正文、评估说明、评估明细表内容与格式、数据要一致。

（3）提交报告书要及时、齐全和保密。在正式完成资产评估工作后，应按业务约定书的约定时间及时将报告书送交委托方。送交报告书时，报告书及有关文件要送交齐全。涉及外商投资项目的对中方资产评估的评估报告，必须严格按照有关规定办理。此外，要做好客户保密工作，尤其是对评估涉及的商业秘密和技术秘密，更要加强保密工作。

（4）应注意防止报告书的恶意使用，避免报告书的误用，以合理规避执业风险。

（5）注册资产评估师执行资产评估业务，应当关注评估对象的法律权属，并在评估报告中对评估对象的法律权属及其证明资料来源予以说明,注册资产评估师不得对评估对象的法律权属提供保证。

(6)注册资产评估师执行资产评估业务受到限制无法实施完整的评估程序时,应当在评估报告中披露受到的限制、无法履行的评估程序和采取的替代措施。

第二节 资产评估报告的作用和设计规范

一、评估报告的作用

资产评估报告,也称"国有资产评估报告",是评估机构或评估人向委托单位报告资产评估工作结果的一种应用文体。在企业转换经营机制、建立现代企业制度中,在国有资产管理体制改革中,资产评估工作无疑具有重要意义。资产评估报告的主要作用是:它可以作为国有资产管理部门对所评估的资产做出处理决定的依据;又可以作为被评估单位进行产权交易,以现有资产入股经营等经济活动的依据;它所提供的有关资料,对财政、税务、金融、工商及被评估单位的上级主管等部门了解现有资产价值状况,有重要的参考价值。

二、报告写作依据及方法

资产评估写作中所遵循的依据主要有:具体行为依据、法规依据、产权依据和取价依据,主要包括如下基本内容。

(1)主要法律法规。
(2)经济行为文件。
(3)重大合同协议、产权证明文件。
(4)采用的取价标准。
(5)参考资料及其他。

在资产评估报告的写作中,选用科学而合理的方法也是非常必要的,这些方法应该体现在评估报告里。按《国有资产评估办法》的规定,主要有以下几种评估方法:一是收益现值法;二是重置成本法;三是现行市价法;四是清算价格法。另外,对流动中的原材料、在制品、协作件、库存商品、低值易耗品等,应根据其现行市价,考虑购置费用、产品完工程度、损耗等因素,评定重估价值。

三、资产评估报告的结构设计

纵式结构是根据资产评估内容的脉络,按次序先后,将资产评估的情况、经过、评价等来龙去脉和基本事实说清楚。横式结构则是按照评估对象的若干方面分头平行叙述，并各自列出小段落标题。所谓纵横式结构，是兼有纵式和横式两种结构的特点，既考虑时间顺序，又按事项的不同方面分别叙述，也可列出小标题，使评估报告眉目清楚。结尾应对全篇做出"画龙点睛"式的总结，紧扣评估报告的主题，归纳概括出结论，以及对资产的使用、现存问题的处理、工作的进一步开展等问题提出意见或建议。

为使报告的正文简练、紧凑，对需要说明的一些问题，可采用附件、附表、附图、清单等作为正文的补充，有必要时可做些简要说明或专题报告，其文字不宜过多。总之，撰写资产评估报告，内容要客观、公正；语言要准确、简明；数字要确切、明白。

小知识

环境风险评价

环境风险评价的目的是分析和预测建设项目存在的潜在危险、有害因素，建设项目建设和运行期间可能发生的突发性事件或事故（一般不包括人为破坏及自然灾害），引起有毒有害和易燃易爆等物质泄漏，所造成的人身安全与环境影响和损害程度，提出合理可行的防范、应急与减缓措施，以使建设项目事故率、损失和环境影响达到可接受的水平。

环境风险评价应该把事故引起厂（场）界外人群的伤害、环境质量的恶化及对生态系统影响的预测和防护作为评价工作重点。

【例文导读】

国电英力特能源化工集团股份有限公司拟以持有的宁东环保建材分公司净资产对国电宁夏英力特宁东煤基化学有限公司增资项目资产评估报告

中联评报字〔2012〕第 837 号

中联资产评估集团有限公司

二〇一二年十一月十一日

目　录

注册资产评估师声明 …………………………………………………………… 1

摘要 ……………………………………………………………………………… 2

资产评估报告 …………………………………………………………………… 4

　一、委托方、被评估单位和业务约定书约定的其他评估报告使用者 …… 4

　二、评估目的 …………………………………………………………………… 8

　三、评估对象和评估范围 ……………………………………………………… 8

　四、价值类型及其定义 ………………………………………………………… 11

　五、评估基准日 ………………………………………………………………… 11

　六、评估依据 …………………………………………………………………… 11

　七、评估方法 …………………………………………………………………… 15

八、评估程序实施过程和情况 …………………………………………… 19
　　九、评估假设 ……………………………………………………………… 20
　　十、评估结论 ……………………………………………………………… 22
　　十一、特别事项说明 ……………………………………………………… 23
　　十二、评估报告使用限制说明 …………………………………………… 23
　　十三、评估报告日 ………………………………………………………… 25
　　备查文件目录 ……………………………………………………………… 27

中联资产评估集团有限公司接受国电英力特能源化工集团股份有限公司和中国石化长城能源化工有限公司的共同委托，就国电英力特能源化工集团股份有限公司拟以持有的宁东环保建材分公司净资产对国电宁夏英力特宁东煤基化学有限公司增资之经济行为，对所涉及的宁东环保建材分公司的净资产在评估基准日的市场价值进行了评估。

评估基准日为 2012 年 10 月 31 日。

评估对象为国电英力特能源化工集团股份有限公司宁东环保建材分公司申报的净资产，评估范围为国电英力特能源化工集团股份有限公司宁东环保建材分公司在基准日申报的全部资产及相关负债，包括流动资产和非流动资产等资产及相应负债。

本次评估的价值类型为市场价值。

本次评估以持续使用和公开市场为前提，结合评估对象的实际情况，综合考虑各种影响因素，采用资产基础法对国电英力特能源化工集团股份有限公司宁东环保建材分公司进行整体评估，出具评估结论。

经实施清查核实、实地查勘、市场调查和询证、评定估算等评估程序，得出国电英力特能源化工集团股份有限公司宁东环保建材分公司在评估基准日 2012 年 10 月 31 日的评估结论如下：

资产账面价值 6 508.02 万元，评估值 6 521.09 万元，评估增值 13.07 万元，增值率 0.2%。

负债账面价值 6 508.02 万元，评估值 6 508.02 万元，无增减值。净资产账面价值 0.00 万元，评估值 13.07 万元，评估增值 13.07 万元。

即在评估基准日，国电英力特能源化工集团股份有限公司宁东环保建材分公司的净资产价值为人民币 13.07 万元。

在使用本评估结论时，特别提请报告使用者使用本报告时注意报告中所载明的特殊事项以及期后重大事项。

根据国有资产评估管理的相关规定，资产评估报告须经备案后使用，经备案后的评估结果使用有效期为一年，自评估基准日 2012 年 10 月 31 日起，至 2013 年 10 月 30 日止。超过一年，需重新进行评估。

以上内容摘自《资产评估报告》，欲了解本评估项目的全面情况，请认真阅读资产评估报告全文。

【应用升级】

　　资产评估报告的结构，通常有标题、致送单位、正文、附件、署名和日期6个部分。标题，一般由被评估单位名称、评估项目名称和文种三部分组成，即评估对象加文种。致送单位，即委托评估的单位名称，顶格写在标题下、正文前。正文，是资产评估报告的主体部分，一般要涉及以下几个方面的内容：资产评估的依据、目的和对象；评估对象的基本情况；参加评估人员和评估日期；主要评估方法；评估过程；评估结果。以上内容可根据具体情况和实际需要灵活掌握，有的应该详写，有的可以简写。附件，通常包括一些说明、部分表格等。如果所有内容均已在正文中被表述，那么附件部分就可以略去。署名和日期写在正文后右下方，写出评估人的姓名和日期（具体到年、月、日）。

【模拟实训】

一、填空题

1. 资产评估的方法是_____、_____、_____、_____。
2. 根据评估的对象不同，评估报告可以分为_____、_____。
3. 评估报告的特点是_____、_____、_____。
4. 评估报告的结构包括_____、_____、_____、_____、_____、_____。
5. _____是资产评估报告的核心。

二、判断题（请在题后的括号内打上"√"或"×"）

1. 资产评估报告可以成为公证性文书。（　　）
2. 资产评估报告必须建立复核和交叉复核制度。（　　）
3. 资产评估报告在结构设计上大多采用纵横式。（　　）
4. 提交资产评估报告要注意保密。（　　）

三、问答题

　　找一篇规范的资产评估报告，分析其结构。

Chapter 14 课题十四

审计报告

应用导航

××××有限公司全体股东：

我们审计了后附的××××有限公司财务报表，包括2018年12月31日的资产负债表、2018年度利润表和现金流量表以及财务报表附注。

一、管理层对财务报表的责任

按照企业会计准则和《企业会计制度》的规定编制财务报表是××××有限公司管理层的责任。这种责任包括：①设计、实施和维护与财务报表编制相关的内部控制，以使财务报表不存在由于舞弊或错误而导致的重大错报；②选择和运用恰当的会计政策；③做出合理的会计估计。

二、注册会计师的责任

我们的责任是在实施审计工作的基础上对财务报表发表审计意见。我们按照中国注册会计师审计准则的规定执行了审计工作。中国注册会计师审计准则要求我们遵守职业道德规范，计划和实施审计工作以对财务报表是否不存在重大错报获取合理保证。审计工作涉及实施审计程序，以获取有关财务报表金额和披露的审计证据。选择的审计程序取决于注册会计师的判断包括对由于舞弊或错误导致的财务报表重大错报风险的评估。在进行风险评估时，我们考虑与财务报表编制相关的内部控制，以设计恰当的审计程序，但目的并非对内部控制的有效性发表意见。审计工作还包括评价管理层选用会计政策的恰当性和做出会计估计的合理性，以及评价财务报表的总体列报。我们相信，我们获取的审计证据是充分、适当的，为发表审计意见提供了基础。

三、审计意见

我们认为××××有限公司财务报表已经按照企业会计准则和《企业会计制度》的规定编制在所有重大方面公允地反映了××××有限公司2018年12月31日的财务状况以及2018年度的经营成果和现金流量。

××××会计师事务所有限责任公司
中国注册会计师　　　　中国××××有限公司

中国注册会计师

二〇一九年三月二十八日

【点评】

审计报告根据普遍接受的会计标准和审计程序进行编写，同时必须对公司的财务状况做出积极或消极的结论。报告包括三个段落，第一段写明审计时检查了公司提供的所有财务报告；第二段申明整个审计过程根据普遍接受的审计原则进行；第三段着重阐述审计师的意见，说明公司财务报告陈述的事实。

点睛之笔

教学重点：

重点掌握审计报告的文书格式写作和相关知识。

教学难点：

1. 理解审计报告的概念及其使用价值，以及它与文学体裁的区别。
2. 掌握审计报告的基本特点及写作前的准备工作。
3. 掌握审计报告的撰写程序和相关规范。
4. 掌握审计报告的撰写要领。

第一节 审计报告的概念及作用

审计活动具有很强的专业性和政策性，通过不同的审计主体完成对不同性质单位的审计活动，是规范企业或组织经营行为，掌控社会各类经济运行主体的行动轨迹，促使经济运行质量提升，杜绝非正常经济活动给社会带来负面影响的重要环节。

一、审计报告的概念

审计报告，就是国家审计机关指派的或经政府有关部门批准、注册的社会审计、会计组织，受审计机关委托指派的审计人员，以及政府各部门、大中型企事业单位组织的内部审计机构指派的审计人员，根据独立审计准则的要求，在完成审计程序（完成了审计工作所规定的各项审计项目或委托事项）后，所提出的反映审计结果和审计人员意见及建议的书面材料。它具有法定证明效力。

二、审计报告的作用

（1）审计报告为审计机关及被审计单位了解处理审计事项提供重要依据。审计报告主要是依据审计工作底稿，以充分的证据和公正的立场依法审计，对审计事项提出结论性意见。国家审计机关可以根据审计报告的意见，对被审计单位的意见和结论，做出监督执行和改进工作的决定。

（2）审计报告是检查审计工作和衡量审计工作质量的主要手段。审计报告是审计任务完成以后所写的总结。通过审计报告，人们可以检查审计工作是否严格按照审计准则的要求依法开展，是否按照必要的审计程序完成了审计任务，进而了解到审计完成的情况。同时，也能了解到审计人员的职业操守、业务水准与工作经验，并据此评价其工作质量。

（3）审计报告是财税部门和经济立法机关采取相应对策的依据，对政府相关部门决策具有一定的参考价值。

（4）通过审计报告，财政部门可以了解财政拨款的使用，企业有无截留利润等情况；税收部门可以了解企业是否按章纳税，有无偷税漏税情况；银行可以了解贷款使用和整个资金流动情况；经济立法机关可以看出企业是否做到依法经营、规范管理等。

（5）促进对领导干部的管理和监督，保障反腐败斗争的深入开展。财政审计、金融审计、国有企业审计、经济审计等，都是当前和今后审计工作的重点。

三、审计报告的种类

审计报告的分类因标准与角度不一，可分为多种。

（1）根据审计报告的性质，分为标准审计报告和非标准审计报告。

1）标准审计报告是指格式与措辞基本统一的审计报告。这种审计报告比较规范，一般适用于对外公布或见报，如《2018年度中央预算执行和其他财政收支的审计报告》等。

2）非标准审计报告是指那些可以根据具体审计项目的问题来决定的报告。这种审计报告适用于非对外公布，其格式与措辞没有统一的要求。

（2）根据审计报告使用的目的，分为公布目的的审计报告和非公布目的的审计报告。

1）公布目的的审计报告就是用于对企业股东、投资人、债权人等非特定利益关系人公布的附送会计报表的报告。

2）非公布目的的审计报告就是用于经营管理，合并或业务转让、融通资金等特定目的而实施审计的报告。它一般总是分发给特定的使用者和使用单位，如经营者，合并、合资、合作或业务转让的关系人，以及提供信用的金融机构等。

（3）根据审计报告的详略程度，分为简式审计报告和详式审计报告。

1）简式审计报告是指注册会计师对公布的会计报表进行审计后所编写的简明扼要的报告，又称为短式审计报告。反映的内容是非特定多数利害关系人共同认为的必要审计事项，具有记载事项为法令或审计标准所规定的特征，有标准的写作格式，因而适用于公布目的。

2）详式审计报告是指对审计对象所有重大（或重大）的经济业务和情况都要做详细说明和分析报告，内容要比简式审计报告丰富、详细，包括企业经营管理中存在的问题和帮助企业改善经营管理的意见或建议等，因而适用于非公布目的。

（4）根据审计的内容，分为财政审计报告、财务收支审计报告，财经法纪审计报告、经济效益审计报告、呈报经营责任审计报告等。

（5）根据审计的范畴，分为综合性审计报告和单项性审计报告。

（6）根据审计结果和被审计单位对有关问题的处理情况，形成不同的审计意见，审计报告又可分为无保留意见的审计报告、保留意见的审计报告、否定意见的审计报告和拒绝表示意见的审计报告。其中，无保留意见的审计报告又可分为标准无保留意见审计报告和带说明段无保留意见的审计报告。

此外，审计报告还可分为财政审计报告、基建审计报告、交通审计报告、其他部门审计报告等，在此就不一一列举了。

第二节　审计报告的特点及结构

一篇优秀的审计报告是财务、法律工作者集体智慧的结晶，编制时需要各自分工明确，责任清晰，对政策认识到位，理解透彻。只有如此，审计报告的真正价值才能体现出来。

一、审计报告的特点

（1）审计报告是汇总审计任务完成情况及其结果的工作总结。审计人员的一切工作，必须围绕着审计任务来组织和进行。审计人员按照交办或委办单位的要求，运用审计方法，有系统、有步骤地进行了一系列的审计工作，到了弄清问题的时候，审计目的已经达到或者由于种种原因虽然没有达到审计目的，但工作已告一段落，这时候应对审计工作做详尽总结。这种总结报告就是审计报告，即针对交办或委办单位指定的任务，根据审计的结果，提出有根有据的书面结论性意见。正因为审计报告是一份书面工作总结，所以审计人员必须以审计工作的原始记录为依据，经过去芜存菁的分析、整理、归纳，然后听取有关方面的意见进行编写。

（2）审计报告是递交给交办或委办单位的关系审计结果的答复，是说明审计的结果及审计人员的意见的文件。因此，交办或委办单位可以根据审计报告书中的结论和意见，对有关问题进行必要和适当的处理。审计机关本身根据法令对有关单位进行的审计结束后，同样要出具一份审计报告，但一般只交由审计机关的领导审阅，以便相关领导根据审计报告提出的结论和意见采取有关措施。当然，它可以另抄一份副本给被查单位，供后者研究参考。财政、银行及主管部门对企业进行的审计，它们也与审计机关一样，需要在工作完成后写出书面审计报告，交由领导审阅。至于企业内部审计，也要求写出书面总结，报送有关单位。

（3）审计报告是审计人员表明自己观点的责任报告书。审计人员必须以主要负责人个人的名义签字盖章。正因为要责任到人，审计人员在报告中所提供的内容必须有真实的事项、可靠的证据，结论要确切，用词要恰当，既不能言过其实，也不可回避事实。无法查清的问题，在报告中也应实事求是地说明自己的观点，最后所提的建议也要求对症下药、确切明白，力争抓住关键问题，不要泛泛而谈。例如，"要加强领导""加强会计管理""加强审计工作"，这些建议都非常空洞，无法采纳实施，而应该提出可以操作的建议或要求。

（4）审计报告是一份有根有据的书面报告。正因为是书面报告，所以审计报告不仅有文字部分，还有审计报表部分。而且文字部分是主要部分，报表部分是文字部分的佐证，便于阅读时互相对照和印证。审计报告有时还需附一些证件的抄本，如贪污盗窃的账目、涂改账表的影印本，以便作为文字部分的证明。文字部分要求语句确切，文字精练；报表部分要求数字精确，来源有根有据，不能伪造；影音抄本附件要求清晰，符合证据要求。

（5）审计报告是一份起公证作用的证明文件。审计报告具有客观公证性，所以，它不仅仅对交办或委办单位负责，而且还要对有关的阅读审计报告单位负责。因为它可以作为处理问题和审判的证明材料，所以编写审计报告时必须十分严肃、谨慎。

二、审计报告的结构

由于审计报告的种类不同，任务不同，对象不同，范围不同，特别是审计事实各具差异，所以审计报告的结构必然各有不同，没有固定的套式。审计报告的结构一般包括文字说明部分、报表部分和附件。文字部分是审计报告的主体，报表和附件部分是文字部分的佐证。

1. 文字说明部分

（1）标题。审计报告的标题，包括审计对象和审计文种两部分。审计对象是指审计的客体，具体地说是指某一被审计单位的经济活动。审计对象一般由三个要素构成：被审计单位、审计所针对的时间范围、经济活动的某一方面。把审计对象这三个要素列在介词"关于"之后，再用结构助词"的"与名词"审计报告"组合起来，就构成了一个完整的标题，如《关于市医疗单位购进保健药品非治疗性商品的审计报告》《关于我市2018年对财政收入决算的审计报告》等。

（2）主送单位。根据《中华人民共和国审计条例》规定，上级审计机关统一安排的行业审计，审计小组要向派出的审计机关提出审计报告。主送单位是派出审计机关，如"省审计局""市审计局"。

2. 报表部分

审计报告的正文，一般分为以下四大部分。

（1）审计工作简况。这部分要简略交代实施审计的根据（交办、委派、委托、计划、通知），审计时间（起止年、月、日），审计内容（财务、效益）、范围、方式及其他有关情况。这部分一般以导言的形式出现。

（2）被审计单位的基本情况。这部分要简述被审计单位的业务经营范围、企业管理情况、人数、效益等，并对审计时间范围内的主要问题进行分析，给予一个总的评价。评价要观点鲜明，实事求是。

（3）审计中发现的问题。这是正文最重要的部分。审计中发现的问题要分门别类列出，所列出的问题必须有根有据，并具有代表性，对其性质和造成原因进行分析，分清责任；对违反国家法令和财经纪律的，要单独列项，具体描述，未查清的问题不能列入。

（4）评价、结论、处理意见和建议。评价和结论必须以确凿的事实和准确的数字为依据，以法律法规为准绳，还要进行反复比较以做出评价。这部分文字不多，但分量很重，必须严肃认真。提出的处理意见要准确、恰当，既要坚持原则，又要做到准确无误。

3. 附件

为使审计报告结构严谨、篇幅适当，有些说明性材料、证明材料、分析表格，可以作为附件附于审计报告之后，并列出附件目录。附件主要包括：所列事实的证明材料、有关报表、被审计单位的说明材料、审计工作原始记录等。

（1）发文单位或报告人。审计报告终结时必须注明发文单位或报告人。如果属于国家审计机关或内审机构派出审计小组编写的审计报告，那么落款应写"××审计处或科、小组"；如果是专职人员编写的审计报告，那么只写个人姓名。

（2）报告日期。审计报告的发文日期，一般以定稿打印时间为准。

（3）印章。印章管理权归行政部。

（4）抄报、抄送单位。根据审计工作条例的规定，地方各级审计机关要受同级政府和上级机关的双重领导。凡报送给上级审计机关的审计报告，需同时抄送同级政府。联合办案的审计报告需抄送各办案单位。下级内审机构的审计报告要抄报上级内审机构，并抄送同级国家审计机关。

第三节 审计报告的编写程序及方法

撰写审计报告同样需要一定的程序，按照一定的规则实施，克服无序性，以保证报告的质量。

一、审计报告的编写程序和方法

1. 编写审计报告的程序

编写审计报告的程序为：审计任务→审计计划→各项经济业务审核→工作底稿→摘要→编写提纲→审计报告。

在总结审计全过程时，必须对下列各方面的问题进行一次检查。

（1）当时拟订的审计计划或经过修订后的审计计划是否可以保证任务的完成。

（2）各项经济业务的审核是否按照审计计划执行。

（3）审核各项经济业务的工作底稿是否完备，所查处的各项问题是否已列出，是否已注明出处（如凭证和账页的编号、日期等）。

如果检查后仍发现资料不足，查核还不够深入，或者证据不够充分，数据还有待核实，或者工作底稿内容根据出处不详，还应组织一次补充。一般采用缺什么补什么的办法，以便为审计报告提供充分详尽的资料。经过上述检查，如果大致无问题，便可进行下列工作。

（1）对工作底稿进行加注和分类。

（2）摘录要点和汇总金额。

（3）编写审计报告初稿。

2. 审计报告的编写具体方法

（1）对工作底稿进行加注和分类。在着手编写时，首先将工作底稿做一次整理和检查，然后在每一张底稿的每一项目上分门别类注上"标题"，凡认为某一项目的内容无须列入报告者，则在底稿的该项目旁边做一符号，表示不用做报告资料。经过查阅，如果发现底稿中有需要列入报告的资料，必须注上标题，便于归类汇总。标题可以用文字，也可以用数字或其他符号。主办审计人员可预先规定标题的目录。加注标题宜用红色或其他醒目的颜色，以便区分和识别。

（2）摘录要点和汇总金额。根据每一工作底稿上所注明的同一标题，按照报告书要求，进行归纳，以便摘录要点，计算及汇总金额，并加上必要的文字说明。摘录内容，可作为报告的说明部分内容，还可作为报告的附件。

（3）编写审计报告书初稿。凡编写报告所需要的资料，已经摘录齐备以后，即可编写报告的初稿。报告的初稿应根据前文所述关于报告文字部分内容的要求编写。为了便于起草，可先写好比较详细的提纲，然后由主办审计人员召集其他审计人员讨论补充。在集中全体人员意见的基础上即可着手编写初稿。

二、编写审计报告的注意事项

1. 立场坚定，旗帜鲜明

撰写审计报告一定要站在国家与人民的立场，维护整体利益，排除各种干扰，旗帜鲜明，坚持原则，客观、公正地做出判断，下结论。

2. 坚持真实性，分清是与非

坚持以真实性为基础，以打假治乱为重点，是依法审计、提升审计质量的核心和可靠保证。对于在审计中发现的问题，一定要查清楚事实真相，既不能大事化小，小事化无，息事宁人，也不能含糊其辞。

3. 数字准确，证据确凿

有些审计报告要供有关单位、有关领导做判断决策之用，有的甚至还要移交纪检部门或司法机关作为查处经济犯罪案件的主要凭据。因此，数字与数据一定要准确可靠，有根有据。

4. 抓住关键，突出重点

审计报告有长有短，我们不可能在几千字或1万～2万字的审计报告中反映被审计单位的一切方面和所有细节，因而需抓住主要方面，抓住关键，突出重点。对重点、关键问题要充分展开论证，说清讲透；一般次要的问题，只需简略提及，甚至可以不提。

5. 文字精练，措辞适当

审计报告是送给被审计单位或上级部门及有关领导看的，一般不宜写得太长，文字要简明扼要，用词要适当。要正确使用反映数量的词，如全部、绝大部分、大部分、一部分、多数、少数、个别、唯一等。要正确使用反映程度的词，如性质恶劣、十分严重、严重、比较严重、一般、轻微、很轻等。要正确使用判断性质的词，如完全符合、符合、基本符合、比较符合、不符合、违反等。

【例文导读】

审计报告

ABC股份有限公司全体股东：

我们审计了后附的ABC股份有限公司（以下简称"ABC公司"）的财务报表，包括20××年12月31日的资产负债表、20××年度的利润表、股东权益变动表和现金流量表以及财务报表附注。

一、管理层对财务报表的责任

按照企业会计准则和《××会计制度》的规定编制财务报表是ABC公司管理层的责任。这种责任包括：

（1）设计、实施和维护与财务报表编制相关的内部控制，以使财务报表不存在由于舞弊或错误而导致的重大错报。

（2）选择和运用恰当的会计政策。

（3）做出合理的会计估计。

二、注册会计师的责任

我们的责任是在实施审计工作的基础上对财务报表发表审计意见。我们按照中国注册会计师审计准则的规定执行了审计工作。中国注册会计师审计准则要求我们遵守职业道德规范，计划和实施审计工作，以对财务报表是否不存在重大错报获取合理保证。

评析

1. 标题

审计报告的标题应当统一规范为"审计报告"。

2. 收件人

审计报告的收件人是指注册会计师按照业务约定书的要求致送审计报告的对象，一般是指审计业务的委托人。审计报告应当载明收件人的全称。

3. 引言段

审计报告的引言段应当说明被审计单位的名称和财务报表。

4. 管理层对财务报表的责任段

管理层对财务报表的责任段应当说明。

5. 注册会计师的责任段

注册会计师的责任段应当说明下列内容：

（1）注册会计师的责任是

审计工作涉及实施审计程序，以获取有关财务报表金额和披露的审计证据。选择的审计程序取决于注册会计师的判断，包括对由于舞弊或错误导致的财务报表重大错报风险的评估。在进行风险评估时，我们考虑与财务报表编制相关的内部控制，以设计恰当的审计程序，但目的并非对内部控制的有效性发表意见。审计工作还包括评价管理层选用会计政策的恰当性和做出会计估计的合理性，以及评价财务报表的总体列报。

我们相信，我们获取的审计证据是充分、适当的，为发表审计意见提供了基础。

三、审计意见

我们认为，ABC公司财务报表已经按照企业会计准则和《××会计制度》的规定编制，在所有重大方面公允反映了ABC公司20××年12月31日的财务状况以及20××年度的经营成果和现金流量。

××会计师事务所　中国注册会计师：×××
（签名并盖章）

（盖章）中国注册会计师：×××
（签名并盖章）

中国××市二〇××年××月××日

在实施审计工作的基础上对财务报表发表审计意见。

（2）审计工作涉及实施审计程序，以获取有关财务报表金额和披露的审计证据及财务报表的总体列报。

（3）注册会计师相信已获取的审计证据是充分、适当的，为其发表审计意见提供了基础。

6. 审计意见段

审计意见段应当说明，财务报表是否按照适用的会计准则和相关会计制度的规定编制，是否在所有重大方面公允反映了被审计单位的财务状况、经营成果和现金流量。

7. 注册会计师的签名和盖章

8. 报告日期

审计报告应当注明报告日期。

【模拟实训】

一、填空题

1. 审计报告具有_____、_____、_____、_____、_____的作用。
2. 审计报告具有_____、_____、_____、_____、_____的特点。
3. 审计报告的结构一般有_____、_____、_____。
4. 审计报告的正文有_____、_____、_____。
5. 审计报告的阅读对象是_____、_____、_____、_____、_____。

二、判断题（请在题后的括号内打上"√"或"×"。）

1. 审计报告具有法定证明效力。（　　）
2. 审计报告应该由注册会计师签名盖章。（　　）
3. 审计报告的标题应该统一规范为"审计报告"。（　　）
4. 审计报告的意见应该有注册会计师意见段。（　　）

三、问答题

1. 审计报告写作中有哪些具体要求？
2. 认真分析下面这份审计报告，从内容、格式和语言上指出存在问题。

审计报告

××××年第一季度我公司生产能力逐步下滑，企业经济效益明显降低，预期经营目标难以实现，技术改造和新产品研制工作难以如期进行，企业存在着很大的经营危机，需要及时调整。

经我处提出立项申请，公司经理于××××年××月××日批准，派出审计小组于××月××日～××月××日对全公司就地进行审计。该审计小组所做的结论和提出的改进管理、提高效益的建议如下：

一、审计项目

××公司产品成本审计

二、审计目的

公司产品成本的真实性和效益性。

三、审计范围

该公司××××年第一季度年产品成本的全部支出及与此有关的生产技术和经营管理事项。

四、存在的主要问题（略）

五、审计建议

第一，对该公司××车间结存钢材余料未退库的应办理退库或假退料手续，冲减产品材料成本。

第二，××公司一厂虽然制定了比较健全的内部产品成本控制制度，但执行不严，存在诸多问题，比如在领料核签、发料审查、废品查核、费用控制、财务政策运用等方面存在失控问题。为此，建议该公司第三季度应开展全面整顿，建立和健全严格的岗位责任制，并落实整改，由公司有关部门到该厂检查验收。

第三，厂部、车间、班组都应进一步加强产品成本管理，应定期（每月）对产品成本的实绩进行检查、测评和分析，找出成本升降的影响因素，做到心中有数，并有针对性地开展群众性建议活动，以不断降低产品成本，提高企业经济效益。公司财务部门也应加强对各公司产品成本核算的指导和监督。

××公司审计处
××××年××月××日

主送：本公司经理

抄送：本公司经营、财会等有关部门

第五篇
财经诉讼文书

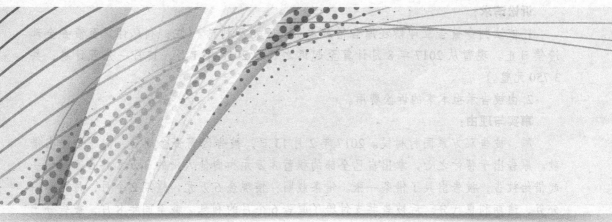

Chapter 15
课题十五

经济纠纷起诉状

📖 应用导航

经济纠纷民事起诉状

原告：欧××，男，汉族，19××年××月××日出生，宜章县麻田镇三湾村××组村民，身份证号码××，联系电话：××××××。

被告：欧××，男，汉族，19××年××月××日出生，宜章县麻田镇三湾村××组村民，身份证号码××，联系电话：××××××。

案由：民间借贷纠纷。

诉讼请求：

1. 依法判令被告立即偿还原告借款本金5万元及利息。（注：利息计算至债务全部清偿日止。现暂从2017年8月计算至起诉之日即2018年1月，按月一分五计息，共3 750元整。）

2. 由被告承担本案的诉讼费用。

事实与理由：

原、被告双方系同村村民。2017年2月13日，被告因需资金周转，向原告提出借款。原告出于帮忙之心，拿出自己全部的积蓄3万元和向他人借的3万元共6万元整一起借给被告，被告出具了借条一张。借条载明：借现金6万元，借期2个月，月利息一分五，逾期利息八分。后被告共支付给了原告6个月的利息。截至同年8月，被告分三次偿还了原告借款本金1万元。此后被告既未向原告支付利息，也未偿还借款本金。原告多次要求被告清偿借款本金及利息，但均未果，被告现在还在躲避原告。

原告认为，合法的借贷关系应受法律保护，债务应当清偿。被告躲避原告、拒不偿还借款的行为不仅违背诚信、构成违约，也侵犯了原告的合法权益。

综上，为维护原告的合法权益，特具状诉至贵院，诚望判如所请。

此致

宜章县人民法院

具状人（签字）：×××

20××年××月××日

【点评】

这是一份经济纠纷诉讼起诉状。状头介绍了当事人的基本情况。案由明确,诉讼请求具体明确,交代事实简洁清楚,陈述理由合情、合理,引用法规明确、具体,人称前后一致。这是一篇值得学习的诉讼状。

点睛之笔

教学重点:
重点掌握经济纠纷起诉状的结构和内容。

教学难点:
1. 理解经济纠纷起诉状的概念和特点。
2. 掌握经济纠纷起诉状的写作方法和要求。
3. 掌握经济纠纷起诉状的写作技巧。

第一节 经济纠纷起诉状的概念和特点

经济诉讼文体是重要的法律文书,具有严格的写作规范,在行文之初必须认真学习了解直至把握其概念,熟练掌握写作特点和方法。

一、经济纠纷起诉状的概念和特点

经济纠纷起诉状是由原告或法定代理人为维护原告的合法权益,向人民法院提出自己的诉讼请求,并提出请求根据的一种诉讼文书。

经济纠纷起诉状的作用主要是原告请法院保护自身的合法权益。通过经济纠纷起诉状,把案件的事实书写清楚,把起诉的理由和法律根据表述明白,将起诉的目的和请求告诉法院,请法院按照法律规定,保护原告人的合法权益,解决经济纠纷。经济纠纷起诉状既是法院立案和审判的依据之一,也是判断和裁定的依据之一。若没有经济纠纷起诉状,一审程序无法开始。经济纠纷起诉状一般是书面形式;对于写起诉状有困难的公民,也可以口头起诉,由人民法院做出笔录,并将其告知对方当事人。人民法院依法立案受理原告的起诉,并通知双方当事人一审的时间,被告按规定递交一审答辩状。审理终结后,法院当庭做出一审判决或裁定。

经济纠纷案件起诉应用书面形式,向人民法院递交经济纠纷起诉状,并按被告人数提出副本。

小知识

法律文书与诉讼文书的区别

法律文书是指一切在法律上有效的或具有法律意义的文件、文书、公文的总称。法律文书的制作主体为国家司法机关及其司法组织和当事人。司法机关包括公安机关、国家安全机关、检察机关、人民法院；司法组织包括律师机构、公证部门、仲裁机构、劳改机关；当事人包括法人、非法人团体和公民，他们进行诉讼或处理某些法律文书，也要依法撰写具有某种法律意义的文书。法律文书按处理问题的途径或方式可分为诉讼类和非诉讼类。诉讼类的可按诉讼的性质分为刑事的、民事的（含经济的）和行政的三种。非诉讼类的包括公证证明的，仲裁裁决的，人民调解的，行政机关处理、处罚的和复议的等。

诉讼文书是指国家专门的执法机关与诉讼当事人及其他诉讼参与人，在解决法律纠纷案件所进行的诉讼活动中形成的各种文书。按其内容和作用可以分为起诉状、上诉状、答辩状和申诉状等。

经济纠纷起诉状具有法律性、真实性、确切性、规范性等特征。经济纠纷起诉状的书写必须严格要求所认定的事实和适用的法律条款相一致，按照法律规定，只有具有起诉权的人才有资格起诉，即案件当事人的自身合法权益受到侵犯时，当事人及其法定代理人依法拥有起诉权。撰写经济纠纷起诉状时必须以事实为依据，不能歪曲或无中生有。经济纠纷起诉状无论其体例格式还是语言的使用方面都具有程式性，当然语言用词必须准确、恰当。

第二节　经济纠纷起诉状的写法

经济纠纷起诉状的内容和结构

经济纠纷起诉状一般由标题、首部、正文和尾部四部分组成。

1. 标题

标题是诉讼文书的特定名称，要根据具体案件的类别确定标题。对于经济纠纷案件的起诉状，标题可以写成"经济纠纷起诉状"或者"起诉状"。写成"经济纠纷起诉状"主要是为了区别于刑事起诉状和其他民事起诉状，便于人民法院的经济法庭直接受理案件。

2. 首部

写明当事人的自然情况，主要包括原告人及被告人的姓名、性别、年龄、民族、籍贯、职业、工作单位、住址等内容。如果原告人或被告人是企事业单位，就要写明企事业单位的名称、所在地、法定代表人的姓名和行政职务。

由诉讼代理人起诉时，还要写明代理人的姓名、所在单位和代理权限。

若有多个原告和被告，应根据他们在案件中的地位和作用，依次写明每个人的基本情况。在排列顺序上，先写原告方，后写被告方。

如系涉外经济纠纷案件，还必须写清当事人的国籍。

3. 正文

正文包括案由、请求事项、事实和理由三项内容。

（1）案由，是整个案件内容的高度概括，以简短的文字确切地反映出争议之所在，以便法院立案、编号、归档。例如，因产品质量不符合合同规定，就写明"买卖合同质量纠纷"；因建设单位不按合同规定付款，而拖欠工程款项，就写明"索付建筑工程款纠纷"等。

（2）请求事项，是指原告人对法院提出的请求意见和要求，如要求履行合同、赔偿违约损失等。这项内容要求写得具体明确，合理合法。如果请求事项在两项以上，就可以分条来写。

（3）事实和理由，是指原告人提出请求事项的事实根据和法律依据，主要包括事实、证据和理由。

1）事实，是指引起经济纠纷的具体问题。在写作时要求将引起纠纷的原因、时间、地点、经过和分歧的焦点以及造成的后果、应承担的法律责任书写清楚。如果自己在纠纷中有过错，也要实事求是地承认，以便法院全面了解案件的真相，并依法裁决。陈述事实，要注意文明用语，要客观、严肃、重点突出地陈述经济纠纷的事实经过及有关情况。

2）证据，是指证明事实的人证、物证、书证和其他有关的实证材料，如经济合同文本、发货清单等。证据是认定事实的依据，要求真实可靠。列举证人，要写明其姓名、住址、工作单位；列举物证，要写明什么物件，与本案有何关系，现在何处，由何人保管；列举书证，要提供复印件或手抄件。

3）理由，是指根据事实和证据，论证起诉的理由，理由与事实和证据构成因果关系。援引有关法律条文，经过论证推理，从而提出请求的法律和政策依据，认定被告人违法行为的性质以及造成的后果和应承担的责任。一般运用演绎推理的论证方法，法律依据是大前提，事实是小前提，经过推理，得出请求事项完全合理的结论。

4. 尾部

尾部主要包括以下内容。

（1）写明诉状所递交的人民法院的名称。要求另起一行空两格写明"此致"，再另起一行顶格写明"××人民法院"。

（2）具状人。要求具状人签名并加盖印章。

（3）具状的时间。写明具体的年、月、日。

（4）附件。包括诉状副本、物证、书证等。写在起诉状结尾部分的左下方，要一一注明附件的份数。

第三节 经济纠纷起诉状的写作要求

经济纠纷起诉状在撰写中要遵循"以事实为根据，以法律为准绳"的准则，在事实证据、法律根据下行文。

一、陈述事实客观，要有确凿、充分、有力的证据

证据是法院审理案件时认定事实的基础。因此，撰写经济纠纷起诉状时，原告对自己提出的诉讼事实一定要列出证据，对列举的证据要仔细检查、核实，确定无误后，再分类排列，对照事实，分条加以说明。只有这样，证据才能起到证明事实的作用。

二、要有充分的法律依据

经济纠纷起诉状是诉讼程序发生的根据，是重要的诉讼文书。叙述案情要有条理，要写清当事人之间纠纷的由来、发生、发展的经过。阐述理由要清楚明白，写清双方争执的焦点及内容，以及与案件有直接关系的客观情况和实质分歧。引用有关法律、政策条文作为依据，证明自己提出诉讼请求的合法性和合理性。引用时，不要使用模糊的语言，如"根据有关法律规定"；要使用准确的语言，如根据何法何条款，并写出具体的内容。

三、语言表述严密准确

无论是陈述事实，列举证据，还是论证理由，都要准确有力，无懈可击。要用恰当的词语准确地表述事实和法律，避免词不达意。

🕮 小知识

经济纠纷案件起诉状，主要由以下六项内容组成。

（1）案由（也就是纠纷的种类）。

（2）原告：单位全称、详细住所地、邮政编码、电话。法定代表人：姓名、职务。委托代理人：姓名、性别、年龄、职务、联系地址、电话。

（3）被告：与原告各项相同。

（4）具体的诉讼请求。

（5）详细的事实及诉讼请求的理由，包括时间、地点、情节（双方是否签订过书面合同）、争执焦点、起诉的理由及法律根据。

（6）尾部，包括署名、盖章、起诉日期和附件等。起诉状所附证据的份数除交法院外应与起诉状副本的份数相同。

【例文导读】	评析
经济纠纷起诉状	1. 标题。
案由：索要货款。	2. 首部介绍当事人基本情况。
原告：××市××鱼粉厂。住所地：××市××街××号，厂长电话：××××××。	
法定代表人：杜××，1950年出生，系鱼粉厂厂长。	

委托代理人：冯××，男，1945年出生，系鱼粉厂副厂长。

驻沈联系人：胡××，驻沈阳××旅社××房间，电话：××××××。（下达传票等文书，由胡传递。）

被告：××市××养鸡场。场址：××市××区×××，电话：××××××。

诉讼请求：索要货款四万元，并由被告偿付利息。利息按银行贷款利率计算，每月为×××元。

事实与理由：

2015年7月，被告与原告签订了购销鱼粉合同。合同规定，被告向原告购买国产鱼粉20吨，总货款为四万元，货到付款。7月20日，鱼粉送到后，被告则不履行合同规定，以"现有钱款急于买饲料，暂欠几日，卖完鸡蛋即还"为理由，不付货款。原告因生产急需资金，故派人常驻沈阳索要，但被告均以同样的理由一再拖欠，原告为了维持正常生产，不得不支付利息到银行贷款。至2017年7月13日，被告以效益不好，连年亏损，现已转为个人承包为由写下一纸欠据，企图继续赖账。被告既然无钱，为什么能去购买饲料？为什么能扩建场舍、修筑院墙？既然连年亏损，付不起鱼粉钱，为什么还要和鱼粉厂签订购销鱼粉的合同，转嫁亏损于他人？被告无理抵赖货款，与此同时，不顾他人利益，利用他人资金，扩大生产，为己赚钱，缺乏社会主义经营道德。

原告系集体企业，靠贷款和职工集资生存，被告占用原告大量生产资金，使原告生产陷入危机，已再无法忍受，故诉至法院，请求人民法院依照《经济合同法》第三十五条和《民法通则》第八十四条第二款规定，判令被告一次性偿付货款四万元。另外，按原告在银行贷款的利率，每月付利息×××元，至还清货款止。

此致

沈阳市××区人民法院

附件：

一、起诉状副本一份

二、法定代表人身份证明书一份

三、授权委托书一份

四、原告在银行贷款及其利率证书一份

3. 正文由请求事项、事实和理由组成。

本诉状能以简明的语言陈述请求事项。

事实和理由部分能抓住事实发展的主线，抓住双方矛盾的焦点，提供充分有效的证据，同时指出了起诉的法律依据，推论所告事项成立，语言严密、准确。

五、购销合同复印件一份
六、原告营业执照复印件一份
七、被告的欠据一份

　　　　　　原告：××市××鱼粉厂（章）
　　　　　　法定代表人：杜××（章）
　　　　　　委托代理人：冯××（章）
　　　　代书单位：沈阳市××区法律顾问处
　　　　　　代书律师：王××（章）
　　　　　　二〇〇〇年七月××日

资料来源：http://www.szlvs.com.cn/jingjilvshi/2009/0322/5.html。

4.尾部

包括呈文对象、具状人、日期和附件。

【应用升级】

一、起诉状可在线完成撰写

经济纠纷起诉状等诉讼文书都有固定的格式，随着社会经济的发展，人们借助计算机信息技术就能实现诉讼文书的格式化，起诉书的模板可参阅上海市第二中级人民法院诉讼文书格式生成在线系统。

如图：

第一步，打开系统（网址：http://www.shezfy.com/wsdy/QiSuZhuang/index.htm）。

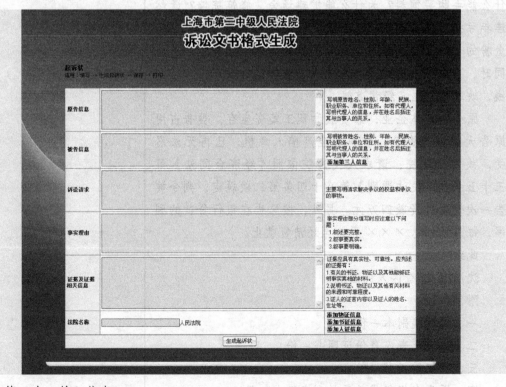

第二步：输入信息。

第三步：生成起诉书。

起诉状

原告××市××综合贸易中心，地址：××市平安西街104号。
法定代表人：王××，性别：男，年龄：52岁，职务：经理，住址：××市春风路56号。
诉讼代理人：丁××，性别：男，年龄：40岁，职务：供销科长，住址：××市春风路56号。
被告××市××贸易公司，地址：××市民主东街23号。

诉讼请求

请求人民法院根据《中华人民共和国经济合同法》的有关规定，追回××市××贸易公司欠我贸易中心货款14.5万元，赔偿所欠货款利息及有关损失，依法维护我贸易中心的合法权益。

事实与理由

1988年4月23日、5月6日，我贸易中心采购员王××，先后两次与××市××贸易公司副经理李××签订购销合同。第一份合同系购买各种规格的圆钉共50吨，每吨单价0.22万元，合计人民币11万元。第二份合同系购买镀8号线200吨，每吨单价0.165万元，合计人民币33万元。我贸易中心严格按合同规定办事，合同签订后一个星期内，分别将两笔货款汇到××市××贸易公司的帐号上，共计人民币44万元，分文不差。

但是，××市××贸易公司却不按合同规定办事。我贸易中心第一批货款11万元汇出后一个月，才首次发出圆钉20吨，其余30吨，再无音讯。第一批货款33万元汇出后，亦未见将镀锌8号线发出。我贸易中心多次发出函电催货，他们都不予理会。7月以来，我贸易中心两次派人专程去××市，找××贸易公司副经理李××面商，并主动提出，如无货物，可以退款。李××多方推脱责任，继续拖延。至今院未将货物发出，又不给我贸易中心退回货款。

两份合同都有规定：供方在发货款到后10日内未将货物发出，处以货款10%的罚款。××市××贸易公司收到我贸易中心的货款已经有85天，仍未把货物发齐，实属严重违反合同规定。为此，我贸易中心经营活动受到了严重影响，直接经济损失估计近10万元。

为维护我贸易中心的合法权益，请求人民法院依法予以处理。

证据和证据来源，证人姓名和住址

1．本状副本4份
2．书证8份
3．物证3件

此致

××市中级人民法院人民法院

附：本起诉状副本　　份

起诉人：
年　月　日

二、经济纠纷案起诉提交的材料

原告在第一审经济纠纷案件起诉时，须提供下列一般证明、证据。

（1）企业法人、个人合伙、个体工商户的资格证明（营业执照原件，如是复制件，须与原件核对,并加注明后,将原件退还)、开户银行和账号。起诉状上的原、被告名称,须与营业执照、合同章相符合,如不一致或被告主体已变更、合并、关闭,须加以说明,并提供被告现在的准确所在地。

(2)法人的法定代表人、委托代理人的身份证明,授权委托书必须写明代理事项和代理权限。

(3)合同及与合同有关的文书、电报、信函(包括信封)、图表;变更、补充合同的协议、合同和其他附件,合同签订地及其证明材料。应提供原件,复制件须经过核对。

(4)送货、提货、托运、运输、验收、发票等凭证。

(5)货款、工程款、运输费、保管费、租赁费、转让费、劳务费、酬金等结算凭证和有关财务账目的复印件。

(6)要求赔偿损失的依据及有关证明。

(7)要求支付违约金的依据、计算办法及有关证明。

(8)起诉前自行协商或通过有关部门处理的有关凭证。

(9)其他与诉讼有关的依据。

原告在起诉第一审经济纠纷案件时,除提供一般证明、证据外,还需要按照诉讼请求内容,提供必要证据。

建设、建筑工程承包合同纠纷,须提供:国家批准的投资计划、计划任务书、工程承包单位营业执照的原件(如是复制件,须与原件核对无误,并加注明后,将原件退还)、技术级别证书、建筑许可证、工程决算书及其审核意见书和工程验收报告等。

质量纠纷,须提供:质量检验的鉴定报告,有产品封样验收规定的则应有产品封样的日期、方式等说明和有关实物。

技术合同纠纷,须提供:与合同有关的技术资料、可行性论证、技术评价报告、项目任务书与计划书、技术标准与规范、原始设计与工艺文件以及图纸、表格、数据照片等。

商标侵权纠纷,须提供:注册商标的文字、图形和核准日期,假冒产品的实物、书证,受损害情况和经济数额的计算依据、证据等。

专利侵权纠纷,须提供专利证书,被侵权的实物、书证,专利产品与侵权产品异同的具体说明,受损害情况和经济数额的计算依据、证据等。

涉外经济合同纠纷,须提供:公司章程,商业、税务登记证件,发票,货物提单,装运单。所提供的证据材料,如是港澳地区的,就须经过公证;如是外国的,就须经过公证和我驻外使、领馆的认证。

资料来源:http://lvshi.sz.bendibao.com/news/2009324/95155.shtm.

【模拟实训】

一、填空题

1.经济纠纷起诉状的正文一般包括_____、_____、_____三项内容。

2. 经济纠纷起诉状的作用主要是＿＿＿＿＿＿＿＿＿＿＿＿＿＿＿＿＿＿。

3. 经济纠纷起诉状案件起诉应用＿＿＿＿形式，向人民法院递交经济纠纷起诉状，并按人数提出副本。

二、名词解释

1. 财经诉讼文书
2. 经济纠纷起诉状
3. 案由

三、问答题

1. 根据我国相关法律规定，经济纠纷当事人提起诉讼的条件有哪些？
2. 请说出诉讼文书中的"案由"与正文中的"事实和理由"的区别。

四、写作题

阅读下列材料，按要求完成写作（格式规范、内容完整）。

公司经济纠纷起诉状

原告人：××市××区××公司 地址：××市××区××路×号 法人代表：×××，系公司经理 被告人 ××市××区××商店 地址：××市××区××大街×号 法人代表：×××，系商店经理

案由：追索货款，赔偿损失 诉讼请求：①责令被告偿还原告货款3万元；②责令被告赔偿拖欠原告货款3个月的利息损失；③责令被告赔偿原告提起诉讼而产生的一切损失，包括诉讼费、请律师费等。诉讼事实和理由：原告和被告于2015年10月18日商定，被告从原告处购进西凤酒200箱，价值3万元。原告于当年10月19日将200箱西凤酒用车送至被告处，被告立即开出3万元的转账支票交付给原告，原告在收到支票的第二天去银行转账时，被告开户银行告知原告，被告账户上的存款只有1.2万余元，不足以清偿货款。由于被告透支，支票被银行退回。当原告再次找被告索要货款时，被告无理拒付。后来原告多次找被告交涉，均被被告以经理不在为由拒之门外。

根据《中华人民共和国民法通则》第一百零六条第一款和第一百三十四条第一款第七项的规定，被告应当承担民事责任，原告有权要求被告偿付货款，并赔偿由于被告拖欠贷款而给原告带来的一切经济损失。

证据和证据来源：①被告收到货后签收的收条1份；②银行退回的被告开的支票1张；③法院和律师事务所的收费收据×张。

此致

××区人民法院

起诉人：××市××区××公司（公章）

二〇一七年十一月二十日

附：1. 本状副本1份；
　　2. 书证×份。

资料来源：http://www.110.com/ziliao/article-637904.html。

请为该公司拟一份"经济纠纷起诉状"。

Chapter 16
课题十六

经济纠纷上诉状

应用导航

民事上诉状

上诉人：叶×

被上诉人：李×，南昌某药店个体业主

被上诉人：甲电视台

被上诉人：乙电视台

被上诉人：丙电视台

案由：买卖合同纠纷

上诉请求：

1. 依法撤销南昌市东湖区人民法院（2009）东民初字第××号民事判决书。

2. 改判第一被上诉人按照《食品安全法》规定对上诉人进行十倍赔偿，金额为三万二千三百六十元，其他被上诉人承担连带责任。

3. 本案上诉费用全部由被上诉人承担。

上诉理由：

一、一审适用法律不当

本案虽是买卖合同纠纷，但因为李×出售的食品、药品均为日常生活用品，上诉人购买又非商业用途，无疑属于消费者，本案除应当适用《合同法》以外，应同时适用《消费者权益保护法》《食品安全法》。可见，一审仅仅适用《合同法》断案明显疏漏，有偏袒李×之嫌，应予纠正。

二、被上诉人李×应当承担赔偿责任

一审既已确认上诉人提交的一、二、三、四组证据之真实性，不应以买卖合同纠纷为借口对李×随货赠送的宣传品不置可否，应当认定李×进行了虚假宣传，已经对上诉人构成欺诈，本应依据《消费者权益保护法》第四十九条规定双倍赔偿上诉人，但因为《食品安全法》第九十六条第二款规定了更加严厉的十倍赔偿，法院应予支持。

并且，即使三家电视台如李×所说是受厂家委托做虚假广告，但厂家通过李×对

外出售，三者之间形成经营链，同样对上诉人构成欺诈，上诉人有权依照《消费者权益保护法》第三十五条规定选择销售者李×作为赔偿责任人。

显而易见，一审对上述情形只字不提，以没有证据证明李×出售的产品质量不合格为由驳回上诉人的诉讼请求，违反了《消费者权益保护法》第四十九条规定。因为该规定并未以"产品质量是否合格"作为赔偿的条件，而是以构成欺诈为前提。

三、被上诉人三家电视台应当与李×连带赔偿

如李×所说，三家电视台是受厂家委托做虚假广告，但厂家通过李×对外出售产品，原告是看了电视广告才购买产品的，厂家、李×和三家电视台共同对上诉人构成欺诈，三者紧密相连。显而易见，一审以没有关联性为由不确认原告提供的第五组证据，认定"原告将（三家）电视台列为被告属于被告不适格"，严重违背事实和法律，应予纠正。

依据《食品安全法》第五十四条、第五十五条规定：食品广告的内容应当真实合法，不得含有虚假、夸大的内容，不得涉及疾病预防、治疗功能；社会团体或者其他组织、个人在虚假广告中向消费者推荐食品，使消费者的合法权益受到损害的，与食品生产经营者承担连带责任。

如果按照一审法官庭上释明：与李×之间是买卖合同纠纷，不能起诉电视台，与三家电视台之间是虚假宣传纠纷，不能起诉李×，应当作为两个案子处理，那么试问一审法官，原告还可以通过哪种程序追究三家电视台与李×之间的连带责任？难道法院可以在其中一个案子里面判决另外一个案子的被告承担连带责任？否则，《食品安全法》的上述规定岂不成了一纸空文！共和国法律的尊严何在？！

可见，上诉人以买卖合同纠纷为由起诉并无不当，三家电视台理应与李×承担连带赔偿责任。

综上所述，一审判决违背事实，适用法律不当，明显偏袒被上诉人，导致严重司法不公，请求二审法院依法改判。

此致

南昌市中级人民法院

上诉人：叶×

代书：沈×律师

2019年12月18日

资料来源：http://www.vlawyer.cn/case/case.php?num=1385.

【点评】

这是一份结构层次典型的民事上诉状，各要素齐全，上诉请求合理，上诉理由充分，并符合上诉期限和法律的要求。

点睛之笔

教学重点：

重点掌握经济纠纷上诉状的结构要求和语言要求。

教学难点：
1. 理解经济纠纷上诉状的概念，以及它与经济纠纷起诉状的区别。
2. 掌握经济纠纷上诉状的特点及其具体写法。
3. 把握经济纠纷上诉状的写作特点。

第一节　经济纠纷上诉状的概念及特征

一、经济纠纷上诉状的概念

经济纠纷上诉状是指诉讼当事人及其法定代理人对一审法院的判决或裁定不服，依照法律规定的期限和程序，向上一级人民法院提出上诉请求重新审判的诉状。撰写并提交经济纠纷上诉状是审判程序中的一项重要审判制度，也是当事人重要的诉讼权利。上诉和对上诉的审理，可以保护当事人的合法权益，也可以提高办案质量，保证不出冤案假错案。经济纠纷上诉状是经济案件当事人（原告或被告）的一方，不服法院第一审的判决或裁定，依照法定程序和期限（判决的上诉期限为15天，裁定的上诉期限为10天）向上一级人民法院上诉，请求撤销、变更原判或者重新审理而提出的诉讼文书。

经济纠纷上诉状的作用不同于经济纠纷起诉状。经济纠纷起诉状是原告人的合法权益受到侵害，或者当事人在某种问题上产生纠纷，而向人民法院提起诉讼，目的在于引起法院的审判和裁决，从而保障其合法权益。经济纠纷上诉状是上诉人不服人民法院的第一审判决或裁定，要求改变第一审判决或裁定，从而维护自己的合法权益。经济纠纷起诉状是针对对方当事人而写的，而经济纠纷上诉状则是针对法院第一审的判决而写的。我国法院实行两审终审制，第二审裁判是终审裁判，不得再上诉。

二、经济纠纷上诉状的特点

1. 上诉性

经济纠纷上诉状是上诉人不服一审判决或裁定，而向上一级人民法院提起上诉的诉状。其目的是引起二审程序的开始，具体提起上诉的目的是提请上一级人民法院撤销、变更原审裁判或请求对原审案件进行重新审理。

2. 法定性

经济纠纷上诉状的法定性包括主体的法定性和时限的法定性。经济纠纷上诉状必须是具有法定身份的人才有权按照法定程序提出，根据法律规定：当事人及其法定代理人，可以提出上诉；被告辩护人的近亲属，经被告人同意，可以提出上诉；经特别授权的代理人，也可以提出上诉。经济纠纷上诉状必须在法定期限内提出才具有法律效力。不服原审判的上诉期限为15天，从当事人收到一审判决书的第二天起算。

3. 针对性

经济纠纷上诉状必须是诉讼当事人及其法定代理人在不服原审判决或裁定的前提下，才有权提出。它明确针对的是一审判决或裁定，而不是针对对方当事人写的。

第二节 经济纠纷上诉状的写作问题

一、经济纠纷上诉状的结构和内容

经济纠纷上诉状由标题、首部、正文和尾部四部分组成。

1. 标题

标题写成"经济纠纷上诉状"或"上诉状"即可。

2. 首部

首部写明上诉人和被上诉人的自然情况，先写明上诉人，再写被上诉人。这部分主要包括姓名、性别、年龄、民族、籍贯、工作单位、职业和住址等内容。如果被上诉人是单位，要写明单位名称、地址及法定代表人的自然情况。

3. 正文

正文由案由、请求事项和理由组成。

（1）案由。这是指不服第一审判决或裁定的事由。例如，"上诉人因××××一案，不服××人民法院××××年××月××日第×号经济纠纷判决（裁定），现提出上诉，上诉的请求和理由如下："。

（2）请求事项。这是指上诉人不服原审裁判，要求二审法院撤销原审裁判或部分变更原审裁判结论。这部分要明确、具体地写出原审裁判的不当之处，而不要详述案情。

（3）理由。这是指针对原审判决或裁定的不当，写明上诉的理由，也是针对上诉人的请求进行论证。这是上诉状的核心内容，上诉请求能否成功，取决于有无理由和理由是否充分。这部分应根据原裁判的具体情况，或否定"事实"部分的内容不实，或指出运用法律条文的不当，或指出法律程序的不当等。写完上诉理由后，再写结束语，如"为此，特向你院提出上诉，请依法全部撤销原判决"。

4. 尾部。

这部分写明上诉状所递交的人民法院名称，或由原判的人民法院转送上一级人民法院；具状人签名盖章；具状时间和附件。附件主要包括上诉状的份数、认证的自然情况、物证和书证的件数。

二、经济纠纷上诉状的写作要求

写作中，要注意诉讼时效性、证据确凿性以及语言的准确性。

1. 经济纠纷上诉状必须在第一审判决和裁定未发生法律效力之前递交

经济纠纷上诉状只准在规定的时间内递交才有效。如超过上诉期限，对已经发生法律效力的第一审判决和裁定不服，认为有错误而提出要求重新复查纠正只能使用经济纠纷申诉状。经济纠纷申诉状的写作内容和结构与上诉状基本相同，把标题改成经济纠纷申诉状，把行文中的上诉人改成申诉人即可。但上诉状递交之后即发生法律效力，引起第二审程序的发生。申诉状则不然，它只能被作为决定是否提起审判监督程序的重要参考材料，可能由此引起审判监督程序的发生，也可能不会引起审判监督程序的发生，不是递交了上诉状就一定会引起再审。

2. 经济纠纷上诉状要求证据确凿、具体、论证有力

撰写经济纠纷上诉状，必须遵循有关的法律规定和一定的法律程序。上诉状的内容要合乎法律的规定，上诉请求要正当合法，绝对不允许无理取闹，无事生非。其行为不能超出法律许可的范围，只有依法办事，使自己的行为合乎法律的规定，法院才会受理上诉请求，全面真实地了解法律事实，做出公正合法的判决。

3. 要语言文明，表述恰当

经济纠纷上诉状提出不服之处，并阐述理由时，语言要简明，措辞要有分寸，语言可以强硬，但要以理服人，以法服人，不要使用含有人身攻击的言语，更不能诬蔑中伤。

小知识

怎样写经济纠纷案件的上诉状？上诉状向哪级法院递交？

上诉要交上诉状。上诉状要写法人的名称及法定代表人的姓名；原审法院名称、案件的编号和案由；上诉请求和理由。上诉一般应向原审法院提出，并要按对方当事人的人数提交上诉状副本。当然，直接向二审法院上诉也是法律所允许的。上诉要按规定预交案件受理费等费用。如无故不交，按撤诉处理，二审法院不再审理。

经济案件上诉状的写法，与民事案件上诉状的写法基本相同，也分三部分：首部、正文、尾部，其内容也大致相同。如书写，应参见民事上诉状的撰写要求。但是，又由于经济案件有其自身的特点，所以有以下两点应引起注意：

（1）对于上诉状中的数字，除了专用名词和术语及百分比等，其余都要使用汉字数字表达。

（2）由于经济案件比一般的民事案件相对复杂，所以，在尾部的附项里，应注意附录有关的鉴证证明、鉴定结论、化验报告等有关证据材料，便于二审法院全面了解案情，以利于正确审理该案。

资料来源：http://china.findlaw.cn/info/jingjifa/jjjf/1238.html。

【例文导读】

	评析
上诉状	1. 标题。
上诉人：××家具厂（被告）	2. 首部介绍当事人的情况。

法定代表人：王××，厂长

委托代理人：杨××，男，42岁，××家具厂业务员，住××市××区×街×里×号

被上诉人：××铁路局直属集体企业办公室（原告）

法定代表人：吕××，主任

案由：

上诉人因合同纠纷一案，不服××市××区人民法院（××）民字134号民事判决书判决，请上级法院重新审理改判。

上诉事实及理由如下。

一、原判决第一款："将57套沙发床及40张板式写字台退回被告。"上诉人不同意退货，并要求被上诉人赔偿损失。因为上述家具已经被上诉人验收达半年之久，只是由于被上诉人保管不善而造成了破损。经查，在57套沙发床中，已有20余套床帮变形；在40张板式写字台中，已使用过10张，其中6张的抽屉已经损坏严重。对于上述用过而且破损的这部分沙发床和写字台不应退还；如果被上诉人一定要退还，应付给上诉人家具折旧费和破损费。

二、原判决第二款："付给被告20个床头柜和3套沙发床的价款2 050元。"上诉人不同意被上诉人付给上列款项。因为被上诉人如果提出产品质量不合格，理应全部退货，不应只留部分家具。

三、原判决第四款："赔偿经济损失15 000元。"上诉人认为，法院判决由上诉人承担被上诉人延期开业91天所造成的全部经济损失是不公平的。因为，被上诉人延期开业有多种原因：当时该旅社基本建设施工尚未竣工，锅炉房没有修完，楼梯扶手没有安装完，室内灯具及油漆活等也没有完工，银行开业账号也没有批下来。上诉人的交货时间，比合同规定的11月3日往后推迟了3日，但距被上诉人开业时间还有一个半月，并没有因此而影响其开业。因此，被上诉人延期开业有其内部原因，上诉人不负直接责任，更不应承担全部经济损失。

四、原判决还说："以稻草代替棕，以桦木代替硬杂木……延期3天交货。"按合同规定，上诉人延期3天交货是事实。但延期的原因是当时市内供电不足，而且对这一情况上诉人已向被上诉人单位做了说明，并得到了负责

3. 主体由案由、事实和理由、请求事项组成。

人王××的允许。至于"以稻草代替树棕",是因为树棕原料未到货不得已而为之,而且也把用稻草代替这一情况告诉了被上诉人,经双方商定,每一套沙发床少收4元钱。这种商定意见,也是经王××和吕主任同意的。上诉人还对用桦木代替硬杂木一事,曾经积极提出过换货或减价的几种措施,并由厂长出面进行联系,但因被上诉单位内部矛盾重重,既不予研究做出答复,对质量不合格的家具又不及时退货,而是有意采取拖延态度。所以,上述情况也是事出有因的。总之,被上诉人对已经验收的家具,事隔三个多月之后才提出质量问题,既不及时退货,又不妥善保管,造成陈旧、损坏,并且由上诉人承担延期开业的全部经济损失,这是很不公平的。故上诉人对此不服,特提出上诉,请求上级人民法院予以重新审理,依法改判。

此致
××省××市中级人民法院

上诉人:××家具厂
法定代表:王××
委托代理人:杨××
××××年六月三十日

4.尾部,包括呈文对象、具状人、日期。

资料来源:http://222.200.11.4/kean/e/DZJC1/11-2.html.

【应用升级】 请根据本课题所学的写作知识并借鉴下文,归纳出经济纠纷上诉状的基本格式。

民事上诉状

上诉人:赵××,男,19××年8月2日生,汉族,居民,住安丘市兴安街道××村××号

被上诉人:杨××,男,19××年8月28日生,汉族,安丘市兴安街道××居民委员会居民,住该村

原审被告:刘××,男,19××年1月15日生,汉族,个体工商户,住安丘市健康路161号

上诉人因不服山东省安丘市人民法院(2011)安民初字第996号民事判决,现提出上诉。

上诉请求:

1.依法撤销安丘市人民法院(2011)安民初字第996号民事判决书,驳回被上诉人对上诉人的诉讼请求。

2.一、二审诉讼费用由被上诉人承担。

事实与理由：

一、原审判决认定事实错误

原审判决认定：刘××将涉案房屋退还给杨××，杨××作为××××居委会的成员取得了该房屋的所有权，这是真正的颠倒黑白，是大错特错的。

首先，刘××与杨××的转让协议是一份无效协议。（略）

其次，原审法院没有查明被上诉人是基于何种法律关系要求上诉人腾房。（略）

二、原审判决适应法律错误

房屋所有权的取得主要有两种方式：一是原始取得，此时房屋所有权的取得无须登记；二是继受取得，主要是通过房屋交易等法律行为取得房屋所有权，此时房屋所有权的取得必须经过登记，否则，即使房屋实际交付占有，房屋所有权也不发生转移。（2008）安民一初字第315号民事判决书认定（第4页：22～23行）：争议房产系××××居委会开发的小产权商品房。也就是说，该房屋没有进行产权登记，还没有确权。转让房屋之人没有所有权，受让人却取得了该房屋的所有权！原审法院如此确认显然适用法律错误。

三、原审法院审判程序违法

1. 原审判决虽然名义上采用普通程序审理，但事实上在审理过程中自始至终只有一名审判员审理。

2. 判决送达时间严重超过法定期限，判决书虽然载明判决时间为2011年4月20日，但送达给上诉人的时间为2012年5月16日，这距离判决做出之日已经过去了一年之久，不知原审法院是出于什么原因。

四、本案显然为刘××与杨××恶意串通，为了取得非法利益采用所谓的合法手段制造的蹩脚的伎俩（略）

综上，原审判决颠倒黑白，违反法定程序，枉法裁判，严重侵犯了上诉人的合法权益。上诉人不能妄猜其中的关系，但是上诉人极其愤怒。请二审法院认真查明事实，依法主持正义，支持上诉人的上诉请求。

此致

潍坊市中级人民法院

上诉人：赵××

2016年5月27日

资料来源：www.365lvshi.com。

经济纠纷起诉状（基本格式）

原告人：姓名、性别、年龄、民族、籍贯、职业、工作单位、住址、电话号码

被告人：姓名、性别、年龄、民族、籍贯、职业、工作单位、住址、电话号码

案由：

诉讼请求：

诉讼事实和理由：

此致
_____人民法院

具状人：_____（签章）
　　　　年　　月　　日

附：1. 本诉状副本
　　2. 物证
　　3. 书证

【模拟实训】

一、名词解释
经济纠纷上诉状

二、填空题
1. 经济纠纷上诉状具有_____、_____和_____三个特点。
2. 经济纠纷上诉状是第_____审法院受理案件，并进行审理的依据。
3. 经济纠纷上诉状的关键所在是_____。

三、问答题
1. 撰写经济纠纷上诉状上诉理由，通常可以从哪些方面考虑？
2. 经济纠纷上诉状撰写的注意事项是什么？

四、阅读思考题
下面是一篇产生上诉的背景材料和上诉状，请仔细阅读，并思考上诉状的针对性如何？是否上诉有理，让对方难以反驳？

背景材料

某市铁山经贸公司委托非本公司人员江太平去黑龙江省采购木材。江太平受委托后，与黑龙江省某林场订立了一份木材购销合同，并于2018年7月将50多立方米板材发给铁山经贸公司，货款尚欠10万元。2018年11月，黑龙江省某林场以江太平为被告，向法院起诉，请求偿还木材款。法院受理后，在审理时，将江太平个人经营的登宝木器加工厂作为被告，并做出判决如下：①由被告偿还原告板材欠款10万元；②被告于2018年12月底前将欠款全部付清；③诉讼费由被告江太平承担。

江太平不服上述判决，提起上诉。

上诉状

民事上诉状

上诉人：李×，男，1965年6月28日出生，汉族，农民，住址：××市××镇××村××号

上诉人：薛××，男，1967年11月27日出生，汉族，农民，住址：××市××

镇××村××号

被上诉人：丁××，男，出生于1969年6月24日，汉族，农民，住址：××市××镇××村

被上诉人：沈阳××有限公司，法定代表人：丁××（系该公司经理），住所地：××市××村

上诉人诉被上诉人买卖合同纠纷一案，不服辽宁省××市人民法院的（2011）新民民（三）初字第283号民事判决书，现依法提起上诉，请求依法改判。

上诉请求

1. 请求二审法院依法撤销辽宁省××市人民法院的（2011）新民民（三）初字第283号民事判决。

2. 请求二审法院在查清事实的基础上，依法改判。

3. 请求二审法院判决被上诉人承担本案的全部诉讼费用。

事实及理由

一、一审法院查明事实错误

1. 一审法院在查明事实中称"被上诉人丁××于2010年10月15日开始供应的熟棒，截至2010年11月18日供熟棒12万余棒，价值人民币30余万元"，与事实不符。丁××在庭审中确实提供了部分养菇户签字的收条，因为上诉人不知道此事，于是庭审后原告要求签字的养菇户到法院把事情说清，可是一审主审法官态度蛮横，不接待养菇户，于是养菇户只好向法院提交了说明，即大部分养菇户出具的收条是2010年7月3日签订的菌棒购销合同，因菌棒的质量原因（当时丁××和康××口头约定成活率必保证为95%以上），丁××的合伙人康××根据每户的成活率情况答应给种菇户补的菌棒，而不是一审法院认定的12万棒都是被上诉人丁××履行合同供应的菌棒数量。

2. 一审法院在查明事实中称："做生棒协议签订后，原告的用户从2010年12月2日～12月7日拉走14万棒的原料（含部分欠料、有欠条），价值35万元。"与事实不符。根据丁××供应的原料及其提供的配方来算，上诉人只能够生产63 013棒菌棒，而不是14万棒。一审法官应当明白"木桶效应"即按照丁××供应的花生壳、玉米芯只可以做63 013棒，即使其他原料充足，也是无法生产，也做不成14万棒菌棒。而且至今丁××也没有将所欠的花生壳、玉米芯补齐。因此，认定拉走价值14万棒的原料及价值35万元是与事实不符的。

3. 被上诉人只供了部分平菇菌棒，合同约定的姬菇50万棒至今一棒也没有供应。造成广大养菇户品种单一，无法适应市场的需求，导致部分平菇销售困难，价格偏低。

二、一审法院认定事实错误

1. 上诉人不存在违约行为。（略）

2. 被上诉人已供货近70万元是错误的。上面上诉人已经对丁××实际交货数量说明清楚，在这里不再论述。

3. 一审法院认为"原告所诉被告违约，请求赔偿证据不足"，是错误的。（略）

4. 一审法院认为"双方第一次供货数量未明确约定，到2010年10月15日供货数量也未约定。"但是依据《合同法》第六十二条第五款规定"履行方式不明确的，按照有利于实现合同目的的方式履行。"（略）

5. 一审法院认为"2010年10月9日丁××与康××及二原告为公证人签订的合作协议，是在未供货及货款未全部付清的情况下签订的，此协议可视为供货时间准许延期，给付货款时间准许顺延"，是错误的。（略）

三、一审法院适用法律错误

一审法院适用《民事诉讼法》第六十四条认为上诉人没有提供有效证据证明被上诉人违约，继而驳回了上诉人的诉讼请求。可是，一审法院在论述中已经认定了丁××没有按照约定履行合同的行为构成违约，因此本案适用法律与认定事实是相互矛盾的。上诉人认为本案应当适用《合同法》第六十七条、第六十二条、第一百一十四条等法律依法进行判决。

四、一审法院审理程序违法。（略）

综上所述，一审法院在审理本案时，没有依法查清事实，导致认定事实错误，适用法律错误，而且存在严重的程序违法。因此，恳请贵院在依法查清本案事实的情况下，严厉惩罚坑农害农的违法和违约行为，给新立屯村的农民一个公正、公平、合理、合法的判决。

此致

××市中级人民法院

上诉人：

20××年××月××日

五、写作题

原告某商厦物业管理有限公司（以下简称"物业公司"）经营的某商厦系向个体经营户出租经营摊位的商场。原告在经营期间，为促使导游引导外地来此游客到其商厦购物，规定凡导游带领游客到商厦购物的，按游客人数给付导游和司机一定金额的"导购费"。被告工商行政管理局（以下简称"工商局"）查明后，认为原告物业公司为促进其商场商品销售，用现金贿赂旅行社导游及司机，让导游及司机带游客到商厦购物，原告物业公司的行为已构成商业贿赂，根据《中华人民共和国反不正当竞争法》（以下简称《反不正当竞争法》）第二十二条的规定，工商局于2012年11月22日对原告物业公司做出行政处罚决定，要求物业公司立即停止商业贿赂行为，并处以罚款3万元。物业公司对该处罚不服，于2012年12月5日向法院起诉，要求撤销处罚决定书。

法院一审认为，被告作为工商行政管理机关，有权对构成商业贿赂的行为进行处罚，被告做出的处罚决定，认定事实清楚，适用法律正确，程序合法，遂判决维持被告工商局做出的对原告的处罚。

法院宣判后，原告不服，提起上诉，后在二审审理期间撤回上诉。

资料来源：http://www.lawbase.com.cn。

根据以上案例替原告拟写一份上诉状。

Chapter 17 课题十七

经济纠纷答辩状

应用导航

答 辩 状

答辩人：山东大陆企业集团有限公司
住所地：临沂市兰山区临西五路8号
法定代表人：陆锦，董事长
委托代理人：张玉华，山东力维律师事务所律师
委托代理人：王智，山东力维律师事务所律师

答辩人因临沂市兰山区兰山农村信用合作社（下称"兰山农信社"）诉山东大陆企业集团有限公司、山东大陆罗庄钢材有限公司借款合同纠纷一案，对上诉人兰山农信社不服临沂市中级人民法院于2002年6月21日临民二初字第38号判决，现提出答辩状。

答辩的理由与依据：上诉人与被上诉人于1998年12月14日签订的由被上诉人承担原中药厂未向上诉人清偿的990万元的协议是显失公平的，根据我国《合同法》的规定，此协议为可变更或者撤销的，被上诉人没有清偿的义务。

上诉人与答辩人签订上述协议时，兰山区人民法院已裁定终结中药厂的破产还债程序，上诉人申报的债权已获得部分清偿，但破产程序已经终止，未得到清偿的债务不再清偿。由于债务主体已不存在，上诉人与原中药厂的债权债务关系已经消灭，未获得清偿的部分债权已经成为上诉人现实性的经营风险，因此协议约定的由答辩人清偿原中药厂的借款是不公平的，是上诉人利用其特许经营金融业务的优势，以承诺提供一定数额的借款作为条件，要求答辩人负担其经营亏损，转嫁经营风险。这一协议明显违反了我国合同法第五十四条第二款的规定。

在订立合同时显失公平，因此该协议是可变更或撤销的，双方自始无须履行协议规定的义务，然而答辩人已经支付了自1988年12月25日～2001年12月20日990万元贷款的利息2 817 461.71元，此利息对于上诉人而言是不当得利，因此上诉人应当向答辩人返还该利息。

此致

山东省高级人民法院

答辩人：山东大陆企业集团有限公司 法定代表人：陆锦

二〇××年六月 日

附：答辩状副本2份。

资料来源：http://www.cnfla.com/dabianzhuang/183596.html。

【点评】

根据《中华人民共和国民事诉讼法》的规定，人民法院应将起诉状副本或上诉状副本送达被告或对方当事人，被告或当事人须在规定期限内提出答辩状。本诉状要素齐全，结构合理，主题集中，答辩理由充分，有参考价值。这种书面文书可以直接递交相关的人民法院，也可以邮寄。

点睛之笔

教学重点：

重点掌握经济纠纷答辩状的结构要求和语言要求。

教学难点：

1. 理解经济纠纷答辩状的概念及特征。
2. 掌握经济纠纷答辩状的分类及适应范围。
3. 把握经济纠纷答辩状的写作特点。

第一节 经济纠纷答辩状的概念和特点

一、经济纠纷答辩状的概念

经济纠纷答辩状与其他同类诉状有一定区别，也具有自身的特点。写作中要格外注意二者的相互关联与差异。

经济纠纷答辩状是诉讼案件的被告人或被上诉人针对原告起诉的事实和理由、上诉人上诉的理由和请求，依法进行答复和辩驳的书状。经济纠纷答辩状是与经济纠纷起诉状和经济纠纷上诉状相对应的书状。经济纠纷答辩状一般在两种情况下使用：一是原告向第一审人民法院起诉后，被告人在法定期限内，就起诉状进行答辩，递交答辩状；二是案件经第一审人民法院审理终结后，一方当事人不服判决和裁定，依法向二审法院提出上诉，被上诉人针对上诉进行答辩，递交答辩状。

经济纠纷答辩状是被告或者被上诉人对原告或者上诉人的起诉或上诉状进行答复和辩解的一种诉讼文书。

根据法律规定，在法定诉讼程序中，被告或被上诉人收到人民法院送达的起诉状或上诉状副本后 15 日内应提交答辩状，而追索赡养费、抚养费、抚育费、抚恤金和劳动报酬的案件，则必须在 10 日内提交答辩状。法律同时规定，当事人不提交答辩状，并不影响人民法院对案件的审理。在经济纠纷案件中，被告人或被上诉人在收到人民法院送达的起诉状或上诉状副本之后，就被诉的事实和理由进行反驳，这是一种法律行为。它充分地体现了在经济纠纷诉讼中当事人权利平等的原则，是被告人和被上诉人的一项重要的权利。

二、经济纠纷答辩状的特点及作用

1. 经济纠纷答辩状的特点

经济纠纷答辩状具有以下三个特点。

（1）辩驳性。答辩人为了维护其合法权益，根据当事人诉讼权利平等的原则，通过递交答辩状，对起诉状或上诉状所列的指控及其事实与理由，进行相对的答复、反驳和辩解，以使对方败诉。因此，答复、驳斥、辩解就成为答辩状在内容上最显著的特性了。

（2）针对性。经济纠纷答辩状针对起诉状或上诉状提出的问题进行回答，针对案情中足以使对方败诉的焦点，寻找新的有攻击力的事实和证据进行答复和辩解。

（3）说理性。法院的判决和裁定，是以法律为准绳的，所以撰写答辩状应当熟悉并熟练运用有关法律条文，使自己的理由和主张建立在合法的基础之上，同时还可揭露起诉状或上诉状中引用法律上的谬误，指出其行为的不合法性，做到以事明理，以理服人。在语言上要犀利尖锐，但不可歪曲事实真相，强词夺理。经济纠纷答辩状是要把自己的所有请求全部提出来，具有完整性，不能含糊其辞，模棱两可。

2. 经济纠纷答辩状的作用

经济纠纷答辩状的作用主要表现为以下两个方面。

（1）有利于保护被告人或被上诉人。被告人或上诉人能够针对起诉或上诉状中的诉讼请求，充分陈述有关事实，明确提出自己的看法和理由；可以对起诉状或上诉状中被弯曲、夸大的事实进行澄清，可以对似是而非的事实和理由进行辩驳。这对于被告人或上诉人切实有效地保护自己的正当合同法权益，充分行使自己的民事权利，具有重要的意义。

（2）有利于人民法院做出合理的裁判。在经济纠纷诉讼活动中，原告的起诉、上诉人的上诉，对于法院来说，都是一方当事人的一面之词。法院要全面了解情况，就不能只听一方的起诉、上诉，而应同时充分听取另一方的答辩。兼听则明，偏听则暗。法律赋予被告、被上诉人提出答辩的权利，允许他们反驳原告或上诉人的诉讼请求，使法院充分听取双方当事人的理由和意见，全面查明案情，从而真正分清是非，做出正确的判决和裁定。

第二节 经济纠纷答辩状的写作问题

一、经济纠纷答辩状的结构和内容

经济纠纷答辩状由标题、首部、正文和尾部四部分组成。

1. 标题

标题标明性质和文种,即"经济纠纷答辩状"或"答辩状"即可。

2. 首部

写明答辩人的基本情况,包括答辩人的姓名、性别、年龄、民族、籍贯、职业、工作单位和家庭住址等内容。

如果答辩人是单位,就要标明单位名称、地址、法定代表人姓名与职务。

3. 正文

正文包括案由、答辩理由和答辩意见。

(1)案由。写明针对何人的起诉或上诉提出答辩,也可以写明针对何案提出答辩。如一审程序的答辩案由的一般格式为:"答辩人于×年×月×日接到××人民法院交来被答辩人×××经济纠纷起诉状副本一份,现答辩如下。"

(2)答辩理由。这是答辩状的核心内容,一般要明确回答原告人、上诉人提出的诉讼请求,清楚地阐明自己对案件的看法,提出自己的理由和观点;要针对起诉状或上诉状所提出的事实、理由和法律依据,据理据法反驳,其内容和起诉状或上诉状的内容是针锋相对的。

(3)答辩意见。在充分阐明答辩理由的基础上,申明自己的意见、主张或反驳请求,进而提出自己对解决本纠纷的意见,请求人民法院合理裁决。主要包括:依据有关法律文件,说明答辩理由的正确性;根据确凿的事实,说明自己行为的合理性;揭示当事人的诉讼请求的谬误性。

4. 尾部

经济纠纷答辩状的尾部,包括致送法院名称、答辩人署名和日期、附项三项结构性内容。其中附项仍要写明有关的书证、物证等名称和件数。如果没有新的证据材料,只标明本答辩状副本件数即可。

二、经济纠纷答辩状的写作要求

1. 内容要有针对性

在写作答辩状时,要根据双方当事人在经济纠纷中争执的焦点,抓住纠纷的关键性问题,有针对性地阐明理由,进行辩驳。答辩要紧紧扣住对方的诉讼请求,如对方要求你赔偿经济损失,你的答辩就要围绕你是否负有赔偿责任展开;如果对方的请求是完全没有理由的,你就要提出自己的新的理由和观点;如果对方的请求有部分理由,你就要证明自己只负部分赔偿责任；如果对方的请求是有充分理由的，就要承认对方的请求，而应该在答辩中狡辩。

2. 答辩要有雄辩力

要做到有雄辩力，就要有理、有据。有理，就是要有充足的理由，有据就是要有足够的事实和法律根据。书写答辩状应当始终遵循实事求是的原则，按照所争执的事实的本来面貌，如实、客观、全面地答复起诉状或上诉状中所提出的诉讼请求。

要注意抓住对方陈述事实的错误之处，或引用法律的错误之处，将之作为反驳的论据。同时，还要注意补充列举新的事实证据或被对方忽视了的事实证据。只有坚持摆事实讲道理，凭事实和法律依据说话，推理严密，用词准确有力，才能令人信服。

【例文导读】

经济纠纷答辩状

答辩人：××省B县××银行

地址：××省B县××街×号

法定代表人：××× 行长

委托代表人：×××市××律师事务所律师

为××省A县××银行某信用社因不服××地区中级人民法院××年×月×日×字第×号经济纠纷判决提出上诉，我方就其上诉理由答辩如下：

1. 上诉人A县××银行信用社在收贷时，明知借贷人于某在短时间内不可能合法取得220万元用来还贷，但上诉人仍然收贷，这种做法实际上默认了借贷人以不法手段筹措资金以还贷的行为。上诉人明知道借贷人一时无力还贷，仍胁迫借贷人迅速还贷，从而诱发借贷人诈骗的行为。因此，对于我方被骗的贷款，上诉人负有不可推卸的责任。根据《民法通则》第五十八条规定，以胁迫手段使对方在违背真实意思的情况下所为的恶意串通，损坏国家、集体或者第三人利益的行为，属于无效的民事行为。所以，一审法院判决A县××银行某信用社全数返还贷款是符合法律规定的。

2. 我方向个体户于某贷款是为了让他办公司，搞合法经营，他却把这部分钱用来还贷，违反了贷款专款专用的原则。因此，个体户于某的还贷行为属于无效的民事行为，A县银行某信用社的收贷行为也是

评析

1. 标题。
2. 首部介绍当事人基本情况。

3. 正文由案由、事实和理由、答辩意见组成。

无效的民事行为，他们之间的收还贷行为不受法律保护。

3. 个体户于某在 A 县办公司时，其不法经营行为已触犯了刑法，早该绳之以法。但 A 县××银行××信用社为了收回贷款，不到法院控告个体户于某，害怕他一进监狱，就无力还贷，因此放纵了罪犯，为他到我县进行诈骗行为提供了时机，使不法分子得以继续进行买空卖空的诈骗行为，给我方造成了巨大损失。

我们认为一审法院的判决是公正的，上诉人的上诉理由是没有法律根据的，恳请二审人民法院公正审理，维持原判。

此致

　　××省高级人民法院

　　　附：本答辩状副本壹份

　　　　　答辩人：B县××银行（盖章）

　　　　　××××年×月×日

资料来源：http://222.200.11.4/kean/e/DZJC1/11-4.html。

4. 尾部，包括呈文对象、具状人、日期。

5. 附项。

小知识

经济纠纷诉讼的基本程序

原告起诉→法院依法立案受理→被告一审答辩→法院一审→若诉讼当事人对法院的一审判决（或裁定）不服，依法提起上诉→法院二审（终审）→生效、执行。对正在执行或已经执行完毕的案件，若诉讼当事人等认为法院的判决或裁定有错误，可依法提起申诉。

【应用升级】 请根据本课题所学的写作知识并借鉴下文，归纳出经济纠纷答辩状的基本格式。

答辩状

答辩人：××市××木器加工厂，地址：×××区××路108号。

法定代表人：陈××，男，55岁，××市人，×市××木器加工厂厂长，住××市××区××街28号。

因××市××区对外经济贸易公司诉我厂加工承揽合同纠纷一案，提出答辩如下。

一、原告方在诉状中称我方未按期交货，并且质量不合格一事，原因在于原告方未按合同规定，提供原材料。双方签订的合同中明确规定："定做方在交货的一个月前应提供足量、合格的红松方料。"二〇一六年五月，原告送来我厂的木材，质量不符合加工要求，我厂立即派人与原告联系调换合格木材事宜，但原告方迟迟未予答复。眼看交货期已到，我厂只好用原告方提供的不合格木料加工，致使质量出现问题，原告方未按合同规定提供木材，出现的质量问题和未按期交货问题，应由原告承担责任。

二、原告方要求我厂两倍返还定金，这一要求是没有根据的。因为原告方未按合同履行义务，责任在原告方。原告方无权要求返还定金。

三、原告方要求解除原合同，我们认为，只要原告方按合同规定提供红松方料，我厂加工是没有问题的，因一次质量和逾期交货问题就轻易解除合同，对双方都是不利的。

综上所述，请人民法院公正解决这次纠纷，并判决原合同继续有效，以切实维护双方当事人的利益。

此致
××区人民法院

答辩人：××市祝华木器加工厂（盖章）
二〇一六年六月二十日

资料来源：https://wenku.baidu.com/view/14889f393968011ca30091c0.html。

【模拟实训】

一、名词解释

经济纠纷答辩状

二、填空题

1. 经济纠纷答辩状具有_____、_____和_____三个特点。
2. 经济纠纷答辩状必须运用充分的_____和_____有关法律条文进行论辩。

三、问答题

1. 经济纠纷答辩状的答辩意见一般包括哪些内容？
2. 经济纠纷答辩状的写作有哪些注意事项？

四、病文分析

答辩状要适当交代清楚事实，抓住对方所陈述的错误事实或所引用法律上的错误，针锋相对地辩驳。下面是一则病文，试分析其存在的毛病。

经济纠纷答辩状

答辩人：永耀灯饰有限公司，地址：某市人民路48号，邮政编码：××××××
法定代表人：李××，经理
委托代理人：张××，天平律师事务所律师

答辩人因华天灯饰制造厂（下简称"华天"）诉新颖灯饰有限公司（下简称"新颖公

司")还款一案，现提出答辩如下：

华天与新颖公司曾签订3万元灯饰的购销合同，由答辩人对有关的款项进行担保，答辩人也在合同中确认了这一点。但是，这种担保只是一般担保，而不是连带担保，按照我国《担保法》的规定，被告新颖公司是有还款能力的，不应由答辩人承担担保责任。而且原、被告曾就还款事项修改过合同内容，又没有通知答辩人，因此答辩人不应承担担保责任。请法院考虑上述原因，做出公正的判决。

此致

××区人民法院

答辩人：永耀灯饰有限公司

法定代表人：李××

××××年×月×日

Chapter 18
课题十八

经济纠纷申诉状

📖 应用导航

申诉状

申诉人：佛山市××村一队经济合作社

所在地：广东省佛山市××村

负责人：李××，系该村村主任

被申诉人：佛山市××村

负责人：陈××

申请事项：因不服（20××）佛中法民一终字第×号民事判决书，申请对该案再审。

申请理由：

一、（20××）佛中法民一终字第×号民事判决书认定事实有如下错误。

（一）二审判决书第19页"但根据本案证人欧××的证言，李××表示出售泥的所得款项分给了村民，且××村一队也开具了收据确认收到10 000元挖泥款。法律没有明确规定承包地挖泥出售是村民委员会必须提请村民会议讨论决定的事项，亦没有证据证明李××在此次事件中获得利益的情况下，应认定李××将涉案承包地泥土出售的行为代表××村一队。"该认定有以下错误：

1. 片面引用和采纳欧××证言。欧××出庭作证明确指明，李××当时担任×洲果场的厂长，在王×挖泥事件中代表×洲果场。因此，该判决书认定李××将涉案承包地泥土出售的行为代表××村一队，从逻辑上犯了以偏概全的错误，这是办案法官对欧××证言断章取义，主观推测的结果。

2. 关于欧××到杨×镇经管站写10 000元收据的事情经过，欧××出庭证明，该款并不是王××在挖泥前交给村委会的，而是王××偷挖陶瓷泥的事情被村民发现败露后，王××才交到杨×镇经管站，然后因欧××当时是村委兼会计，杨×镇经管站通知欧××到镇经管站开具的。××村一队45户家庭代表共45人两次写证明，证明在王××挖泥前村民并不知情。上述事实证明，欧××开出收到10 000元挖泥款收据并不能说明村民同意挖陶瓷泥。

3. 一审判决书称"在法律没有明确规定承包地挖泥出售是村民委员会必须提请村民会议讨论决定的事项，亦没有证据证明李××在此次事件中获得利益的情况下，应认定李××将涉案承包地泥土出售的行为代表××村一队。"这一推断十分幼稚可笑和十分荒唐。

首先，不可能有任何法律对在农业承包地挖泥出售行为是否要经过集体讨论决定做规定，这是一个简单的常识。二审判决书以此作为判案的理由十分幼稚。说白了，就是为了达到偏袒×洲果场的目的，在没有理由的情况下找理由。其次，姑且不论李××在此次挖泥事件中个人是否实际获取利益，即使李××没有获得利益，也不能得出李××在此次事件中就不代表×洲果场的结论。因为，李××个人是否获得利益和他是否能够代表×洲果场之间没有因果关系。二审判决书做出这种推断是十分荒唐的，犯了逻辑上的低级错误。

关于李××在王××偷挖陶瓷泥事件中代表×洲果场，我们在法庭上还提供以下证据，没有被采纳。

（1）本案在一审中："×洲果场在庭审中承认××村原村主任李××曾经在×洲果场处从事管理工作，故×洲果场关于不知道开挖塘泥出售牟利的辩解法院不予采纳。"（见一审判决书）

（2）××村一队在二审开庭时提交新证据，证明×洲果场从200×年起至20××年期间聘请李××为工作人员，给他发放工资并交纳社会保险，李××与×洲果场存在事实上的劳动合同关系。20××年10月23日，××村一队家庭代表李×华等45人签名证明李××从1996年×洲果场承包果园后，李××就一直当场长，王××在2008年挖陶瓷泥时，李××代表×洲果场同意挖。这一证明和欧××出庭作证的证言是完全吻合的。

（3）高明市招用社会劳动力用工许可证原件，证明李××是×洲果场劳动用工监管人。遗憾的是二审判决书写成是复印件，这个证据证明×洲果场劳动用工都是由李××负责，也印证了欧××和全村家庭代表证明李××担任×洲果场场长的事实。

（4）李××代表×洲果场与简×桥、简×炽二人签订的转包鱼塘协议书。简×桥、简×炽在复印件上亲笔书写证明："本人耕养×洲果场的鱼塘约40亩，合同是×洲果场委任李××签的。"

（5）××村一队李×华等45户家庭代表签名证明。

上述证据充分证明李××在×洲果场的地位和作用，李××在王××挖陶瓷泥事情中只代表×洲果场，不能代表××村。

二、二审判决中认定所挖泥土为塘泥而非陶瓷泥是十分错误的。

（一）在王××偷挖陶瓷泥的事件因被村民发现败露后，在李××的授意下，王××到杨×镇经管站交了10 000元，交的是挖陶瓷泥的钱，在经管站让欧××开的收据上写明是挖陶瓷泥收款。

（二）承包地上究竟是什么泥，村民最清楚，全村家庭代表签名作证就是最有力的证据。二审法官不顾民意，对全村家庭代表签字作证的证据不采纳是错误的。

（三）究竟挖走的是一般泥，还是陶瓷泥？××村一队全体村民请办案法官到现场调查一下，去看一眼就会十分清楚。

综上所述，二审法官认定李××将涉案承包地泥土出售的行为代表××村一队属于认定事实错误，是法官主观臆断，故意偏袒×洲果场。二审判决书认定事实不清，错误下判。××村一队全体村民认为审判不公，坚决要求佛山中院重审此案，还原事实真相，使真相大白于天下，还公道于民心。

此致
佛山市中级人民法院
申诉人：××村一队经济合作社
代理律师：×××
20××年1月6日

【点评】

这是一份关于劳动合同纠纷的申诉书，文书格式中的基本要件齐全，申诉理由符合法律规定，充分合理，要求正当，是一份合格的申诉文书。

点睛之笔

教学重点：
重点掌握经济纠纷申诉状的结构要求和语言要求。

教学难点：
1. 理解经济纠纷申诉状的概念，以及它与经济纠纷上诉状的区别。
2. 掌握经济纠纷申诉状的具体写法。
3. 把握经济纠纷申诉状的写作特点。

第一节 经济纠纷申诉状的概念和特点

一、经济纠纷申诉状的概念

经济纠纷申诉状是指诉讼人及其诉讼代理人，对已经发生法律效力的判决、裁定表示不服，认为存在错误，依法向人民法院或检察院提出申请复查纠正的诉状。申诉书又称申诉状、再审申请书。

经济纠纷申诉状是人民法院再审案件来源之一，也是法律赋予当事人的一项重要诉讼权利。申诉理由如果有根据，合情合理，接受申诉的司法机关经审查认为原审裁判确有错误的，就可以通过审判监督程序提起再审，纠正错误或不当的裁判，使案件得到公正合理的处理。申诉状对纠正冤假错案,维护当事人的合法权益具有重要作用,也是人民法院和人检察院发现错案的重要途径。

二、经济纠纷申诉状的特点

1. 时间的宽限性

经济纠纷申诉状是在原裁判已经发生效力以后制作并提交的文书,不受短时间限制,一般可延至两年。只要判决或裁定已经生效,如果当事人认为判决或裁定有错误,就可以提起申诉。

2. 受理的条件性

申诉必须在判决或裁定已经发生效力,同时认定事实或适用法律有错误时,才可以通过审判监督程序进行再审。

3. 受诉者的灵活性

经济纠纷申诉状既可以向原审人民法院提出,也可以向上一级人民法院提出。

第二节 经济纠纷申诉状的写作问题

一、经济纠纷申诉状的结构和内容

经济纠纷申诉状由标题、首部、主体、尾部、附项五部分组成。

1. 标题

标题写明"经济纠纷申诉状"或"申诉状"即可。

2. 首部

首部应依次写明申诉人、被申诉人的基本情况。申诉人的基本情况写法与起诉状相同,下列被申诉人。

3. 主体

主体由案由、申诉请求、事实和理由三部分组成。

(1)案由。案由主要写清楚申诉人因何案,不服何处人民法院对何事、在何时的裁定或判决而提出申诉。一般表述为:"申诉人××对××人民法院××××年×月×日(年份)×字第×号××××××一案,提出申诉";或"申诉人×××因××××××一案,不服××法院(年份)×字第×号判决,现依法申诉如下。"

(2)申诉请求。申诉请求是申诉的目的,应该简明扼要地提出来,可以提出要求重新审理,或要求撤销、变更原审裁判等。例如,"申诉人因××××一案。不服××人民法院(200×)×法经裁字第×号判决。特提出申请,请求撤销(200×)×法经裁字第×号判决"

（3）事实和理由。事实和理由是申诉状的核心内容，是在原判决或裁定发生法律效力后，运用确凿的证据、有力的事实和法律依据，说明事实真相，以便法院再审时，查明案件真实情况；同时针对原裁决事实予以申辩、反驳和论证，阐明清楚要求重新审理和中止执行的理由。

4. 尾部

尾部写呈文对象，即申诉状提交的人民法院名称，申诉人签名、盖章，申诉年、月、日。如系律师代书，应写明其姓名和工作单位。

5. 附项

附项包括附件等内容。

二、经济纠纷申诉状的写作要求

1. 重点突出

申诉状主要是针对原判决或裁定的已经生效的错误之处而提出的。因此必须针对原判决或裁定的错误之处进行集中说明，必须引用绝对真实可靠的事实和证据，援引法律条文必须恰当准确，切忌无理狡辩，无的放矢。

2. 依法论证

如果认为原判决适用法律不当，对案件性质认定错误或不当，应针对原裁决阐明适用法律和应当援引的法律条款；如果原裁决严重违反诉讼程序，应在申诉中写明正确执行诉讼程序的意见。

3. 真实可靠

申诉时提供的事实和证据一定要真实可靠，只有这样才有说服力，否定原审人民法院的裁判也就有了坚实的基础，申辩和反驳也有了力量。在申诉事实真实准确的同时，应尽量列出与案件有关的新证据，以便人民法院重审时查明并证实案件的真实情况，及时得出正确结论。

4. 选择正确的论证方法

在申诉过程中，反驳、申诉和论证，既需要有力的证据，更需要有力的方法。因此，在申诉中，要运用反驳和证明相结合的方法，抓住原判决或裁定的关键错误进行反驳，合理推理，进而使申诉有理有据，合法有效。

【例文导读】

民事申诉状

申诉人（原审被告）：高永福，男，1954年6月13日生，汉族，农民，住费县探沂镇沈家村。联系电话：×××××××

被申诉人（原审原告）：沈兴年，男，成年，汉族，个

评析

1. 标题。
2. 首部。介绍当事人情况。

体工商户，住费县探沂镇沈家村

案由：买卖合同纠纷

申诉人对山东省费县人民法院 2005 年 4 月 18 日 (2005) 费民初字 186 号判决不服，特向人民法院提起申诉。

请求事项：

1. 撤销山东省费县人民法院 (2005) 费民初字 186 号判决；

2. 被申诉人退还申诉人被重复收取的货款 28 580 元人民币并赔偿给申诉人造成的所有损失。

事实和理由：

2003 年 2 月 16 日申诉人与被申诉人沈兴年发生一笔板材买卖交易，被申诉人沈兴年向申诉人交付单板一批，申诉人根据被申诉人提供的中国农业银行账号 103385611117377×× 陆续向该账号打款 39 000 元。此笔交易完成后，申诉人与被申诉人沈兴年再没发生任何交易。可是被申诉人沈兴年却于 2004 年 12 月 16 日根据原告未收回的欠条（申诉人在上海，是通过银行向被申诉人沈兴年打的款，申诉人因客观原因未将欠条收回）向费县人民法院提起诉讼，并于 2007 年 7 月 22 日强制执行申诉人 33 640 元。申诉人不服，认为申诉人和被申诉人的买卖单板的交易已经完成，申诉人已经将款打到被申诉人提供的账号，买卖合同早已履行完毕，申诉人已不欠被申诉人任何钱。费县人民法院在未查清事实的情况下所做出的判决是不符合实际情况的，应当依法予以撤销，被申诉人应当退回其重复收取的货款并赔偿对申诉人所造成的损失。为维护申诉人的合法权益，特向贵院提起申诉请求，请贵院依法支持申诉人的申诉请求。

此致

费县人民法院

申诉人：高永福

20×× 年 10 月 24 日

附：1. 原审判决书一份；
    2. 证据一宗。

资料来源：http://www.bokee.net/bloggermodule/blog_viewblog.do?id=1313727。

小知识

×申诉状

申诉人：姓名、性别、出生年月、民族、文化程度、工作单位、职业、住址（申诉人如为单位，应写明单位名称、法定代表人姓名及职务、单位地址）。

被申诉人：姓名、性别、出生年月、民族、文化程度、工作单位、职业、住址（被申诉人如为单位，应写明单位名称、法定代表人姓名及职务、单位地址）。

申诉人因××××（写明案由，即纠纷的性质）一案不服××××人民法院（写明原终审法院名称）×××××第×××号××判决，现提出申诉，申诉请求及理由如下：

请求事项：（写明提出申诉所要达到的目的）

事实和理由：（写明申诉的事实依据和法律依据，应针对原终审判决认定事实、适用法律或审判程序上存在的问题和错误陈述理由）

此致
××××人民法院

申诉人：（签名或盖章）
××××年××月××日

附：本申诉状副本×份（按被申诉人人数确定份数）。

注：民事、行政、刑事自诉各类案件申诉状的格式基本相同。

资料来源：http://www.legalinfo.gov.cn。

【应用升级】

民事申诉状的结构与民事再审申请书的结构相同，具体写作方法如下。

1. 首部

首部主要写明申请人的基本情况、案由、案件编号、终审法院名称。一般可以表述为："申请人因××××一案，对××××人民法院的于××××年××月××日的（20××）第××号一审（或二审）民事判决书（或裁定书、调解书）不服，提出再审申请。"

2. 正文

正文是再审（申诉）申请的关键，主要由申请事项及事实和理由部分构成，申请事项一般是要求重新审理。事实和理由是否翔实、充分是再审申请是否能得以支持的关键，根据上述提起再审的法律规定，申请人一定要把一审、二审的审理情况介绍清楚。新证据的发现，新证据的提供，终审法院适用法律不当，违反法律程序，审判人员有徇私舞弊行为。

3. 尾部

尾部依次写明致送人民法院全称、申请人名称、申请日期并在附项中列清一审、二审判决（裁定、调解书）和有关证据的份数。

4. 注意事项

（1）内容的针对性。因为根据法律规定对于判决书、裁定书、调解书提出再审申请的条件不同，因切合法律对判决书、裁定书、调解书不同的再审条件，有的放矢地写清法律事实和理由。

（2）期限的时效性。由于法律对再审申请有时效限制及要求，所以再审申请书应尽早制作，以免超过时限，贻误机会。

【模拟实训】

一、名词解释

经济纠纷申诉状

二、填空题

1. 经济纠纷申诉状又称_____状或_____书。
2. 经济纠纷申诉状具有_____、_____和_____的特点。

三、判断题（请在题后的括号内打上"√"或"×"）

1. 提出申诉状可以停止已生效的判决、裁定等的执行。（   ）
2. 经济纠纷申诉状是致原审人民法院的申诉书状。（   ）
3. 经济纠纷申诉状递交后即能引起案件的重新审理。（   ）
4. 经济纠纷申诉状的状头可不写"被申诉人"。（   ）
5. 经济纠纷申诉状尾部的送达法院处写原审人民法院。（   ）
6. 经济纠纷申诉状的具状人应称"申诉人"。（   ）
7. 经济纠纷申诉状的结构和写法与上诉状基本相同。（   ）

四、问答题

1. 经济纠纷申诉状的写作有哪些注意事项？
2. 经济纠纷申诉状和经济纠纷上诉状有哪些区别？

Chapter 19 课题十九

经济仲裁书

📖 应用导航

××地区工商行政管理局经济合同仲裁委员会裁定书
(2018) 字第 × 号

申诉方：××县丰收公社富裕大队
代理人：孟×× 男50岁 会计
被诉方：××果品公司
代理人：王×× 男40岁 业务员

申诉方与被诉方于2011年6月15日签订西瓜合同10万斤①，货发到被诉方火车站后，由于质量和价格问题被诉方拒收发生争议，双方协商不成，申诉方于2011年8月5日申请仲裁。为避免造成更严重的财产损失，根据被诉方申请，本会特裁定如下：

××果品公司应于8月8日前将存放在某火车站的10万斤西瓜按质论价先行变卖，保存价款，嗣后处理，特此裁定。

仲裁员：赵××
20××年××月××日（印章）
书记员：周××
颁布单位：国家工商管理局
颁布日期：20××年

【点评】

这是一份要素齐全的裁定书。和其他争议解决方式相比，仲裁具有一裁终局、当事人意思自治、保密性、裁决可以在国际上得到承认和执行的优势。当事人享有选定仲裁员、仲裁地、仲裁语言以及适用法律的自由。当事人还可以就开庭审理、证据的提交和意见的陈述等事项达成协议，设计符合自己特殊需要的仲裁程序。

---

① 1斤=0.5千克。

点睛之笔

教学重点：
重点掌握仲裁申请书、仲裁答辩书、调解书和申请执行书的结构要求及语言要求。

教学难点：
1. 理解经济仲裁书的概念及常见种类。
2. 掌握仲裁申请书、仲裁答辩书、调解书和申请执行书的适用范围及意义。
3. 把握仲裁申请书、仲裁答辩书、调解书和申请执行书的写作特点。

第一节　经济仲裁书的概念

经济仲裁书是指法人之间、法人与公民个人之间、公民个人之间，在经济活动中双方权利义务发生冲突时，为了维护自身的经济权益，向仲裁委员会提出仲裁请求而撰写的法律文书。

经济仲裁书一般有仲裁申请书、仲裁答辩书、调解书、申请执行书四种。经济仲裁书既可以保护当事人的合法权益，也可以提高审判工作的质量和对降低纠纷解决成本起到积极的作用，更加有利于高效、公正地解决双方当事人的纠纷。

第二节　仲裁申请书、仲裁答辩书、仲裁调解书和申请执行书

一、仲裁申请书

1. 仲裁申请及仲裁申请书的概念

仲裁申请是指平等主体的公民、法人和其他组织就他们之间发生的合同纠纷和其他财产权益纠纷，根据仲裁协议，请求仲裁委员会进行裁决的行为。

当事人申请仲裁应当符合下列条件：

（1）有仲裁协议，这是申请仲裁必备的首要条件，没有仲裁协议就不能申请仲裁。

（2）有具体的仲裁请求和事实、理由。具体的仲裁请求是指仲裁申请人想通过仲裁解决什么问题，保护自己的什么财产权益。事实是指合同纠纷和其他财产权益纠纷发生的经过。申请人如有证明事实的证据，应向仲裁庭提供。仲裁的理由即提出仲裁请求的道理，它是申请人主观上的认识，可能正确也可能不正确，并不强调申请人必须提供客观存在的确凿无疑的事实根据才予受理。

（3）属于仲裁委员会的受理范围。符合仲裁法规定的当事人申请仲裁的纠纷应当是平等主体的公民、法人和其他组织之间发生的合同纠纷和其他财产权益纠纷。不属于仲裁委员会的受案范围，不能申请仲裁。

仲裁申请书是指争议的一方当事人（申请人）根据仲裁协议将已发生的争议正式提交仲裁委员会申请裁决以保护其合法权益的法律文书。

2. 仲裁申请书的结构和内容

仲裁申请书一般由标题、首部、主体、尾部四部分组成。

（1）标题。标题写明案件的性质和文种，如"经济合同纠纷仲裁申请书"或"仲裁申请书"即可。

（2）首部。首部写明受理机关的名称；当事人的基本情况，分别写明申诉方和被申诉方的姓名、工作单位、职务、地址等，同时写明各自在原裁决中的地位。

（3）主体。主体包括仲裁请求和事实理由。

1）仲裁请求。主要是请求仲裁委解决纠纷的具体事项，即申请人通过申请仲裁所要达到的目的。例如，因拖欠货款引起的买卖合同纠纷，可以提出要求对方何时给付货款，并承担违约金的责任。如因违约造成损失的，还可以提出赔偿损失的数额和仲裁费用的承担等内容。仲裁的请求应明确、具体、合法合理，同时应注意不要遗漏。

另外，申请人如要申请财产或证据保全，则要另写申请书。

2）仲裁请求所依据的事实和理由。这里所说的事实是当事人双方争议的事实或是被申请人违约或侵权的事实和证据。事实的具体内容主要有：①当事人之间的法律关系；②争议的发展过程；③争议的焦点和主要内容；④对方（被申请人）应承担的责任。所依据的事实要如实陈述，具体清楚，有理有据。

所陈述的事实需要有证据支持。申请人负有举证的责任，可在叙述事实中，用括号加以注明；也可在叙述事实之后，再写明证据。申请人举证时要注意：①列举证据名称、内容及证明的对象；②说明证据的来源和可靠程度；③写明证人的姓名和住所；④提交证据的原件及复印件。

在事实陈述清楚之后，应概括地分析纠纷的性质、危害、结果和责任，同时要提出仲裁请求所依据的法律条款，以论证请求的合理性和合法性。

（4）尾部。尾部依次写明：致送仲裁委的名称、仲裁申请人签章、仲裁申请时间和附件名称。

二、仲裁答辩书

1. 仲裁答辩书的概念

仲裁答辩书是指在经济纠纷仲裁中的被告人对仲裁申请书副本的内容在应诉时进行答复和辩解的一种诉讼文书。

2. 仲裁答辩书的结构和内容

仲裁答辩书一般由标题、首部、主体和尾部四个部分组成。

（1）标题。标题写明案件的性质和文种，如"仲裁答辩状"或"答辩状"即可。

（2）首部。首部写明答辩人的基本情况，包括答辩人的姓名或名称、所在地址、职务、联系方式等内容。

（3）主体。主体一般包括案由、事实和理由、请求事项三部分内容。

1）案由。案由为主体的前言部分，主要写明对申诉人为何案提出申诉而答辩。一般写法为"答辩人于××××年×月×日，接到××仲裁委员会交来申诉人×××因××××××一案的仲裁申请书副本一份，现答辩如下："或"答辩人因申诉人×××提出××××仲裁一案，现答辩如下："。

2）事实和理由。事实和理由为仲裁答辩书的关键部分，一般应针对申诉人在仲裁申请书中提出的事实和理由等，根据客观事实和法律依据，进行有理有据的反驳、辩解，不能无的放矢，强词夺理。

3）请求事项。在充分阐明答辩理由的基础上，申明自己的观点。主要包括根据有关法律规定，证明自己辩解、反驳的合理有效性；根据事实，证明自己答辩的正确性。通过揭露当事人仲裁请求的错误或不当之处，进而提请仲裁委员会公正裁判。

（4）尾部。尾部写明呈文对象，答辩人签名、盖章，落款日期以及附加项，附加项一般包括答辩书副本的份数和其他证明材料的份数。

三、仲裁调解书

1. 仲裁调解书的概念及制作的法律依据

仲裁调解书，是指在仲裁机构的主持下，双方当事人自愿达成协议，而由仲裁机构制作的记载协议内容且具有法律效力的法律文书。我国《仲裁法》把调解确定为一项重要内容，并规定了仲裁调解书的法律效力。我国《仲裁法》第五十一条规定："仲裁庭在做出裁决前，可以先行调解。当事人自愿调解的，仲裁庭应当调解。调解不成的，应当及时做出裁决。调解达成协议的，仲裁庭应当制作调解书或者根据协议的结果制作裁决书。调解书与裁决书具有同等法律效力。"该法第五十二条规定："调解书应当写明仲裁请求和当事人协议的结果。调解书由仲裁员签名，加盖仲裁委员会印章，送达双方当事人。调解书经双方当事人签收后，即发生法律效力。"

2. 仲裁调解书的结构和内容

（1）首部。仲裁调解书的首部应当写明调解书制作机构的名称、文书名称、文书编号、申请人和被申请人的基本情况、委托代理人的基本情况。文书制作机构的名称为仲裁委员会的名称，文书名称为"仲裁调解书"，机构名称和文书名称分两行居中书写，如"广州仲裁委员会仲裁调解书"。文书编号一般要包括年份、机构简称、文书性质及序号，写在文书名称的稍下偏右的位置，如"（2017）穗仲案字第××号"。申请人和被申请人的基本情况应分别写明，具体包括当事人的姓名、性别、年龄、身份证号码、住所、联系地址、委托代理人情况；当事人若为法人或者其他组织的，则应列明法人或者其他组织的名称、住所和法定代表人或者主要负责人的姓名、职务。

（2）正文。仲裁调解书的正文应包括以下内容。

1)仲裁的程序内容,主要包括:仲裁委员会受理案件的依据,仲裁材料提交、送达的情况,仲裁庭的产生和组成情况,以及仲裁庭对案件的审理情况。

2)双方当事人之间的合同以及所发生的争议事项。

3)仲裁请求和当事人协议的结果。这是调解书中最为重要的内容,也是调解书的法定内容,不可遗缺。协议不止一项的,应分别列明,并记载履行的具体期限和方式,使调解内容具有可操作性。

(3)尾部。调解协议是双方当事人就合同纠纷的解决协商一致达成的协议,本身只具有合同的性质,其要获得法律强制执行力,必须经仲裁庭确认后,制作成仲裁调解书,因此,在写明调解协议的内容之后,应当另起一行写明:"以上调解协议是双方当事人的真实意思表示,符合有关法律规定,仲裁庭予以确认。本调解书自双方当事人签收之日起生效。"在调解书的右下方由仲裁员、办案秘书依次签名,并加盖仲裁委员会印章,在签名的下方注明调解书的制作日期。

四、申请执行书

1. 申请执行书的概念

申请执行书,是公民、法人或其他组织在对方拒不履行裁判确定义务的情况下,根据已经发生法律效力的法律文书,向有管辖权的人民法院提出申请,责令对方履行义务时使用的文书。

2. 申请执行书的结构和内容

申请执行书由标题、首部、主体、尾部、附项五部分组成。

(1)标题。标题写出"申请执行书"即可。

(2)首部。首部写明当事人的基本情况,依次写出申请人和被申请人的姓名、性别、年龄、民族、籍贯、职业、单位和地址等。申请人若是单位(组织),应写明单位全称、所在地址,法定代表人或主要负责人的姓名、职务,委托代理人的姓名、单位、职务。

(3)主体。主体一般包括事实和理由、请求事项两个部分。

1)事实和理由。首先,要简明扼要阐述原案情和处理结果,并说明当前被申请人执行情况。其次,要用确凿的证据和充分的理由详细说明被申请人应当履行且有能力履行而不履行的事实情况,对于被申请人种种不履行或拒绝履行的借口做出有力的反驳,重点强调执行的必要性。

2)请求事项。请求事项是申请人提出申请的意旨所在,申请人根据被申请人不履行法律确定的义务的实际情况,最好能按照法律规定的几种执行措施提出明确具体的要求。

(4)尾部。尾部写呈文对象即申请执行书提交的人民法院名称,申请人签名、盖章,申请日期。

（5）附项。附项主要附送有关执行的法律文书、各种证件等，必须写清附件名称、来源、件数等内容。如果有证人，要写明证人姓名、住址等。

【例文导读】

1. 仲裁申请书格式例文

仲裁申请书

申请人：北京_____家具有限公司

地址：北京市_____区_____镇（乡）

法定代表人：李_____　职务：董事长

委托代理人：刘_____　职务：_____律师事务所律师

被申请人：_____国_____家具销售中心

地址：_____市_____区_____路_____号

法定代表人：郑_____　职务：总经理

案由：购销合同纠纷。

仲裁请求：

1. 被申请人返还申请人货款_____万美元；
2. 被申请人承担仲裁全部费用。

事实和理由：

_____年_____月，申请人与被申请人订立家具生产机械设备购销合同，约定被申请人于_____年_____月_____日前供给申请人该国产木制家具生产设备一套，申请人分别于同年_____月_____日之前和收到设备之日支付被申请人该套设备款的60%和40%，共计_____万美元。此后，双方各自分别履行了上述约定。

_____年_____月，申请人在对上述设备安装调试后得知，该套生产设备的国际公平市场价格只有_____余万美元，远远低于被申请人在订立合同时的报价，遂委托北京进出口商品检验局对该套生产设备进行价值鉴定，鉴定结果表明，该套生产设备属于全新状态时的公平市场鉴定总金额为_____万美元。被申请人在为申请人购买这套生产设备时索取的货款明显高于其实际价值。

为公平解决这套设备的款额问题，减少申请人的经济损失，申请人多次以友好的态度与被申请人协商，希望在

评析

1. 标题。
2. 首部。介绍当事人的基本情况。

3. 主体。由请求事项、事实和理由组成。

确保被申请人合法利润的前提下由被申请人退回多付的部分货款,但被申请人以"合同已经履行完毕""设备价款系双方约定的"为由予以拒绝。

为使申请人与被申请人之间的争议得到公正的解决,确保申请人的合法利益,特依据申请人与被申请人之间订立的仲裁协议向仲裁机构提出仲裁申请,请依法仲裁。

证据和证据来源:
1. 购销合同书,由争议双方共同订立。
2. 生产设备明细表,被申请人提供,申请人核查签收。
3. 生产设备付款单据,被申请人给付。
4. 鉴定证书,北京进出口商品检验局提供。

此致
中国国际经济贸易仲裁委员会

   申请人:_____市_____家具有限公司
      _____年____月____日

附:1. 申请书副本4份。
  2. 仲裁协议书4份。
  3. 证据材料:合同书4份;鉴定证书4份;其他材料4份。

声明

我公司授权并请求中国国际贸易仲裁委员会主席在我方与_____国,_____家具中国制作销售中心购销合同争议案中代我方指定仲裁员,如被申请方未在仲裁程序暂行规则规定的期限内指定仲裁员,我方要求中国国际贸易仲裁委员会主席代被申请方指定仲裁员1人。

    _____市_____家具有限公司
     _____年____月____日

资料来源:http://www.aimsee.com。

4. 尾部。包括申请人姓名、日期。
5. 附项。

2. 仲裁答辩书格式例文

仲裁答辩书

答辩人:××市××房地产开发公司
地址:××市××路××号
法定代表人:××× 职务:经理
申请人:××市第三建筑设计院

评析
1. 标题。
2. 首部。介绍当事人的基本情况。

地址：××市××路××号

法定代表人：×××　职务：院长

因申请人××市第三建筑设计院向贵会申请仲裁设计合同，追索设计费、赔偿损失一案，我公司根据事实特做如下答辩：

我公司与申请人于20××年×月×日签订了《商贸楼设计合同》。根据合同条款，我公司向申请人预付5万元人民币（设计费总额的20%）作为定金。后我公司因内部原因曾于同年×月×日向申请人说明情况，提出要求终止合同。双方进行了多次磋商，终因申请人索取费用（包括所谓"设计费"和"赔偿费"等）过高，双方未能达成协议。于是申请人向贵会申请仲裁。现就申请人提出的理由答辩如下：

一、申请人要求我公司支付"设计方案意见费"8万元是毫无根据的。

根据××××年×××计委印发的《工程设计收费标准》总说明中第十七条的规定："设计费按设计进度分期拨付，设计合同生效后，委托方应向设计单位预付设计费的20%作为定金，初步设计完成后付30%，施工图完成后付50%。"然而申请方向我公司提交的是《设计方案意见书》，并不是初步设计书。根据规定，初步设计书应包括初步说明书，初步设计概算书及设备、结构、电器三个专业图纸。而申请人只交付《设计方案意见书》要我公司审批，我公司认为申请人没有完成合乎规定的初步设计，因此不能按规定支付设计费。

我公司与申请方签订的设计合同第五条第二款的规定："方案设计完成后20天内，甲方即向乙方支付设计费8万元。"该合同规定也是指初步设计书完成后付8万元，并不是指《设计方案意见书》完成后即付8万元。申请人把两个不同的概念混为一谈，向我公司追索8万元，既不符合国家的有关规定，也不符合合同条款规定，因此，我公司拒绝申请人的请求是有充分理由的。据此，申请人请求我公司支付延期付款0.5万元的违约金也是没有根据的。

二、申请人要求我公司赔偿经济损失3.4万元（其中施工图设计2.9万元，逾期违约金0.5万元）是没有根据的。

双方签订的设计合同规定："写字商务楼的基础图，在

3. 正文。事实和理由、答辩请求。

设计方案认可后两个月及收到勘察资料后一个月内交付。"申请人在我公司对《设计方案意见书》尚未认可的情况下，违反双方签订的设计合同条款规定，这是不履行合同的行为，所造成的后果应由申请人一方负责，我公司不承担任何经济损失责任。所以，我公司不承担申请人提出的施工图设计费2.9万元及其他经济损失的责任，这是理所当然的。

三、根据《建筑工程勘察设计合同条例》第七条之规定："按规定收取费用的勘察设计合同生效后，委托方应向承包方付给约定金。勘察设计合同履行后，定金抵扣勘察、设计费。"又规定："委托方不履行合同的无权请求返还定金。"根据以上条款，我公司与申请人签订合同后，按规定支付5万元定金，并且申请人也提交了《设计方案意见书》，双方均已履行合同，只是由于客观情况的变化提出终止合同，并不是不履行合同。所以申请人毫无理由扣我公司的5万元定金。另外收取方案设计费8万元的行为，更是没有道理。我公司的意见是，可用定金抵作申请人所提供的《设计方案意见书》的设计费用。

综合上述意见，我公司请求仲裁委员会做出公正裁决。
此致
××市工商行政管理局经济合同仲裁委员会

答辩人：××市××房地产开发公司（公章）

法定代表人：×××（签章）

二〇××年×月×日

附：
1. 本仲裁答辩书副本2份。
2. 书证4份：《商贸楼设计合同》1份、定金收据1份、《设计方案意见书》1份、《关于要求终止合同的函》1份。

资料来源：http://222.200.11.4/kean/e/DZJC1/10-2.html.

4. 尾部。答辩人署名、日期。
5. 附项。

3. 仲裁调解书格式例文

仲裁调解书

申请人×××，男，汉族
委托代理人：刘文佰

评析
1. 标题。
2. 首部。介绍双方当事人基本情况。

被申请人：×××
住所地：××××
法定代表人：×××
委托代理人：×××

  申请人×××与被申请×××之间的商品房买卖合同纠纷一案，本会受理后依法组成仲裁庭，对本案进行了开庭审理。申请人×××及其委托代理人刘文佰，被申请人的委托代理人×××，出庭参加了仲裁，本案现已审理终结。

  申请人称：申请人与被申请人于2007年9月签订位于×××住宅合同。约定购买住宅款为525 000.00元。约定交房时间为2008年6月前，逾期交付房屋90日内按照已交购房款0.015%支付违约金，超过90天内按照交购房款0.002%支付违约金。逾期办理房屋产权登记手续，按照已交购房款的0.5%支付违约金。双方签订房屋买卖合同及补充协议后再违约，则支付总购房款10%的违约金。申请人如约支付了购房款，被申请人逾期交房，产权证至今没办理。申请人请求裁决如下：①由被申请人支付申请人逾期交房违约金、逾期办理购房产权证违约金合计人民币70 699.00元；②被申请人承担本案仲裁费及实际支出费用。

  在仲裁庭的主持下，申请人与被申请人在平等自愿的基础上，本着互谅互让的原则，经友好协商，达成调解协议如下：

  一、被申请人×××给付申请人×××逾期交付房屋违约金和逾期办理产权手续违约金共35 000.00元。

  二、仲裁费用7 600.00元，由被申请人×××承担3 800.00元，由申请人×××承担3 800.00元。

  上述款项由被申请人×××自本调解书下发后一个月内给付申请人×××。

  本调解书自双方当事人签收之日起即发生法律效力。

仲裁员
仲裁委员会
日期：20××年7月11日

资料来源：http://www.66law.cn/goodcase/18268.aspx。

3. 案由。

4. 纠纷的主要事实和责任大小。

5. 协议的内容和费用。

6. 尾部。仲裁员及仲裁委员会、日期。

4. 申请执行书格式例文

申请执行书

执行申请人：北京××在线科技有限公司

住所地：北京大兴区××镇××村委会

法定代表人：赵××

电话：139101×××××

被申请人：××市××网络系统技术有限公司

住所地：河北××市××道44号

法定代表人：刘××

电话：139101×××××

申请事项

1. 请求强制执行（2005）海民初字第179×××号民事判决书即被申请人向申请人支付货款339 200元人民币，承担诉讼费7 889元人民币，违约金以未付货款339 200元人民币，自2004年9月28日至货款付清之日止，按每日0.021‰计算，以上共计379 499元人民币（至执行立案时）。

2. 被申请人加倍支付迟延履行利息。

事实与理由

执行申请人诉被申请人买卖合同纠纷一案，2005年10月20日北京海淀区人民法院做出（2005）海民初字第179×××号民事判决，确定被申请人向申请人支付339 200元人民币，承担诉讼费7 889元人民币，违约金以未付货款339 200元人民币，自2004年9月28日至货款付清之日止，按每日0.021‰计算，至执行立案时违约金为32 409元人民币。现在该民事判决已经生效。被申请人拒不履行判决，为维护申请人的合法权益，特申请贵院强制执行该判决。

此致

北京市海淀区人民法院

执行申请人：

法定代表人：

年　月　日

附：判决书复印件×份。

资料来源：http://zhidao.baidu.com/question/153970449.html。

评析

1. 标题。
2. 首部。介绍当事人基本情况。
3. 申请人事项和理由。

4. 请求目的。

5. 尾部。

【应用升级】 请根据上述例文，结合以下具体格式，再次体会经济仲裁文书的写作特点。

1. 仲裁申请书的基本格式

仲裁申请书

申请人：姓名、性别、出生年月、民族、文化程度、工作单位、职业、住址（申请人如为单位，应写明单位名称、法定代表人姓名及职务、单位地址）。

被申请人：姓名、性别、出生年月、民族、文化程度、工作单位、职业、住址（被申请人如为单位，应写明单位名称、法定代表人姓名及职务、单位地址）。

请求事项：（写明申请仲裁所要达到的目的）。

事实和理由：（写明申请仲裁或提出主张的事实依据和法律依据，包括证据情况和证人姓名及联系地址。特别要注意写明申请仲裁所依据的仲裁协议）。

此致
××××仲裁委员会

申请人：（签名或盖章）
××××年××月××日

附：一、申请书副本×份（按被申请人人数确定份数）。
　　二、证据××份。
　　三、其他材料××份。

资料来源：http://www.chinalawedu.com/news/2004_10/18/1559594174.htm。

2. 仲裁答辩书的基本格式

仲裁答辩书

答辩人：
答辩人名称：＿＿＿＿＿＿＿＿＿　地址：＿＿＿＿＿＿＿＿＿
法定代表人：姓名：＿＿＿＿＿＿＿＿＿　职务：＿＿＿＿＿
住址：＿＿＿＿＿＿＿＿＿　电话：＿＿＿＿＿＿＿＿＿
委托代理人：姓名：＿＿＿＿＿＿　性别：＿＿＿＿＿＿　年龄：＿＿＿＿＿
工作单位：＿＿＿＿＿＿＿＿＿　职务：＿＿＿＿＿＿
住址：＿＿＿＿＿＿＿＿＿　电话：＿＿＿＿＿＿＿＿＿
申诉人因＿＿＿＿＿＿＿＿＿＿诉我＿＿＿＿＿＿＿＿一案，
现提出答辩意见如下：＿＿＿＿＿＿＿＿＿＿＿＿＿＿＿＿＿＿＿
＿＿＿＿＿＿＿＿＿＿＿＿＿＿＿＿＿＿＿＿＿＿＿＿＿＿＿＿＿
此致
　　＿＿＿＿＿＿＿＿＿仲裁委员会

答辩人：＿＿＿＿＿＿＿＿（盖章）
法定代表人：＿＿＿＿＿＿＿＿（签章）
＿＿＿＿年＿＿＿月＿＿＿日

附：

1. 答辩书副本_____份。

2. 其他证明材料_____件。

3. 仲裁调解书的基本格式

××仲裁委员会
仲裁调解书
（调解书文号）

申请人：（申请人的名称、住所、法定代表人姓名与职务、委托代理人姓名与职务）

被申请人：（被申请人的名称、住所、法定代表人姓名与职务、委托代理人姓名与职务）

（仲裁委员会受理案件的依据、仲裁庭的产生和组成情况，以及仲裁庭对案件的审理情况）

（当事人的仲裁请求）

在仲裁庭主持下，双方当事人本着互谅互让，协商解决问题的精神，达成调解协议，仲裁庭确认的调解结果如下：

（仲裁庭确认的调解结果）

本调解书与裁决书具有同等法律效力，自双方当事人签收之日起生效。

独任仲裁员：×××签字
（日期）
书记员：签字
（××仲裁委员会印）

4. 申请执行书的基本格式

申请执行书

申请人：

被申请人：

上列当事人间，因_____一案，业经_____人民法院于_____年_____月_____日做出（　　）_____字第_____号一审（或终审）民事判决，（或仲裁委员会于_____年___月___日做出（　　）_____字第_____号裁决），被申请人拒不遵照判决（或裁决）履行。为此，特申请贵院给予强制执行。现将事实、理由和具体请求事项分述如下：

如果是经公证处发给强制执行公证书的，其写法是：

上列当事人间，因_____事项，经_____公证处于_____年___月___日发给（　　）_____字第_____号强制执行公证书，据此，申请贵院给予强制执行。现将事实、理由和具体请求目的叙述如下：

请求事项：

事实与理由：

此致

_____人民法院

　　　　　　　　　　　　　　　　　　申请人：（签章）
　　　　　　　　　　　　　　　　　　法定代表人：
　　　　　　　　　　　　　　　　　　委托代表人：
　　　　　　　　　　　　　　　　　　　　年　月　日

　　附：
　　1. 书证_____（名称）_____件。
　　2. 物证_____（名称）_____件。
　　3. 证人_____，住_____。
　　4. ×××仲裁委员会裁决复印件一份。
　　5. ×××公证处强制执行公证书复印件一份。

【填写说明】

　　1. 请求事项。在叙述事实、论证理由的基础上，提出具体、明确的请求目的。最好按照法律规定的几种执行措施提出具体请求，以供人民法院考虑。

　　2. 事实与理由。简要地叙述原案情和处理结果，并说明现在的执行状况，同时要阐明强制执行的必要性。

　　资料来源：http://www.zjcourt.cn/.

小知识

　　仲裁范围即仲裁的适用范围。它是指仲裁作为一种解决纠纷的方式，可以解决哪些纠纷，不能解决哪些纠纷，也就是纠纷的可仲裁性问题。

　　仲裁范围是由《仲裁法》加以规定的。根据我国《仲裁法》第二条、第三条的规定，平等主体的公民、法人和其他组织之间发生的合同纠纷和其他财产权益纠纷，可以仲裁。下列纠纷不能仲裁：①婚姻、收养、监护、扶养、继承纠纷；②依法应当由行政机关处理的行政争议。

　　根据《仲裁法》第七十七条的规定，劳动争议和农业集体经济组织内部的农业承包合同纠纷的仲裁，另行规定。也就是说，劳动争议和农业集体经济组织内部的农业承包合同纠纷，不属于仲裁法所规定的仲裁范围。

　　资料来源：http://news.9ask.cn/jjzc/zcfw/200905/185785.html.

【模拟实训】

一、名词解释

　　1. 经济仲裁申请书
　　2. 经济仲裁答辩书
　　3. 仲裁调解书

4. 申请执行书

二、判断题（请在题后的括号内打上"√"或"×"）

1. 仲裁机构可以行使经济审判权。（   ）
2. 经济仲裁申请书是仲裁机构进行仲裁的主要依据之一。（   ）
3. 经济仲裁申请书要详细描述经济纠纷的来龙去脉，以便仲裁机构裁决。（   ）
4. 被申诉人收到仲裁申请书后，向仲裁机构提交仲裁答辩书可以无限期。（   ）
5. 被申诉人不提交答辩书，仲裁程序可以照常进行。（   ）
6. 经济仲裁答辩书只能由被申诉人或委托代理人提出。（   ）

三、问答题

1. 经济仲裁申请书的结构由哪几部分组成？试简述各部分的写法。
2. 经济仲裁答辩书的答辩意见部分一般写哪些内容？

四、病文分析

细读下列病文，试指出其遗漏了哪些结构内容。

仲裁申请书

申诉方：××市××区新光机械厂

法定代表人：×××，男，40岁，新光机械厂经济开发部部长

委托代理人：××市法律顾问处律师，×××，女，38岁

被申诉方：××省××市××区桥梁设备厂

××××年×月×日，被申诉方与申诉方签订的经济技术联合体合同开始生效。合同中明文规定：申诉人应从联合体纯利润中分红40%，此外，合同中对成本摊销、缴纳税收、利润留成、派遣管理人员、技术人员入股等办法都做了详细规定（见附件一）。

在××××年×月×日完成了上年度财务决算，表明纯利额为300万元，申诉人应分利润为120万元（见附件二）。但是，当申诉人要求将这120万元转至自己的开户行时，被申诉人却以发展新项目、对成本管理办法有意见和技术入股不合要求为理由，一再拒绝拨款，致使申诉人应得红利额落空，进而致使申诉人需用这部分款项的新合作项目无法拨款，经××省××市工商行政管理仲裁，要申诉人赔偿对方损失30万元（见附件三），给申诉人的生产经营造成了很大损失。

鉴于上述情况，被申诉人的违约行为已给申诉人造成了不应有的损失（见附件四、附件五）。为了维护申诉人的合法权益，以免遭更大损失，特申请仲裁。

申诉人：××市××新光机械厂
法定代表人：×××
××××年×月×日

资料来源：http://222.200.11.4/kean/e/DZJC1/10-1-L.html。

五、阅读分析题

阅读课外书刊或网上的经济仲裁答辩书、经济仲裁申请书、仲裁调解书、申请执行书，分析其结构与写法是否正确。

Chapter 20
课题二十

契约类文书

📖 应用导航

原料采购合同

甲方（需货方）：

乙方（供货方）：

甲乙双方经友好协商，本着公平、诚信、平等合作、互利互惠，经充分协商，特达成如下协议：

一、产品供货价格

乙方按照甲方要求保质保量提供甲方所需木料：5×20cm 架子板，每张 100 元；6×12cm 方木，每根 70 元；1.2×2.4×0.8m 模板，每张 100 元。

二、供货时间

为确保乙方及时向甲方供货，甲方应提前 5 天通知乙方所需要产品的规格、型号及数量。

三、货款结算

乙方将货物运送到甲方指定现场，并经甲方验收交接后一次性付清该货款。

四、甲方应在货物交付后 3 日内对产品进行验收或委托最终用户对产品进行验收。如甲方或最终用户在收到产品 3 日内未对产品验收，则视为产品验收合格。

五、运输费用

一次性提货不足 30 件，运费由甲方承担；一次性提货 30 件以上，运费由乙方承担。

六、不可抗力

如因地震、台风、水灾、火灾、战争、内乱、政府行为、原厂家原因等不可抗力导致协议迟延履行或不能履行，不构成对本协议的违约，但遭遇不可抗力的一方应及时通知另一方，双方应视实际情况讨论协商。

七、本协议未尽事宜，双方协商解决。

八、此协议一式两份，甲乙双方各持一份，签字盖章后生效，共同遵守

九、解决合同纠纷的方式：一旦双方发生纠纷，自行协商不成时，到仲裁机构仲裁

十、本合同一式两份，供、需双方各执一份

供　　方	需　　方
单位名称（章）	单位名称（章）
单位地址：	单位地址：
法定代表人：	法定代表人：
委托代理人：	委托代理人：
电报挂号：	电报挂号：
开户银行：	开户银行：
账　　号：	账　　号：
邮政编码：	邮政编码：
电　　话：	电　　话：

签约时间：××××年×月×日

【点评】

这是一份采购合同，由标题、约首、正文和约尾构成。标题由合同性质加文种组成；约首部分包含了订立合同的各方名称；正文包括前言和合同条款，款项齐全，内容具体；约尾写了国家有关部门规范的10项内容。这是一份比较规范的买卖合同文本。

点睛之笔

教学重点：
掌握合同的格式和写法。

教学难点：
1. 理解契约类应用文的概念、分类等基本知识。
2. 了解契约类应用文的相关法律法规。

第一节　经济合同

一、经济合同的概念及原则

根据《中华人民共和国合同法》的规定，合同是指"平等主体的自然人、法人、其他组织之间设立、变更、终止民事权利义务关系的协议"。合同属于契约类文书。所谓契约就是用文字把双方（或数方）交往中商定的有关事项记载下来，作为检查信用的凭证而具有约束作用。在我国古代，契约也称为券，依其券刻书写的材料不同分为竹券、布券、纸券等，双方用文字将议定的事记录下来后，把券分为两半，各执一半为凭信。如约对证，须将两券合二为一；如双方有争讼，验证契券，判定曲直。也有少数契约被分为三部分，双方及证人各执一部分，验合时须三券合一。契券验合相同是契约为真，发生效力的最起码条件。合同从字面上来理解含有合起来相同的意思，这是契约的延伸。

经济合同是在经济领域内使用的合同，是狭义的合同，是合同当事者为实现一定的经济目的而达成的经济协议。

为使社会主义市场经济健康有序发展，保护经济活动中当事人的合法权益，我国先后制定了一系列法律法规，1993年3月全国人大九届二次会议通过了新的《合同法》，该法律自1999年10月1日起实施。《中华人民共和国合同法》是把原来的《中华人民共和国经济合同法》《中华人民共和国涉外经济合同法》《中华人民共和国技术合同法》三部合同法统一起来，舍弃了计划经济色彩浓厚的条款，增加了与现行体制相适应的新条款，在合同类型、合同效力、合同履行等方面做出了一些新的规定。而2018年修订的《中华人民共和国合同法》明确：在六种情况下，依照《合同法》的规定，也是会终止合同的权利和义务的。

作为一种法律性经济文书，订立经济合同应遵循五大原则。

1. 平等原则

平等指合同双方的平等关系。不论是购与销、租与赁、借与贷，也不论单位大小、部门级别高低，双方在协商时关系是平等的。一切条款都必须在协商中取得一致后才能写入，任何一方不得把自己的意愿强加给另一方。

2. 自愿原则

合同当事人依法享有自愿订立合同的权利，任何单位和个人不得非法干预。当事人应该表示自己真实的意愿，如果另一方以欺诈、胁迫的手段或者乘人之危，使对方在违背真实意思的情况下订立合同，那么受损害方有权请求人民法院或者仲裁机构变更或者撤销该合同。

3. 公平原则

为了达到各自的经济目的，双方都必须享有要求对方的权利，同时也应承担保证双方权利实现的义务。例如，收货交货、付款收款等，表现为甲方的权力就是乙方的义务，乙方的权利就是甲方的义务，即双方权利与义务相互转化。

4. 诚信原则

当事人行使权利、履行义务应当遵守诚实守信的原则。这是保障双方权益和提高经济效益的根本基础。

5. 合法原则

签订合同是一种法律行为，因为合同本身不同于为处理一般事物而撰写的文书，它是一种制约性的文书，要求当事人按照国家法令、政策签订。合同一经签订就受到了法律的承认和保护，本身也就具有了法律效力。双方当事人对合同的各项条款必须认真执行，不得随意违反，否则就要承担法律责任。

二、经济合同的作用

随着我国社会主义市场经济的发展，经济合同的作用越来越重要，主要表现在以下六个方面。

1. **保护当事人权益的依据**

签订经济合同是当事人双方的法律行为，合同的确立，标志着当事人双方都受到约束，其主体利益也得到了法律的保护。当合同主体之间发生纠纷时，当事人可通过法律程序上诉，法院有责任按照合同的有关规定，对经济合同当事人双方做出裁决，使得各自的利益得到保护。

2. **政府宏观调控的需要**

在社会主义市场经济条件下，国家需要确定相应的宏观经济政策。推行经济合同制，有利于国家政策具体、准确地落实到产、供、销各个环节，使各部门紧密联系在一起，形成统一的经济整体。在经济合同的制约下，各个经济组织必须严格履行合同，使其在自身发展的同时保证国家经济目标的圆满完成。国家还可以通过了解全国各行业所签订的经济合同及其执行情况，掌握社会的总需求和实际生产能力的情况，以此确定宏观调控政策的依据。

3. **专业化协调的工具**

现代化大生产的明显特征就是产业分工越来越细，专业化程度越来越高。要想使整个经济健康、合理、有序地发展，各类经济组织建立密切协作的关系显得尤为重要。合同这一法律工具，可以把生产、流通各个部门按经济规律合理地组装成一个整体，使它们互相依赖、互相推动，促进经济组织之间协作关系的正常发展和不断巩固。

4. **提高经济效益的措施**

合同制是一种用经济手段管理经济的有效措施。各个行业为了实现一定的经济目的，在签订经济合同之前，要认真地进行调查研究，做好市场预测，对原料、产品、销售等都要了解掌握。合同一经签订，企业为了履行合同，管理者必须实施有效的管理，充分利用人力、物力，千方百计地挖潜、降耗、增产，以保证内部各环节的衔接，货畅其流，物尽其用，加速资金的周转。这样能够促进企业精打细算，努力提高经济效益。

5. **规范市场行为，优化经济环境**

要形成统一、开放、竞争、有序的社会主义市场经济，必须有健全的法律体系保驾护航。合同化管理是法制建设的重要部分，合同使不同的企业、不同身份的人都有平等的地位。合同的各项条款又严格地规范了利益各方的竞争行为，竞争的平等有序又为进一步开拓市场、搞活经济创造了更好的条件。

6. **对外协作的纽带**

随着改革开放的不断推进，国际经济交往日益增多，涉外合同也逐渐增加，它对发展对外贸易、引进外资、利用外国先进技术和管理经验起到了纽带的作用，促进了经济的进一步繁荣。

三、经济合同的种类

合同种类繁多，按照合同内容可分为：买卖合同，供用电、水、热力合同，赠与合同，借款合同，租赁合同，融资合同，承揽合同，建设工程合同，运输合同，技术合同，保管合同，委托合同，行纪合同，仓储合同，居间合同等。为了方便实用，国家及地方工商管理部门制定了相关的合同示范文本。

另外，合同还可以从其他角度分类。从形式上，可以把合同分为书面形式、口头形式及其他形式。

四、经济合同的内容与结构

1. 经济合同的内容

经济合同的内容主要是指当事人对双方权利义务关系的各种约定，体现在两个方面，一是当事人根据法律规定必须约定的内容，也称必备内容或约定内容，法定内容包括当事人的名称或姓名住所、标的、数量、质量、价款或酬金、履行的期限地点方式、违约责任、解决争议的方式方法；二是根据合同的不同种类、不同性质及不同需求由当事人双方自行约定的内容，也称选择性的内容。例如，买卖合同与工程建设合同，其权利义务关系不同，合同内容也不同；同样是买卖合同，食品买卖合同与电器买卖合同中当事人的权利义务关系不同，合同内容也不相同。

以下重点介绍法定内容。

（1）当事人的名称或姓名和住所。如果当事人是自然人，其姓名应与公安机关颁布的身份证上的姓名相一致。如果当事人是法人或者其他组织，要写上经核准登记的单位名称。

（2）标的。标的是经济合同当事人权利义务共同指向的对象，也就是经济合同的中心内容，即合同要达到的目的，是合同当事人权利义务的依据。如果没有合同标的，经济合同就不能成立，无法履行。因此，标的是一切经济合同必须具备的首要条款。

经济合同的标的的表现形式可以是货物，可以是劳务，也可以是货币，也可以是知识产权。合同种类不同其标的也不尽相同。例如，购销合同的标的是产品；租赁合同的标的是租赁物；建筑工程合同的标的是工程项目；借贷合同的标的是货币；雇工合同的标的是劳务。标的的名称的规定，要准确、具体。如果名称规定得过于笼统、含糊不清，履行合同时就可能发生困难或出现差错和误会。当事人在规定标的名称时，要尽量采用通用的名称，不要用方言名称；对一些新产品、新品种的名称，应经有关部门和专家鉴定命名或批准才能使用。在使用地区性习惯名称时，当事人双方要取得一致口径。

（3）数量。数量是指标的在量的方面的限度是标的计量，是以数字和计量单位来衡量标的尺度。例如，购销合同中供方的交货数量，建筑安装工程承包合同中承包方完成的工程量，仓储保管合同中保管货物的数量等。经济合同中没有数量的约定，就会使双方的权利和义务处于不明确、不能衡量的状态。因此，在合同中必须明确规定标的的数量、计量单位和计量方法。

标的数量，有国家计划的应按国家下达的计划指标规定；没有国家计划的，当事人双方可根据需要和可能协商约定。计量单位是标的数量的重要组成部分。没有计量单位，标的数量仍然无法确定。在签订合同时，应使用法定计量单位。除法定计量单位外，其他计量单位，如英制、市制均不得在合同中使用，也不能在合同中使用含混不清的计量概念。

经济合同的数量条款不能使用类似"根据实际数量交货""根据市场供需情况收货""多多益善"等提法，应具体、明确。

（4）质量。质量是指经济合同标的的内在素质和外在形态优劣程度的标志，是标的适应一定用途，满足人们一定需要的特征。这是经济合同中一项重要的条款。

标的的质量衡量标准，应根据经济合同的不同而区别对待。产品和工程质量可以根据其自身的物理、化学、机械和工艺性能等特性，以及形状、外观、色彩、气味等方面的特征来判断。对产品、包装和工程质量，一般均指定质量、技术标准。有国家标准的按国家标准执行；没有国家标准的按专业标准执行；国家标准、专业标准都没有的，可按经批准的企业标准执行。劳务质量目前尚无国家统一标准，有的可以按行业的规定执行，有的可由当事人双方商定。

实行抽样检验质量的产品，合同中应确定采用抽样的标准或抽样方法及抽样比例。有些产品在商定技术条件后需要封存样品，应由当事人双方共同封存，分别保管，以作为检验依据。为确保产品质量，有些经济合同还应根据需要，规定产品的检验、检疫方法。

（5）价款或酬金。经济合同中的价款或酬金，是当事人双方中取得产品或接受劳务的一方向对方支付的货币。

价款一般是指对提供财产的当事人支付的与所提供的财产相当的货币。价款包括单价和金额两个部分。单价的确定应当按国家的有关规定执行。由国家定价的，按国家定价执行；不属于国家定价的，由供需双方协商确定。

酬金是对提供劳务或完成一定工作的当事人所给付的报酬金额，如承揽合同中的加工费、货物运输合同中的运输费等。酬金根据国家规定的标准确认。例如，铁路货物运输费，则应按国家规定确定；有些没有统一标准的，如技术服务合同的服务费，则由当事人自行协商。

与价款和酬金密切相关的是结算方式，也应在合同中明确加以规定。国内合同中一般都以人民币支付。

（6）履行期限、地点和方式。履行期限，是指一方当事人履行合同义务，另一方接受履行，合同当事人双方实现权力、履行义务的时间界限。它是确定经济合同当事人是否按时履行的客观标准。当事人只有按时履行合同，才能及时满足对方需要，达到订立合同的预期目的，保证社会经济生活的正常进行。

经济合同的履行期限应根据各类合同不同的特征而确定。例如，购销合同供方的履行期限是指交货日期；建筑安装承包合同承包方的履行期限是指工程开工到工程竣工交付使用的起止日期等。在订立经济合同履行期限的条款时，必须明确具体，要写明月份，文字表述要准确具体，不使用易引起歧义的字句。

履行地点是一方当事人履行义务，另一方当事人接受义务的地方。建筑工程承包合同的履行地点是建筑物所在地；货物运输合同的履行地点应是货物到达地；购销合同的履行地可以是供方所在地、需方所在地或需方指定地，这要根据交货方式、实际需要选择。

履行地点关系到合同是否能够及时履行，关系到当事人双方的责任承担问题，因此订立合同时，要对履行地点做出规定，不得签订没有具体履行地点的合同。

履行方式，指当事人采用什么方法来履行合同规定的义务。履行方式包括时间方式和行为方式。时间方式是指合同履行一次性全面履行完毕，还是分成几个阶段分期履行。金额小、数量小的合同采用一次性履行的方式；金额大、数量多的合同采用分期方式，一般根据成交量和供货与需方接货能力来确定。行为方式，指当事人交付标的物的方法，较常见的有送货、提货、代运等。这些方式可由双方当事人根据有关规定、历史习惯在合同中予以明确。

（7）违约责任。违约责任指当事人一方或双方，由于自己的过错造成经济合同不能履行或者不能完全履行，应按照合同约定承担经济制裁。在合同中规定违约责任，目的是维护经济合同的严肃性，督促当事人严格履行合同，加强当事人履行合同的责任心。

违约条款包括两个方面：一是在合同履行中可能出现的违约情况；二是发生了违约情况，责任方应承担什么责任。违约责任条款，在有关经济合同条例、细则无明确规定的情况下，由双方当事人协商确定。当事人承担违约责任的方式主要有支付违约金、赔偿损失、返工修理、返还财产等。

（8）解决争议的方式。解决争议的方式是指为处理合同争执、纠纷而采用的方式、程序。当事人可选择自行协商、中间人或组织调节、仲裁机构仲裁、法律诉讼等方式。

小知识

以下六种情况，依照2018年修订的《合同法》的规定，可以终止合同的权利和义务。

1. 清偿

清偿就是指合同已经如约履行完毕，合同自然就终止。比如说，借贷合同，债务人如期全额归还了欠款，那么借贷合同就从还清欠款的时候终止了。

2. 解除

解除就是指合同双方经过协商，通过合法的手段和程序将合同废除；或者说在原合同基础上修订，从而形成新的合同，那么原合同也依法解除。比如，我们最常见的解除劳动合同，用人单位与劳动者达成一致意见或者给予合理的赔偿后，签订解除劳动合同协议，劳动合同就此解除。

3. 提存

提存以终止合同常见于借贷合同中，简单来讲，就是合同到期，债务人应该向债权人还清债务时，由于债权人的原因，如失踪、无故拒绝收回欠款，债务人可以将欠款交给提存部门保存，同时终止借贷合同。

4. 抵销

抵销也常见于借贷合同中，当双方各与对方负有债务时，可以经双方协商达成一致意见后，使双方的债权和债务相互抵销，达到清偿效果，从而合同终止。

5. 混同

由于各种原因使得合同中不能并立的，或者说相斥的两种法律关系归结到同一个人身上时，会产生混同终止合同的现象。比如，债务人与保证人为同一人时担保合同终止；债权人与债务人为同一人时借贷合同终止。

6. 免除

免除，也就是说合同中主张权利的一方（如债权人）自愿放弃了权利，不需要对方履行相关义务时，视为合同终止。比如，债权人放弃讨债的权利，愿意将借款视为赠送给债务人，那么该借贷合同就此终止。

2. 经济合同的写作结构

一般合同，其结构由约首、主部和尾部三个部分组成。

（1）约首。约首包括合同标题和合同当事人的名称或者姓名和住所两部分。

经济合同的标题由合同性质和文种组成，居中书写第一行，如《借款合同》《财产租赁合同》。有的标题还需要写明标的物，如《工矿产品购销合同》《农副产品购销合同》等。

合同双方当事人的名称由全称和简称两部分组成。简称有通用简称和特定简称：通用简称一般称为"甲方""乙方"，在各种合同中通用。特定简称根据合同性质不同而不同，如买卖合同中的特定简称为"买方""卖方"或"供方""需方"；在租赁合同中，特定的简称为"出租方""承租方"。无论是通用简称还是特定简称，使用时要注意前后一致。

合同双方当事人的名称一般书写在标题之下、正文之上；可以分两行并列书写，也可一前一后写成一行。例如，

甲方：
乙方：
供方：
需方：
或甲方：_____乙方：_____

（2）主部。主部包括合同开头、主体两部分。

1）开头。开头写双方签订合同的依据和目的。首先要交代签约的目的，说明签约的原则。行文要简明扼要，一目了然，常以"为了……，经双方共同协商，特订立本合同，以便合同共同遵守"发端。

2）主体。合同开头后，便是合同的主体部分，是体现当事者权利和义务的主要内容。需要提行，以条款的形式表述双方当事人要共同解决的问题、达到的目的，以及由此产生的各自的权利和义务，包括合同的主要内容：标的、数量、质量、价款、酬金、履约地点、方式、期限、违约责任、不可抗力等。

（3）尾部。尾部主要是落款和日期。落款写在正文下面的右侧，由双方签署。署名要写双方单位的全称和代表人姓名，并加盖公章，还有当事人的单位地址、联系方式（电话、邮箱、邮政编码、传真）等。

如有鉴证人，要写上鉴定机关的名称并加盖公章、签名。有些合同根据合同需要将双方的开户银行、账号、地址、邮政编码写在落款。签署之后，按年、月、日的形式写签约日期。

五、经济合同的写作要求

1. 恰当选用合同式样

为了帮助订立合同人克服法律及专业知识、语言方面的不足及对订立合同的有关事项考虑不周等问题，国家工商行政管理局曾制定统一的合同示范文本和参考文本，当事人可以根据实际情况直接选用。这类文本经过严格的理论论证和实证分析，恰当使用可以提高工作效率。但是合同涉及面广，不可能每一种合同都能找到适合的示范文本，所以在很多情况下需要当事人根据具体问题拟写合同文书。

2. 合同各项条款要齐备

从合同订立到履行完毕有一个过程。要避免合同在履行过程中发生争议，在订立合同时要尽量对可能出现的问题考虑周全，不要造成条款的疏漏和残缺。因条款不完备发生争议，裁决起来也很困难。特别是涉外合同，涉及不同法律、不同地域、不同语言，使合同订立起来更复杂，一旦条款疏漏，损失是很大的。再如技术合同，要对技术情报和资料的保密性加以说明，因为其中涉及知识产权问题。只有在合同对相关问题处理清楚时，才可能使争议减少。

3. 注意合同各部分逻辑上的一致和内容上的衔接

合同写作不仅要注意合同主体结构的完整，还要注意内容上不要自相矛盾。这就要求合同文本的行文要在逻辑上相一致，内容上相衔接；对权利、义务的规定要全面、具体、恰当、明确，要首尾照应，不能前后矛盾。例如，合同中规定引进外商的某种先进设备，但没有规定具体的规格、型号、性能等。又如，合同中明文规定一方违约给对方造成的损失要依索赔条款进行赔偿，但没有具体规定索赔条件，或索赔条件与合同中规定的赔偿原则相矛盾。诸如此类问题应特别注意。

4. 合同文字表述要准确、简明

合同中的文字之意只能有一种解释，不能出现文字歧义或表述含糊，以致引起不同的解释。因此，合同写作应尽量使用简练的、内涵和外延具体明确的语句，避免内涵、外延不明确且易生歧义的语句；还要注意语法修辞，以防病句、错别字甚至标点符号使用不当对合同内容的理解和执行产生影响。合同有译本时，要注意翻译的准确性及其与原本的一致性。如果有两种以上语言的合同文本，就要约定具体同等效力，或者注明以哪一种文本为最终依据。

第二节 意向书和协议书

一、意向书的概念及作用

意向书,简单而言就是传递意向的文书,具体说它是经济活动当事人之间就开展业务而形成的文书,是双方或多方合作者内心愿望与初步设想的文字记录。

意向书仅仅是双方或多方因对项目合作看法基本一致而形成的文件,不含有原则性分歧的内容;仅仅是双方或多方意愿设想的记录,不是能够相互约束、具有法律效力的文书。尽管意向书不如合同那样对当事人具有法律约束力,但是它仍然在经济活动中广泛使用,能够表明双方或多方合作的开始,为以后的合作打下基础,并在对外贸易、引进外资、企业之间的联营联建、各经济组织间的联合协作中,越来越受到人们的重视,具有不可或缺的重要作用。

二、意向书的特点

意向书具有以下特点:
(1)它表达当事人之间初步洽谈的一致同意的若干原则性意见。
(2)它对今后具体合作做出安排或提出设想。
(3)它不具有法律约束力,却有一定的信誉约束力。

三、意向书与合同的区别

两者的区别在于意向书是双方权利义务关系的初步设想和原则约定;合同则属于契约类文书,是当事人双方经协商就权利义务关系达成的具体约定。意向书不具备法律约束力,只有信誉约束力;而合同一旦成立则受法律保护,具有法律约束力。

在一项经济活动中,双方往往是先达成初步的合作意向和合作原则,然后在此基础上经过充分协商,就合作内容的细节达成一致后签订协议或者合同,因而意向书是签订合同的基础。

四、意向书的写作格式

1. 标题
标题可直接写成"意向书",也可写明意向书的具体名称,如"合资经营电子厂意向书"。

2. 当事人的名称
当事者的名称主要写明合作各单位的全称。

3. 正文

正文开头（前言）：表达意向各方接触的简要情况、磋商后达成的意向意见，即本着什么原则，兴建什么项目。

正文主体：通过条款叙写达成的意向性的意见，即当事人双方或多方一致同意的原则性意见和想法；确定当事人的权利和义务。

4. 落款

落款写明时间和洽谈意向性单位的全称及代表姓名并签字盖章。

五、意向书的写作要求

意向书是签订合同的前奏和序曲，它往往是在合作双方具有合作意向，但了解还不深，接触还不多，双方对该项目还缺乏必要的、更深层次具体研究的情况下所签订的文件，因而在编写制作过程中，必须讲究分寸，留有余地。多数问题采用原则与概括的方式处理，具体应注意的主要问题有以下两个方面。

1. 不要明确表示对某些问题的具体要求

意向，只是表明合作者对某项目的意愿和设想，并不是完全确认。为了在以后签订合同是拥有更大的主动权，能够进退自如，在拟定意向书时，尤其是在拟定中外合资、合营类的意向书时，要注意避开主要的经济技术、投资、设备等保密事项与数目字，不表示对关键问题的具体要求。

2. 不要列入超过本企业经营范围的合作条款

为避免打乱行业管理和对外经济贸易的工作秩序，各企业一般严格按照上报有关单位审批通过的经营范围展开活动，不准逾越。在拟定意向书时，不要将超越自身经营范围的条款列入，以免在以后的合作中陷入被动，作茧自缚。

六、协议书的概念及作用

协议书是国家机关、企事业单位、社会团体或个人之间，为了完成某项合作或其他事项，经共同协商取得一致意见后订立的一种具有经济或其他关系的书面凭证。

协议书与合同同属于契约类文书，写法、格式、内容、作用等都有相似之处，但有时人们把"协议书"与"合同"等同，这是不对的，严格地说，它们是两种既有联系又有区别的文体。协议书与合同相比，区别在于适用范围的大小不同：协议书的适用范围较广，在政治、经济、军事、民事等社会生活的各个领域中广泛使用，而合同一般适用于民事或经济领域。

在同一项经济活动中，协议书与合同的关系有以下几种情况：如果协议书在合同之前使用，该项协议书就成为合同的基础和依据；如果协议书在合同之后使用，该协议书就是对合同内容的补充和修改，是合同的有机组成部分；如果在一项经济活动中，只使用了协议书而没有使用合同,并且该协议书对当事人双方的权利和义务关系做了详尽的约定,则该协议书等同于合同。

七、协议书的书写格式

协议书的结构包括约首、主部、尾部三部分。

1. 约首

约首包括协议标题和协议单位名称(或当事人双方名称)

(1)标题。标题可以只用文种"协议书",也可以写明协议书的具体名称,如"××协议书""赔偿协议书"等。

(2)协议单位名称。在标题之下,正文之前,写明协议单位名称,并在双方单位名称之后注明一方是甲方,另一方是乙方,便于在主部中称呼。

2. 主部

主部包括开头、主体两部分。开头是交代签订协议的目的、原因、依据,然后用程式化的语言转入主题,如"现就有关事项达成协议如下"。

主体要求就协议的有关事宜做出明确、全面的说明,尤其要着力写好双方的权利和义务。

3. 尾部

应写明协议双方单位的名称,加盖公章,必要时还得写上鉴证单位或公证单位的名称,并加盖公章。最后注明签订协议的日期。

八、协议书的写作要求

(1)要遵照平等互利、协商一致的原则。在经济贸易活动中,协议书作为签订合同的基础文件,在起草、制定文件时应贯彻平等互利、协商一致的原则,做到态度诚恳、语气平和、内容具体、条款明确,为进一步签订合同打下基础。

(2)要注意保持协议与合同口径一致。在某种意义上讲,协议书是合同的前身,某些关键性的合同内容往往在协议书中先行出现,因而在制定协议书时,一定要目光长远,语词要留有余地,以便在关键性的重大问题上,保证协议书与合同口径一致,签订合同时拥有更大的主动权。

【模拟实训】

一、名词解释

1. 合同
2. 意向书
3. 协议书

二、判断题（请在题号前的括号内打上"√"或"×"。）

1. 公民即自然人，是经济法律关系的主体。（　　）
2. 对于无权代理行为，被代理人可以不承担法律责任。（　　）
3. 无效合同从执行时起即不具有法律效力。（　　）
4. 根据规定，只要当事人双方经过协商一致同意，就可以变更和解除合同。（　　）
5. 意向书可以替代合同，即使无合同也可以执行。（　　）
6. 协议书可以与合同口径不一致。（　　）

三、问答题

1. 经济合同的结构由哪几部分组成？试简述各部分的写法。
2. 协议书的正文部分一般写哪些内容？

四、病文分析

细读下列病文，试指出其遗漏了哪些结构内容。

借款合同

为扶持和支持农村专业户发展商品生产，县政府委托县专业户服务公司（为甲方），应水湖镇水湖村专业户王××同志（为乙方）申请建设养鸡项目的要求，共同签订协议如下。

1. 甲方自 2017 年 8 月 20 日提供给乙方月息为 1.2‰的贷款 2 000 元，乙方接受贷款后，保证用于该建设项目。

2. 贷款期限为一年，即 2018 年 8 月 20 日终止。乙方必须在终止日之前还清本利，逾期不还者，除按月息 7.2‰计算全贷期的利息外，并按合同法处以罚款。

3. 担保单位（或人）除负责该项贷款专款专用外，并保证按期还清本息，否则应承担经济责任。

4. 本贷款由县建设银行，根据贷款有关规定予以监督支付使用。

5. 本合同一经签字后，即具有法律效用，如有违约者，监证机关按照国家经济合同法给予经济处罚。

本合同正本两份，甲乙双方各执一份，副本六份，分别送县政府、建行、计委、商品粮基地办公室、担保单位、监证机关各一份。

甲方：李××（盖章）
乙方：王××（盖章）
监证机关：××县工商行政管理局（盖章）
担保单位（或个人）：×××（盖章）

2018 年 5 月 7 日

资料来源：https://wenku.baidu.com/view/63ce3a8f680203d8ce2f242a.html。

五、阅读分析题

阅读课外书刊或网上的经济合同、意向书、协议书，分析其结构与写法是否正确。

第六篇
财经管理文书

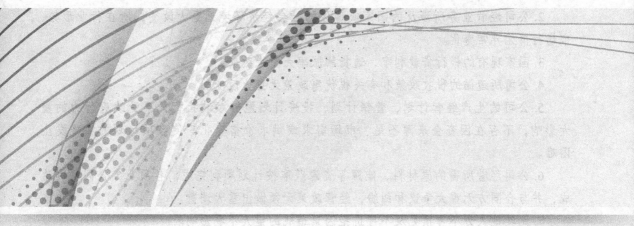

Chapter 21 课题二十一

财务预测决策

应用导航

2017 年度财务预算报告

股票代码：002742　　　　　　　　　股票简称：三圣股份

根据公司 2017 年度生产经营和发展计划，结合国家和地区宏观经济政策，对公司 2017 年主要财务指标进行了测算，编制了公司 2017 年度财务预算报告。

一、基本假设

1. 公司所遵循的国家及地方现行的有关法律、法规和经济政策无重大变化。

2. 公司经营业务所涉及的国家或地区的社会经济环境无重大改变，所在行业形势、市场行情无异常变化。

3. 国家现有的银行贷款利率、通货膨胀率无重大改变。

4. 公司所遵循的税收政策和有关税优惠政策无重大改变。

5. 公司的生产经营计划、营销计划、投资计划能够顺利执行，不受政府行为的重大影响，不存在因资金来源不足、市场需求或供求价格变化等使各项计划的实施发生困难。

6. 公司经营所需的原材料、能源等资源获取按计划顺利完成，各项业务合同顺利达成，并与合同方无重大争议和纠纷，经营政策无须做出重大调整。

7. 无其他人力不可预见及不可抗拒因素造成的重大不利影响。

二、预算编制依据

1. 根据公司经营目标及业务规划，预计 2017 年营业收入目标为 166 408.43 万元。

2. 成本费用主要依据公司各产品的不同毛利率、资金使用计划及银行贷款利率、2017 年业务量变化等情况进行的综合测算或预算。

3. 所得税依据公司 2017 年测算的利润总额及各公司适用的所得税率计算。

三、利润预算表

利润预算表如表 21-1 所示。

表 21-1 利润预算表

项目	单位	2017 年预算	2016 年实际	增长率
营业收入	万元	166 408.43	151 280.39	10%
营业成本	万元	127 283.96	114 670.23	11%
税金及附加	万元	452.82	431.26	5%
销售费用	万元	3 433.28	3 301.23	4%
管理费用	万元	13 252.36	12 992.51	2%
财务费用	万元	3 894.57	3 674.12	6%
资产减值损失	万元	2 295.40	2 086.73	10%
营业利润	万元	15 819.22	14 124.30	12%
利润总额	万元	15 783.87	14 348.97	10%
所得税	万元	2 366.33	2 297.41	3%
净利润	万元	13 377.22	12 051.55	11%

四、风险提示

本预算为公司 2017 年度经营计划的内部管理控制指标，能否实现取决于宏观经济环境、国家政策调整、市场需求状况、经营团队的努力程度等多种因素，存在较大的不确定性。

资料来源：http://quotes.money.163.com/f10/ggmx_002742_3030485.html.

【点评】

财务预算是保证企业财务正常运转的科学方法，落实到财务文书中的就是预算报告，搞好企业预算对于控制企业成本，追求效益最大化有十分重要的作用。

点睛之笔

教学重点：

重点掌握企业预算与决算报告的结构要求和编写要求。

教学难点：

1. 理解预算与决算采用的具体方法。
2. 掌握企业预算与决算的基本特点和作用。
3. 掌握企业预算的作用。
4. 掌握企业预算报告的编写方法。

第一节 企业预算报告的概念及编制过程

一、企业预算的概念

企业预算一般分为业务预算、资本支出预算、财务预算三种。业务预算指的是与企业基本生产经营活动相关的预算，主要包括销售预算、生产预算、材料预算、人工预算、费用预算（制造费用预算、期间费用预算）等。资本支出预算是企业长期投资项目（如固定资产购建、扩建等）的预算。财务预算指有关现金收支、经营成果、财务状况的预算，包括现金预算、预计利润表、预计资产负债表。

销售预算是整个预算编制工作的起点和主要依据。公司应根据当年的经营目标，通过市场预测，结合各种产品的历史销售量、销售价格等数据，确定预测年度的销售数量、单价和销售收入。在销售预算的基础上，编制生产预算，根据预测销售量、预测期初和期末的存货量，得出预测生产量。然后，根据生产预算，编制材料预算、人工预算、制造费用预算。制造费用预算的编制分变动制造费用和固定制造费用两部分，变动制造费用预算的编制以生产预算为基础，根据预计的各种产品产量以及单位产品所需工时和每小时的变动制造费用率计算编制。产品成本预算根据生产预算、材料预算、人工预算、制造费用预算编制。销售费用预算根据销售预算编制而成。管理费用预算一般根据历史实际开支为基础编制。现金预算是财务预算的核心。现金预算的内容包括现金的收入、支出、盈亏（现金的多余或不足）、筹措与利用等。现金预算的编制以各项业务预算、资本支出预算的数据为基础。预计利润表是对企业经营成果的预测，根据业务预算编制而成。预计资产负债表是对企业财务状况的预测，根据期初资产负债表、业务预算编制而成。

二、预算编制过程

预算编制一般采用自上而下、自下而上等方法。在编制时，要注意各预算执行单位之间的权责关系，注意权责的划分、分解。预算管理体系中的权责不明会直接影响到预算的执行和考核。

第二节 预算的基本格式及编制要求

一、预算的基本格式

预算要简明清晰，总体来说包括标题、称谓、正文、签署四个部分。首先对上年财务指标做简要说明，然后就下年预算进行预测规划，主要有以下四个部分。

（1）收入预算（所有的现金收入，包括银行利息收入）。

（2）支出预算，包括进货成本、管理费用、销售费用、财务费用、投资支出（包含固定资产投入、在建工程支出、股票债券投资）。

（3）预算管理规范，先根据本企业要实现的既定目标，比如实现多少利润，或者完成多少收入，对各个环节进行目标管理，采取一系列的措施进行项目跟踪，及时反馈，做到合理有效的控制。

（4）预算控制与考核，可以协助并优化控制和管理企业的生产、经营。要成功地达到预算控制、考核的目的,应得到公司管理层、员工的认知与支持,明确职责,建立完善的预算管理体系。关于预算考核,重点是确定考核指标,考核指标一定要合理,不要产生为了完成考核指标而影响正常的生产、经营活动的情况。

二、企业财务预算报表构成要素

企业财务预算报表构成要素包括以下九项。
(1)报表封面。
(2)资产负债预算表。
(3)利润预算表。
(4)现金流量预算表。
(5)所有者权益(国有权益)及重大财务事项变动预算表。
(6)成本费用预算表。
(7)年度主要财务指标预报表。
(8)年度预算调整主要指标表。
(9)主要分析指标表。

三、企业财务预算情况说明书构成要素

企业财务预算情况说明书构成要素包括以下八项。
(1)上年度财务预算工作情况总结。
(2)本年度预算工作组织情况。
(3)本年度预算编制基础。
(4)预算年度生产经营情况说明。
(5)预算年度的主要指标说明。
(6)可能影响预算指标的事项说明。
(7)预算执行的保障和监督措施。
(8)其他需要说明的情况。

四、企业财务计划预算写作总述

企业财务计划预算类应用文是对未来一定时期内的有关工作目标、任务、措施等做出预测和设想的书面文。它虽然不属于国家正式公文,但是应用范围很广泛,计划、规划、方案等都属于此类应用文。

1. 企业财务计划预算应用文的主要特点

(1)指导性。无论是财务计划,还是财务预算都指明了企业经济活动的发展方向,

对企业的日常工作起着指导作用。

（2）具体制订总是在事情发生之前。预算计划必须是事先制订的，因此，必须有超前思想，才能更好地完成。

（3）适时创新性。如果企业财务与预算计划没有创新，那么就失去了其重要意义，所以要不断地创新才行。

（4）符合客观发展规律。企业财务计划预算类应用文内容要符合事物的客观发展规律，绝对不能主观臆断。另外，撰写者要深入调查，综合分析所掌握的资料，并提出可行性指标和措施。

2. 企业财务计划预算应用文的组成部分

企业财务计划预算类应用文通常由标题、正文和结尾三个部分组成。

（1）标题。此类应用文的标题一定要直截了当，不用任何修饰语，一般也不分正副标题。

（2）正文。通常，正文包括导言、目标、因素分析以及措施和步骤四个部分。

1）导言。导言用于交代计划规划的背景、依据、目的以及重要意义，其内容要简短。

2）目标。这部分是财务计划预算类应用文的核心部分。它包括两个方面：一是总任务目标，总体说明本地区或本企业的发展情况的目标；二是具体的任务。有的可以将两者合并在一起，如短期计划或者某项工作的计划。

3）因素分析。这部分是对完成任务的可能性进行的分析。说明都有哪些有利条件，都有什么困难，以便可以趋利避害，完成任务。注意事项是，切忌将各种因素过于具体化和抽象化。

4）任务和措施。企业财务计划预算类应用文最重要的两部分就是任务和措施，它们相互依存。措施是全文的重点，没有措施，任务就是虚设的。为了便于执行，措施可以分条说明，重要的部分要先写，并且要写得详细。

（3）结尾。结尾的内容一般包括在执行计划时应注意的事项，有关说明，或者提出要求、希望、号召等。制订财务预算计划的单位或者部门的名称及日期要在最后注明。如果已在标题中写明，就无须再写。

3. 如何写好企业财务计划预算类应用文

（1）制定目标要基于实际能力。企业财务计划预算类应用文中提出的目标和任务一定要实事求是，不能好高骛远，也不能因循守旧。只有任务目标留有余地，才能充分发挥员工的积极性，及时或者超额完成任务。

（2）所用材料要最真实。企业财务计划预算类应用文的内容是以各种材料为依据的，是经过对各种数据、资料、信息的研究而得出的设想。因此，只有所有参考资料更准确、更真实，做出的计划才有可能实现。

（3）忌华丽辞藻。企业财务计划预算类应用文的内容，语言要朴实无华，对于制定的任务指标却不能模棱两可、含糊不清。只有这样，受众才能理解，以便更好地执行。

第三节 企业预算报告的概念及结构

一、财务预算报告概念

企业预算报告是指反映一个企业在预算年度内企业资本运营、经营效益、现金流量及重要财务事项等预测情况的文件。从企业的经营实际看,企业应当在组织开展内部各级子企业财务预算编制管理的基础上,按照国资委统一印发的报表格式、编制要求,编制上报年度财务预算报告。企业应当按规定组织下属企业开展财务预算报告收集、审核、汇总工作,并按时上报财务预算报告。企业除报送合并财务预算报告外,还应当附送企业总部及二级子企业的分户财务预算报告电子文档。三级及三级以下企业的财务预算数据应当并入二级子企业报送。级次划分特殊的企业集团财务预算报告报送级次由国资委另行规定。

二、预算报告文书结构

企业财务预算报告包括企业财务预算报表和企业财务预算情况说明书。

我们主要是在财务专业人员编制的年度财务报表的基础上撰写预算说明书,下面分析预算说明书的写法。

企业财务预算情况说明书是预算报表编制与预算管理工作情况的说明,它是预算报告的重要组成部分。根据工作要求,企业财务预算报表情况说明书至少应当说明以下主要内容。

1. 上年度财务预算工作总结

对上年度财务预算编制、执行情况进行总结;对比年度财务决算,说明企业上年度预算目标执行情况,并着重分析原因。

2. 本年度预算工作组织情况

预算工作组织情况主要包括企业预算管理机构设置、管理机构主要成员构成、内部组织分工、年度预算工作具体组织过程,以及预算审核情况等。

3. 年度预算编制基础

预算编制的基础主要包括企业编制年度财务预算的基本编制依据、所采用的基本假设及其论证依据、所选用的会计制度与政策,以及年度财务预算报表的合并范围,未纳入年度财务预算报表编制范围的子企业名单、级次、原因与对预算的影响等情况。

4. 年度预算调整标准

年度预算调整标准主要应明确企业在何种条件下需要调整年度预算,应具体列明影响企业年度预算的假设或事项、需调整预算的变动幅度、对预算指标的影响等。

5. 预算年度生产经营主要业务指标情况说明

预算年度内生产经营主要指标情况说明是财务预算报表编制说明的重要部分,主要内容包括：预算年度经济形势的分析预测、预算年度企业主要生产经营业务指标的增减变动情况和比率、年度间主要业务指标增减幅度对比等。

企业对预算年度内拟安排的重大投资、筹资项目的目的、总规模、资金来源与构成、预期收益及预计实施年限等情况应进行说明，并对非主业投资占总投资的比重超过10%、自有资金占总投资的比重低于30%的固定资产投资予以说明。

6. 预算年度主要财务指标预算说明

财务指标预算说明主要根据企业年度业务预算，具体分析说明主要财务指标的预算目标，对比分析年度间指标的变动情况。主要财务指标一般包括：预算年度预计可实现利润，主营业务收支，成本费用控制，人工成本情况，抵押、担保等风险情况，固定资产投资，资金筹集情况等。

7. 可能影响预算指标的事项说明

可能影响预算指标的事项说明是企业对预算年度可能对现有预算产生重大不确定影响事项的说明。这些事项包括国家宏观经济形势和政策的变化、国际政治经济形势的变化、企业决策中的重大不确定事项等。企业应当充分说明各种不确定性因素的原因，分析可能对主要财务指标预算的预计影响的程度。

8. 预算执行的保障和监督措施

预算执行的保障和监督措施指企业在预算执行过程中，确保预算执行的有关制度保障和跟踪、监督、评价、考核等措施。

9. 其他需要说明的情况

根据具体情况，预算报告还要列出其他需要说明的情况。

【例文导读】

2018 年度财务预算执行情况及 2018 年度财务预算说明的报告
（2019 年 3 月 27 日）

一、2018 年度预算执行情况及财务状况

（一）2018 主要预算指标完成情况

2018 年，××青基会捐赠收入为 42 212.45 万元，较预算增加 5.53%；非限定性收入为 11 770.98 万元，较预算增加 214.02%，其中与捐赠人约定的管理经费为 1 877.19 万元，略低于预算。金融产品投资收益为 6 383.44 万元，年化收益率为 9.15%，超额完成计划目标；投资收益实际到账 4 960.82 万元，较预算增加 41.74%。

（二）2018 年度财务状况分析

（1）资产结构合理，非限定性净资产稳步增加。

××青基会近几年负债逐年降低，非限定性净资产增长率维持在 16% 以上的较高水平，流动资产相对限定性净资产和流动负债具有充足的可随时支付的平衡保障。低负债、高净资产的结构使得财务风险低微，有利于机构长期良性发展。

（2）捐赠合作趋于个性化，专项公益活动捐赠比例增长较快。

2018年，捐款总额列前十名的捐方其捐赠占捐赠总收入的52.03%，较上年增加2.25%，主要是捐赠总额较上年减少所致。捐赠占比2%以上的捐赠方合计捐赠占捐赠总收入的47.13%。捐赠中机构客户的捐赠占83.25%，个人捐赠占16.75%。

××青基会近三年接受捐赠的规模相对稳定，主要得益于重大捐赠客户的捐赠和重大灾情引发的捐赠。随着复合型项目的推广和增加，专项公益活动捐赠增长较快。

（3）资助服务有效执行捐赠协议，配套物资和服务采购增长。

2018年，××青基会业务活动成本和费用合计38 638.18万元，较上年减少14.62%。2018年，"圆梦行动"项目继续得到茅台集团等捐方支持，维持较大的资助规模。希望小学校园建设方面的"快乐系列"产品有比较好的发展趋势。2018年，××青基会直接执行的公益项目（含物资资助）支出16 757.13万元，占资助支出的47%，其中直接购买的物资和服务价值达4 000多万元，对机构内控能力提出了更高要求。

（4）投资管理有效，收益稳定良好。

2018年，××青基会认真执行理事会审议的年度投资计划，坚持以固定收益为主的策略——稳定固定收益类理财产品投资比例，控制信托类品种的比例并加强风险管理，适当增加权益投资比例。年内实际日均投资额为6.97亿元，按计划调整了投资组合，实现投资收益6 383.44万元（实际到账收益4 960.82万元），年度资金投资收益率为9.15%，完成了计划目标，达到了"争取尽可能多地在低风险产品上获得较高收益"的目的。

（5）各项服务与管理费用控制有效，部门管理效率提高。

2018年，按照既定预算，注意控制非项目执行的出差和会议开支，严格执行相关费用标准，合理控制了费用。全年各项经费支出3 087.69万元，与2013年度相比增加91.43万元，主要是人员增加及住房补贴增加所致。

结合业绩考核，强化部门项目效率管理，有利于节约增效，控制成本开支。

（三）2018年重要财务事项

2018年完成了××金棕榈股权的转让工作，收回交易价款及利息共计11 028.68万元；通过二级市场减持嘉事堂药业股份2 145 992股，收回交易价款共计4 087.36万元；收回长期股权投资红利约49.9万元。上述事项共计收回资金15 165.94万元。

二、2019年财务预算

（一）预算的基本原则

2019年，结合××青基会近三年财务预算执行的情况，就预算汇总平衡提出以下几个主要控制原则：

（1）公益项目资助成本（资助支出）不低于上年总收入的70%，即2019年不低于36 000万元。

（2）项目服务成本、筹资费用和管理费用总额（经费支出）不超过年度总成本费用（总支出）的10%，即全年总费用不高于3 500万元。

（3）工作人员工资、保险及住房公积金等不高于总成本费用的4%，即全年不高于1 500万元。

(4) 从结存的非限定性净资产和一般性基金中调拨 2 500 万元,用于支持公益创新项目和行业发展。以上关键控制比例符合《基金会管理条例》要求。

(二) 2019 年主要预算指标说明

依据上述原则,秘书处结合各业务部门的工作要求和预算,汇总形成了 2019 年度财务预算,主要指标说明如下:

1. 收入

(1) 捐赠收入。全年捐赠总收入目标为 40 000 万元,其中约定管理经费力争达到 6%。

(2) 投资收入。投资增值力争实现年化收益率 6%,具体投资计划建议见附件 1。

2. 业务活动成本

(1) 资助成本。全年资助支出总计 36 000 万元,为上年总收入的 70%。在非限定性净资产及一般性基金专项中计划 2 500 万元用于资助社会组织场地使用、行业发展和创新服务项目等。

(2) 项目服务成本。全年公益项目的服务成本预算为 820 万元,用于资助管理和服务的直接费用,包括项目部门的日常办公费用、人员工资及福利以及房屋和设备等费。

秘书处将根据××青基会长远可持续发展的需要,开拓捐赠资源,稳定各项收入,严格预算与费用控制,提高资金使用效率。

附件:1.《××青基会 2018 年投资计划完成情况及 2019 年投资计划》

2. 附表 1-1　××青基会预算指标执行情况汇总表

3. 附表 1-2　××青基会项目服务成本及管理费用预算执行情况汇总表

资料来源:中国青少年发展基金会网站。

第四节　企业决算报告

一、决算报告的概念

财务决算报告是企业某一年度或某一建设项目预算执行结果的书面总结。它的作用主要是总结企业一年来的收支情况、年度预算完成情况,或某一建设项目的进展情况、预算执行情况,以便做到心中有数,为做好下一步工作准备有关资料。财务决算报告的特点,体现在数字的准确性、内容的完整性和编报的时效性三个方面。现行的财务决算报告常用的有年度财务决算报告和项目财务决算报告两种。

二、决算报告的写作要求

财务决算报告的结构比较简单,一般只有标题、正文两大部分。年度财务决算报告的标题，一般要写清年度、文种两项；项目财务决算报告的标题，一般要写明单位名称、项目名称和文种三项。

【例文导读】

××公司决算报告

××××年，我公司生产经营和财务状况好于上年。由于产品销售收入和利润增长幅度较大，成本费用得到了有效的控制，企业经济效益已呈现由低转高的势头。现对本年财务决算状况和有关资料说明如下：

一、生产经营和主要财务指标的实现状况

××××年，由于我公司在完成技术改造的基础上，生产出新型的××产品等，工业总产值到达××万元，比上年（××万元）增长××%；产品销售收入达××万元，比上年（××万元）增加××%；实现纯利润××万元，比上年（××万元）增加××；可比产品成本比上年降低××%。

二、利润指标实现状况

××××年，我公司利润计划为××万元，实际完成××万元，超过计划××%，销售收入利润率到达××%，利润增加的主要因素是：

1. 因改型的××产品在国内各地打开销路，销量增加，比上年增利××万元。
2. 在我公司技术改造和产品改型之后，物耗减少，从而使成本降低××万元。
3. 外协加工部件一律改为自行加工，增利×万元。
4. 营业外收入增加××万元。

以上4项共比上年增利××万元。扣除因销量增多、税率提高构成的税金增加和部分原材料价格调整、煤水电运费提价、各种补贴标准提高等而减利××万元，实现净利润××万元。

三、成本费用状况

××××年，全部商品总成本为××万元，可比产品成本为××万元，按上年平均单位成本计算为××万元，下降××%。

四、固定资产与流动资产的增减状况

1. 固定资产

年末企业固定资产原值为××万元，净值为××万元。百元固定资产（原值）利润率为××%；百元固定资产（原值）利税率为××%。以上各项均比上年高出较多。

2. 流动资产

本公司流动资产年末占用额为××万元，比年初（××万元）增加××万元。周转天数为××天，相对上年（××天）减少××天，比原计划的××天多××天。但从总体上看，资金占用过多、周转期过长的状况，仍未得到很好解决。

五、其他需要说明的问题

××××年企业经济效益虽好于上年，但公司过去遗留的滞销积压产品过多的问

题,并未彻底解决,经过清仓压库以后,必将抵消一部分利润。由于这部分亏损尚不能列入决算,故本年决算中,不包括这笔数字。

××公司

××××年××月××日

资料来源:http://www.duanmeiwen.com/fanwen/zhuanti/23682.html。

【应用升级】

通常企业在某一个财政年度开始时会同时做出两个报告,即对上一个年度财政工作总结性的决算报告和对下一个年度企业预算报告。财务预决算报告是指经济独立核算单位,当年(或定期)向主管部门或人代会或职代会报告财政、财务方面的预算计划和决算情况的书面文字材料的总称。财务预决算报告一般包括以下内容:①标题;②称谓;③正文(包括开头、主体和结尾);④签署。以下为示例。

财务预决算报告

决算与××××年度财务预算报告,请审议。报告共分两部分。

一、××××年度财务工作决算

一年来,公司的财务工作在公司董事会的领导下,认真贯彻上届股东大会关于财务工作的决议,做了大量工作。公司按照去年股东大会通过的预算,遵照国家有关法律法规的规定,做到统筹安排,合理使用,量入为出,留有余地。年末编报财务决算,总结经验教训,提高了公司财务工作的管理水平。公司对财务工作中的重大问题和重大开支项目,都经过董事会、监事会集体讨论决定,坚持严格的经费审查、审批制度,保证财务工作正常、有秩序地进行。下面我具体向代表们汇报各项经费的收支情况。

(一)预算执行情况

1.收入情况

一年来,公司总收入为××万元。其中:主营收入为××万元、副营收入为××万元、营业外收入为××万元、投资收益为××万元。

2.支出情况

一年来,公司总支出××万元。主要用于以下几个方面:

(1)进货成本××万元。

(2)管理费用××万元。

(3)财务费用××万元。

(4)销售费用××万元。

(5)投资支出××万元。

一年来,公司财务工作做到了盈利××万元。

(二)职工困难补助费使用情况(略)

(三)劳动保险费用使用情况(略)

二、××××年财务预算

（一）编制公司财务预算的原则

我们根据国家有关法规之规定，参照本公司××年度的销售、成本、利润等指标，本着厉行节约、量入为出的原则。

（二）公司收入预算

1. 主营收入

××××年公司主营收入预算为××万元。根据公司各产品结构进行分配。

2. 附营收入

××××年附营收入预算为××万元。

3. 投资收益

××××年度对外投资预算为××万元。其中短期收益为××万元，长期收益为××万元。

4. 其他收入，预算××万元。

以上全年收入预算总金额为××万元。

（三）公司支出预算（略）

以上各项，全年预算总支出为××万元。

股东会、各位代表，以上是我代表董事会所做的财务工作报告，提请大会审议。

×××

××××年×月××日

（四）公司支出预算（略）

以上各项，全年预算总支出为××万元。

股东会、各位代表，以上是我代表董事会所做的财务工作报告，提请大会审议。

×××

××××年×月××日

××工程总公司
××××年××月

【模拟实训】

一、阅读分析题

1. 按照合同撰写的规范要求，修改完善下面合同。

建筑工程合同

上海××机械厂（以下简称甲方）与××省××县建筑公司（以下简称乙方），经双方商定签订协议如下：

1. 工程内容：甲方原有厂房（均系平房）4 000平方米，现扩建至8 400平方米，其中拆除2 000平方米。新厂房要求四层钢骨水泥结构（详另见图纸）。

2. 工程进度：首期工程 3 600 平方米要求在 2015 年 10 月底前完成，其余 2 800 平方米在 2016 年 8 月底前全部完成。

3. 建筑费用：全部建筑工程费用 140 万元（详另见清单），所有建筑材料均由乙方负责采办。订立合同后甲方先付给乙方工程费用 80 万元，余款在厂房建成验收后 10 天内全部付清。

4. 经济责任：甲方如不能按期付款，每超过一天应赔偿给建筑公司按工程费 1%。的赔偿金；建筑公司如不能按期完成施工任务，每超过一天，甲方可在工程费用中扣除 1%。作为赔偿。

5. 施工期间的人身安全由双方共同负责。

6 本合同一式四份，双方各执两份。

甲方（单位盖章）　乙方（单位盖章）
代表人（签章）　代表人（签章）
201× 年 × 月 × 日

资料来源：http://www.wendangku.net/doc/63ce3a8f680203d8ce2f242a.html。

2. 分析某大学的年度财务预算报告，说明本报告的主要构成要素及内容。

大学年度预算执行情况报告

同志们：2018 年，学校财务工作在校党委的正确领导下，在各级领导关心、业务部门密切协同和大力支持下，认真贯彻党委宗旨，紧紧围绕"一条主线、四项重点"的发展思路，积极深化改革，加强经费管理，克服供需矛盾，突出保障重点，圆满完成了各项经费保障任务。首先，我代表学校党委和学校领导向各级领导和全体财务战线的同志们表示衷心的感谢。

受校党委的委托，现在，我就学校 2018 年度预算执行情况向大家做以下通报。

1. 经费收支情况

2018 年学校全年实现收入 ×× 万元，其中：生活费 ×× 万元，标准领报经费 ×× 万元，项目经费 ×× 万元，上年结转经费 ×× 万元。卫生医疗收入为 ×× 万元（一院为 ×× 万元、二院为 ×× 万元、三院为 ×× 万元），其他有偿服务收入为 ×× 万元。

2018 年，三所附属医院实现卫生医疗收入 ×× 万元，与 2011 年 ×× 万元相比，增加收入 ×× 万元。

2018 年预算安排为 ×× 万元，全年实际开支数为 ×× 万元，实际支出完成预算支出的 ××%。

2. 预算执行情况

2018 年，各单位能认真落实学校党委关于"集中有限财力，办好几件大事"的指示精神，转变理财观念，树立向管理要效益、要保障力的思想，严格执行经费预算管理，切实管好、用活各项经费，较好地保障了各项事业任务的圆满完成。我感到，主要有以下三个方面的特点：

（1）充分贯彻党委宗旨，经费保障重点突出。随着当前形势的发展，学校党委审时度势，及时确立了以"一条主线、四项重点"的发展思路，这是学校发展建设的战略决策，是当前学校各项工作的重中之重。

（2）加强经费预算管理，年度预算执行严密有序。从2019年起，学校全面推行零基预算，对预算编制形式、方法和内容都做出了很大的改革。

（3）严格经费开支管理，行政消耗性开支得到有效控制。各单位在大力压减接待费、会议费、差旅费、办公费等行政消耗性支出上下了很大工夫，行政消耗性支出在上年基础上压减了10%。

（4）财务管理措施扎实有效，管理效益显著提高。财务管理逐步实现由"粗放式"向"精细化"的转变，财务管理监督职能得到了充分发挥。各单位能切实树立管理出效益、管理出保障力的理财思想，着力在"精细化"管理上研对策、抓落实。

总的来看，过去一年，各单位、部门按照上级的要求，牢固树立预算的法规意识，科学合理地编制经费预算，基本避免了无预算计划、超范围、超预算开支，在确保事业任务完成的情况下，基本达到了收支平衡、略有节余的目标。这些成绩的取得，与各单位、各部门主管，以身作则，严格把关，精打细算分不开。

3. 存在的主要问题

当前存在的主要问题，主要表现在以下三个方面：

一是基本建设执行计划随意性大。有的单位基本建设执行不严格，存在计划外工程、借垫款工程和超标准、超面积建设；工程立项考虑不周全，缺乏立项可行性研究。

二是行政消耗性开支控制还不够严格。从去年的情况看，个别单位在接待费开支上仍存在计划不周、管理不善、执行不严的问题，超标准、超范围接待现象还没有得到根本遏制。

三是零星有偿服务收支问题还有待加强。个别事业单位、部门、科室利用编配的仪器、设备、设施等有利条件，开展有偿服活动，还存在收费混乱、管理无序等问题。

4. 做好新年度财务工作的几点要求

（1）大力压减行政消耗性支出。2019年，各单位、部门要在大力压减行政消耗性支出上下功夫、作文章。

（2）进一步规范基本建设秩序。一是完善基建工程审批制度，严格履行基本建设报批手续，对超面积、超预算及计划外工程，一律不予拨款、决算；二是对工程的招投标、合同签订、预决算、资金到位等环节进行全方位审核监督，确保工程建设的各个环节合规、合法。

（3）切实加强零星有偿服务管理。着力解决个别部门、科室在开展零星有偿服务中出现的认识不高和管理不力等问题。同志们，2019年财务工作任务艰巨、任重道远，我相信，在学校各级党委的正确领导下，在各事业部门的大力支持下，在全体财务战线同志的辛勤努力下，学校财务工作一定会取得更出色、更辉煌的成绩，一定会为学校的全面发展与建设做出更大的贡献。

Chapter 22
课题二十二

财务评价文书

📖 应用导航

××市上海饭店 2018 年度财务评价书

××市国有资产监督管理委员会：

我们接受委托，根据××市国有资产监督管理委员会《2018 年出资监管企业财务评价书要求》的有关规定，依据××市上海饭店提供的已审计 2018 年度企业财务决算报表及有关资料，本着客观、公正的原则，对 2018 年度××市上海饭店运营情况、财务状况、经营绩效及持续发展能力进行了财务评价，形成本评价书。

一、饭店运营情况

××市上海饭店成立于 1956 年 7 月 11 日，现隶属于太原市饮食服务公司。经营范围为：酒店管理咨询、针纺织品、百货的销售。该饭店共有职工 106 人。

二、财务状况分析

2018 年，上海饭店的资产总额为 5 295 869.94 元，比上年的 5 053 611.86 元增加了 4.79%；流动资产为 5 018 296.74 元，比上年的 4 775 191.26 元增加了 5.09%；非流动资产为 277 573.20 元，比上年的 278 420.60 元减少了 0.30%。负债总额为 5 371 930.89 元，比上年的 5 129 672.81 元增加了 4.72%；流动负债为 5 364 868.67 元，比上年的 5 122 610.59 元增加了 4.73%；非流动负债为 7 062.22 元，与上年一致。所有者权益为 -76 060.95 元，与上年一致；实收资本为 437 000.00 元，与上年一致；资本公积为 274 040.00 元，与上年一致；未分配利润为 -787 100.95 元，与上年一致。（略）

三、盈利能力分析（略）

2018 年度饭店收入为 300 000.00 元，比上年的 240 000.00 元增加了 25.00%；净利润为 0 元，与上年一致。

（一）总资产报酬率

2018 年公司总资产报酬率为 0，上年总资产报酬率为 0，无变动。说明：2018 年 12 月 31 日资产总额为 5 295 869.94 元，2017 年 12 月 31 日资产总额为 5 053 611.86 元，2016 年 12 月 31 日资产总额为 5 042 092.59 元。

（二）净资产收益率（略）

2018年净资产收益率为0，上年净资产收益率为0。说明：2018年12月31日净资产为-76 060.95元，2017年12月31日净资产为-76 060.95元，2016年12月31日净资产为-76 060.95元。

四、营运能力分析（略）

说明：2018年12月31日资产总额为5 295 869.94元，2017年12月31日资产总额为5 053 611.86元，2016年12月31日资产总额为5 042 092.59元。

2018年流动资产周转率为5.98，上年流动资产周转率为5.04，较上年增加0.94。

五、偿债能力分析

（一）长期偿债能力（略）

（二）短期偿债能力（略）

六、发展能力（略）

本年营业收入较上年增加，资本积累率提高，表示企业的持续营业能力较好。

（一）销售增长率、资本积累率、营业收入、所有者权益的情况（略）

（二）资本保值增值能力（略）

上海饭店2018年年末净资产为-76 060.95元，年初净资产为-76 060.95元，净资产无变动。综上所述，我依据工商类竞争性企业绩效评价的指标体系，针对上海饭店的具体情况，对各项指标进行了计算分析，并形成了上述财务评价结果，仅供市国资委参考。

××晋利审计事务所（有限公司）

二〇一九年二月二十七日

【点评】

这是某审计事务所受当地国资委委托对上海饭店的运营情况、财务状况、经营绩效及持续发展能力进行的财务评价，评价内容全面翔实，数据来源清晰准确，财务指标分析科学。该财务评价书对企业现状评估客观公正，有利于企业在后续经营中针对问题采取措施，实施切实可行的经营策略，也对企业的未来发展具有重要的指导意义。

点睛之笔

教学重点：

重点掌握财务评价文书的格式要求和语言要求。

教学难点：

1. 理解财务评价的实施方法，以及评价过程中采用的技术手段。
2. 掌握财务评价文书的基本特点和作用。
3. 掌握财务评价文书的写作要领。

第一节 财务评价报告的概念及特点

一、财务评价报告的基本含义

财务评价（financial appraisal）报告是根据国家相关法律法规，并运用企业有关财务指标，对本企业一定时期内具有的运营能力、偿债能力和盈利能力等有关财务状况所做的自我总结和自我评价的一种文体。

企业的财务评价从分析企业的财务风险入手，评价企业面临的资金风险、经营风险、市场风险、投资风险等因素，从而对企业风险进行信号监测、评价，根据其形成原因及过程，制定相应切实可行的长短期风险控制策略，降低甚至解除风险，使企业健康永恒发展。财务评价从企业角度出发，使用的是市场价格，根据国家现行财税制度和现行价格体系，分析计算项目直接发生的财务效益和费用，编制财务报表，计算财务评价指标，考察项目的盈利能力、清偿能力和外汇平衡等财务状况，借以判别项目的财务可行性。

二、财务评价报告的目的

撰写财务评价报告的目的如下。
（1）从企业或项目角度出发，分析投资效果，评价项目竣工投产后的获利能力。
（2）确定进行某项目所需资金来源，制定资金规划。
（3）估算项目的贷款偿还能力。
（4）为协调企业利益和国家利益提供依据。

三、撰写财务评价报告时一般遵循的原则

撰写财务评价报告时一般遵循的原则如下。
（1）客观性原则。财务评价必须坚持客观性原则，即必须以过去和现在的财务资料为依据来评价企业的财务状况。只有建立在客观性的基础上，财务评价才有可能得出正确的结论。
（2）关键因素原则。在进行财务评价时，应首先集中精力于主要项目，而不必拘泥于面面俱到，以节约时间和费用。
（3）科学性原则。在进行财务评价时，一方面要使用科学方法（如采用数理统计方法）；另一方面要善于发现评价要素之间的相关性和相似性等规律，进行正确评价。
（4）经济性原则。财务评价讲究经济性，是因为财务评价要涉及成本和收益问题，所以要尽力做到使用最低的评价成本达到较为满意的评价质量。

四、财务评价报告的主要内容

财务评价报告的主要内容如下。
(1) 编制资金规划与计划。
(2) 计算和分析财务效果。
(3) 明确财务评价指标。财务评价指标包括：销售利润率、总资产报酬率、资本收益率、资本保值增值率、资产负债率、流动比率、速动比率、应收账款周转率、存货周转率等。
(4) 重视财务报表分析。财务报表分析对于了解企业的财务状况和经营业绩，评价企业的偿债能力、盈利能力和营运能力，帮助企业制定经济决策有显著作用。但由于种种因素的影响，财务报表分析及其分析方法，也存在一定的局限性。如何正视财务报表分析局限性的存在，在决策中扬长避短，是一个不容忽视的现实问题。

第二节 财务评价分析中的财务报表分析

一、会计核算方法及报表分析方法对可比性的影响

会计核算方法及报表分析方法对可比性的影响如下。
(1) 会计核算方法选择的影响。有些会计核算方法可以由企业根据自身的情况选择，会计核算上的不同处理方法产生的资料会有差别。例如，在物价变动时，存货用先进先出法与后进先出法计价确定的期末存货余额和有关费用额是不同的；固定资产采用直线法计提折旧和采用加速折旧法计提折旧，年折旧费也不同；企业长期投资采用成本法或采用权益法确认的投资收益也不一样。因此，如果企业前后时期会计方法改变，对前后时期财务报表分析就有影响。同样，一家企业与另一家企业比较，如果两家企业对同一会计事项的会计处理采用的方法不一样，那么资料可比性也会降低。因此，财务报表分析一定重视附注等资料的作用。了解企业使用的是哪种方法，有无变更等，从而尽量避免由此对财务报表分析产生的不利影响。
(2) 报表分析方法选择的影响。从会计报表分析方法中的指标分析来看，某些指标的计算方法也会给不同企业之间的比较带来不同程度的影响。例如，应收账款周转率、存货周转率等的平均余额的计算，报表使用者由于资料的限制，往往是用年初数与年末数进行平均。这样计算的应收账款余额和存货余额，对于经营业务在一年内较平均的企业而言基本符合实际情况，但在季节性的企业或单月变动情况较大的情况下，就会偏离实际。如果期初、期末正好是经营旺季，其平均余额就会过大；如果是淡季，又会偏小，从而影响指标的准确性，进而影响财务报表分析的质量。

二、比较基础问题

现实中，财务报表分析、指标评价往往要与其他企业及行业的平均指标比较才有意

义。但由于企业自身的情况不同，如环境影响、企业规模的差别，有时会使得财务报表分析中相关资料的比较基础存在各自的局限性。

（1）横向比较的局限性。在进行横向比较时，分析人员往往使用同业标准，而行业平均指标多是各种情况的综合和折中，只起一般性指导作用，不一定有代表性，不是合理性标志。采用不同财务政策的公司可能会包括在同一个行业平均数中；资本密集型公司与劳动密集型公司包括在一组内；采用激进财务政策的公司和采用保守财务政策的公司包括在同一平均数中。近年来，企业重视以竞争对手的资料为分析基础，但有的企业开展多种经营，没有明确的行业归属，同行业比较就更困难。

（2）趋势分析的局限性。趋势分析以本企业历史资料作为比较基础。可是历史资料往往代表过去，并不代表合理性。企业所处的经营环境是变化的，短期的利润增加并不一定说明企业管理上有了改进，也可能是行业大环境变化所致。

（3）实际与计划差异分析的局限性。实际与计划的差异分析，是以计划预算作为比较基础的。而实际值与预算的差异，有时可能是预算不合理所致，并非执行中的问题，在财务报表分析中必须加以重视，合理分析。

三、财务报表本身的局限性

财务报表本身的局限性如下。

（1）报表资料对未来决策价值的不完全性。由于会计报表是按照历史成本原则编制的，很多资料不代表其现行成本或变现价值。在通货膨胀时期，有些资料会受到物价变动的影响，假设币值不变，将不同时点的货币资料简单相加，使其不能真实地反映企业的财务状况和经营成果，有时难以对报表使用者的经济决策有实质性的参考价值。

（2）缺少反映长期资讯的资料。由于按年度分期报告，只报告了短期资讯，不能提供反映长期潜力的资讯。同时由于报表本身的原因，提供的资料是有限的，对报表使用者来说，不少需用的资讯可能在财务报告中找不到。

（3）报表资讯能反映资源的不完全性。列入企业财务报表的仅是可以利用的，能以货币计量的经济来源。而在现实中，企业有许多经济资源，或者因为客观条件制约，或者因会计惯例制约，并未在报表中体现，比如某些企业账外的大量资产不能在报表中反映。因而，报表仅仅反映了企业经济资源的一部分。

四、财务报表的真实性问题

财务报表的真实性问题如下。

（1）人为操纵。在很多情况下，企业出于各种目的，需要向外界展示良好的财务状况和经营成果。一旦实际经营状况难以达到目标，企业会主动选择有利于提高利润的会计核算方法，或者采取其他手段来粉饰会计报表。比如，故意将年终要采购的以赊购方式购买的货物推迟到下年初再购买，或将借款在年终有意偿还，等下年初再重新借入，从而达到提高本年流动比率的目的。在会计期结束之前，企业如果意识到当期销售收入未达目标，有时会采用假销售的办法，虚增当期收入与利润，以使资讯使用者对本企业的利润水准有较高评价。在制造业，有的企业为提高利润水准，往往采用高估期末在产品成本，低估入库产成品成本的方法。人为操纵的结果，极有可能使资讯使用者得到的报表资讯与企业实际状况相距甚远，从而误导资讯使用者，也使得财务报表分析失去意义。

（2）与理财活动结合的操作。随着企业产权结构的不断变动，子公司购买、处理行为已不鲜见，由此引起合并范围的频繁变动。而合并范围政策的变化，也会引起合并范围的变动。根据这些情况，必须解决子公司变动时的规范合并处理问题，以解决当期利用合并范围的变动任意调节利润，任意改变已形成的财务状况，扭曲会计资讯的行为。从上市公司的资产重组实务来看，企业集团内部转让股权这种内部交易往往金额大，可能对企业财务状况产生重要影响，而且这种交易由于在关联方之间发生，可能有失公允，甚至被大股东利用控股关系进行操纵，用以调节转移集团内部利润，粉饰上市公司业绩。因此，有必要对涉及内部转让股权的合并报表问题，根据股权转让的不同形式、不同物件进行具体规范。

综上所述，财务报表分析是一个具体又复杂的过程。其自身也存在不可忽视的局限性。值得庆幸的是，最新的《企业会计准则》已于2006年2月15日由财政部颁布，2007年1月1日起施行。2014年7月23日，财政部颁布《财政部关于修改〈企业会计准则——基本准则〉的决定》。2018年最新版《企业会计准则》资料汇编的内容包括企业会计准则、应用指南、解释及其他相关资料汇总。修改后的《企业会计准则》全面引入了公允价值的计量属性，明确了对于同一控制下企业合并，采用类似权益结合法的处理方法，增加了财务会计报告的信息量，尤其是表外资讯的内容，在一定程度上弥补了原有财务报告资料的不足，也为改善财务报表分析的局限性提供了保证。

假如两家公司在某一会计年度实现的利润总额正好相同，那这是否意味着它们具有相同的获利能力呢？答案是否定的，因为这两家公司的资产总额可能并不一样，甚至还可能相当悬殊。再如，某公司2018年度实现税后利润为100万元。很显然，仅有这样一个会计数据只能说明该公司在特定会计期间的盈利水平，对报表使用者来说还无法根据它做出最有效的经济决策。但是，如果我们将该公司2017年度实现的税后利润60万元和2018年度实现的税后利润30万元加以比较，就可能得出该公司近几年的利润发展趋势，使财务报表使用者从中获得更有效的经济信息。如果我们再将该公司近三年的资产总额和销售收入等会计数据综合起来进行分析，就会有更多隐含在财务报表中的重要信息清晰地显示出来。

可见，财务报表的作用是有一定局限性的，它仅能够反映一定期间内企业的盈利水平、财务状况及资金流动情况。报表使用者要想获取更多的对经济决策有用的信息，就必须以财务报表和其他财务资料为依据，运用系统的分析方法来评价企业过去和现在的经营成果、财务状况及资金流动情况，据以预测企业未来的经营前景，从而制定未来的战略目标和做出最优的经济决策。

五、财务报表分析技巧

为了能够正确揭示各种会计数据之间存在着的重要关系,全面反映企业经营业绩和财务状况,可将财务报表分析技巧概括为以下四类:横向分析、纵向分析、趋势百分率分析、财务比率分析。

1. 财务报表分析技巧之一:横向分析

横向分析的前提,就是采用前后期对比的方式编制比较会计报表,即将企业连续几年的会计报表数据并行排列在一起,设置"绝对金额增减"和"百分率增减"两栏,以揭示各个会计项目在比较期内所发生的绝对金额和百分率的增减变化情况。下面,以ABC公司为例进行分析(见表22-1)。

表22-1 ABC公司比较利润表及利润分配表 (金额单位:元)

项目	2017年度	2018年度	绝对增减额	百分率增减额(%)
销售收入	7 655 000	9 864 000	2 209 000	28.90
减:销售成本	5 009 000	6 232 000	1 223 000	24.40
销售毛利	2 646 000	3 632 000	986 000	37.70
减:销售费用	849 000	1 325 000	476 000	56.10
管理费用	986 000	103 000	217 000	22.00
息税前利润(EBIT)	811 000	1 104 000	293 000	36.10
减:财务费用	28 000	30 000	2 000	7.10
税前利润(EBT)	783 000	1 074 000	291 000	37.20
减:所得税	317 000	483 000	166 000	52.40
税后利润(EAT)	466 000	591 000	125 000	26.80
年初未分配利润	1 463 000	1 734 100	271 100	18.53
加:本年净利润	466 000	591 000	125 000	26.80
可供分配的利润	1 929 000	2 325 100	396 100	20.54
减:提取法定盈余公积金	46 600	59 100	12 500	26.80
提取法定公益金	23 300	29 550	6 250	26.80
优先股股利				
现金股利	125 000	150 000	25 000	20.00
未分配利润	1 734 100	2 086 450	352 350	20.32

比较利润及利润分配表分析:

(1)2018年度,ABC公司的销售收入比上一年度增长了2 209 000元,增幅为28.90%。

(2)ABC公司2018年度的销售毛利比2001年度增加了986 000元,增幅达37.70%。这意味着公司在成本控制方面取得了一定的成绩。

(3)2018年公司的销售费用大幅度增长,增长率高达56.10%。这将直接影响公司销售利润的同步增长。

(4)ABC公司2018年度现金股利150 000元,比上一年增加了20.00%。现金股利的大幅度增长对潜在的投资者来说具有一定的吸引力。

2. 财务报表分析技巧之二:纵向分析

横向分析实际上是对不同年度的会计报表中的相同项目进行比较分析;纵向分析

则是相同年度会计报表各项目之间的比率分析。纵向分析也有个前提，那就是必须采用"可比性"形式编制财务报表，即将会计报表中的某一重要项目（如资产总额或销售收入）的数据作为100%，然后将会计报表中其他项目的余额都以这个重要项目百分率的形式做纵向排列，从而揭示出会计报表中各个项目的数据在企业财务报表中的相对意义。采用这种形式编制的财务报表使得在几家规模不同的企业之间进行经营和财务状况的比较成为可能。

由于各个报表项目的余额都转化为百分率，即使是在企业规模相差悬殊的情况下各报表项目之间仍然具有"可比性"。但是，要在不同企业之间进行比较必须有一定的前提条件，那就是几家企业都必须属于同一行业，并且所采用的会计核算方法和财务报表编制程序必须大致相同。

仍以ABC公司的利润表为例，分析如下。

（1）ABC公司销售成本占销售收入的比重从2017年度的65.40%下降到2018年度的63.20%。这说明销售成本率的下降直接导致公司毛利率的提高。

（2）ABC公司的销售费用占销售收入的比重从2017年度的11.1%上升到2018年度的13.40%，上升了2.30%。这将导致公司营业利润率的下降。

（3）ABC公司综合的经营状况如下：2018年度的毛利之所以比上一年猛增了37.30%，主要原因是公司的销售额扩大了28.90%，销售额的增长幅度超过销售成本的增长幅度，使公司的毛利率上升了2.20%。然而，相对于公司毛利的快速增长来说，公司净利润的改善情况并不理想，原因是销售费用的开支失控，使得公司净利润未能与公司的毛利同步增长。

3. 财务报表分析技巧之三：趋势百分率分析

趋势分析看上去也是一种横向百分率分析，但不同于横向分析中对增减情况百分率的提示。横向分析是采用环比的方式进行比较，而趋势分析则是采用定基的方式，即将连续几年财务报表中的某些重要项目的数据集中在一起，同期年的相应数据做百分率的比较。这种分析方法对于提示企业在若干年内经营活动和财务状况的变化趋势相当有用。趋势分析首先必须选定某一会计年度为基年，然后设基年会计报表中若干重要项目的余额为100%，再将以后各年度会计报表中的相同项目的数据按基年项目数的百分率来列示。

下面，将趋势分析的技巧运用于ABC公司2015～2018年度的会计报表，以了解该公司的发展趋势。根据ABC公司的会计报表编制如表22-2所示。

表22-2　ABC公司2015～2018年度部分指数化的财务数据　　　　　（%）

项目	2015年度	2016年度	2017年度	2018年度
货币资金	100	189	451	784
资产总额	100	119	158	227
销售收入	100	107	116	148
销售成本	100	109	125	129
净利润	100	84	63	162

从表 22-2 中的有关数据，我们了解到，ABC 公司的现金额在三年的时间内增长将近八倍。公司现金充裕，一方面说明公司的偿债能力增强；另一方面也意味着公司的机会成本增大，公司大量的现金投入资本市场，将会给公司带来可观的投资收益。另外，公司的销售收入连年增长，特别是 2018 年，公司的销售额比基年增加了近 50%，说明公司这几年的促销工作是卓有成效的。但销售收入的增长幅度低于成本的增长幅度，使公司 2016 年度和 2017 年度的净利润出现下滑，这种情况在 2018 年度得到了控制。但从公司总体情况来看，2015～2018 年，公司的资产总额翻了一倍多，增幅达 127%。相比之下，公司的经营业绩不尽如人意，即使是情况最好 2018 年，公司的净利润也只比基年增加了一半多一点。这说明 ABC 公司的资产利用效率不高，公司在生产经营方面还有许多潜力可以挖掘。

4. 财务报表分析技巧之四：财务比率分析

财务比率分析是财务报表分析的重中之重。财务比率分析是将两个有关的会计数据相除，用所求得的财务比率来提示同一会计报表中不同项目之间或不同会计报表的相关项目之间所存在逻辑关系的一种分析技巧。然而，单单计算各种财务比率的作用是非常有限的，更重要的是应将计算出来的财务比率做各种维度的比较分析，以帮助会计报表使用者正确评估企业的经营业绩和财务状况，以便及时调整投资结构和经营决策。财务比率分析有一个显著的特点，那就是使各个不同规模的企业的财务数据所传递的经济信息标准化。正是由于这一特点，它使得各企业间的横向比较及行业标准的比较成为可能。举例来说，IBM 和苹果公司都是美国的生产和销售计算机的著名企业。从这两家公司会计报表中的销售和利润情况来看，IBM 要高出苹果公司许多倍。然而，光是笼统地进行总额的比较并无多大意义，因为 IBM 的资产总额要远远大于后者。所以，分析时绝对数的比较应让位于相对数的比较，而财务比率分析就是一种相对关系的分析技巧，它可以被用做评估和比较两家规模相差悬殊的企业经营和财务状况的有效工具。财务比率分析根据分析的重点不同，可以分为以下四类：①流动性分析或短期偿债能力分析；②财务结构分析，又称财务杠杆分析；③企业营运能力和盈利能力分析；④与股利、股票市场等指标有关的股票投资收益分析。

（1）短期偿债能力分析。任何一家企业要想维持正常的生产经营活动，手中必须持有足够的现金以支付各种费用和到期债务，而最能反映企业的短期偿债能力的指标是流动比率和速动比率。①流动比率是全部流动资产对流动负债的比率，即流动比率 = 流动资产 ÷ 流动负债。②速动比率是将流动资产剔除存货和预付费用后的余额与流动负债的比率，即速动比率 = 速动资产 ÷ 流动负债。速动比率是一个比流动比率更严格的指标，它常常与流动比率一起使用以更确切地评估企业偿付短期债务的能力。一般来说，流动比率保持在 2:1，速动比率保持在 1:1 左右表明企业有较强的短期偿债能力，但也不能一概而论。事实上，没有任何两家企业在各方面的情况都是一样的。对一家企业来说预示着严重问题的财务比率，但对另一家企业来说可能是相当令人满意的。

（2）财务结构分析。权益结构的合理性及稳定性通常能够反映企业的长期偿债能力。当企业通过固定的融资手段对所拥有的资产进行资金融通时，该企业就被认为在使用财务杠杆。除企业的经营管理者和债权人外，该企业的所有者和潜在的投资者对财务杠杆作用也是相当关心的，因为投资收益率的高低直接受财务杠杆作用的影响。衡量财务杠杆作用或反映企业权益结构的财务比率主要有：

1）资产负债率（%）=（负债总额÷资产总额）×100%。通常，该比率越小，表明企业的长期偿债能力越强；该比率过高，表明企业的财务风险较大，企业重新举债的能力将受到限制。

2）权益乘数=资产总额÷权益总额。毫无疑问，这个倍数越高，企业的财务风险就越高。

3）负债与业主权益比率（%）=（负债总额÷所有者权益总额）×100%。该指标越低，表明企业的长期偿债能力越强，债权人权益受到的保障程度越高。反之，说明企业利用了较高的财务杠杆。

4）已获利息倍数=息税前利润÷利息费用。该指标既是企业举债经营的前提条件，也是衡量企业长期偿债能力强弱的重要标志。

企业若要维持正常的偿债能力，已获利息倍数至少应大于1，且倍数越高，企业的长期偿债能力也就越强。一般来说，债权人希望负债比率越低越好，负债比率低意味着企业的偿债压力小，但负债比率过低，说明企业缺乏活力，企业利用财务杠杆作用的能力较低。但如果企业举债比率过高，沉重的利息负担会压得企业透不过气来。

（3）企业的经营效率和盈利能力分析。企业财务管理的一个重要目标，就是实现企业内部资源的最优配置，经营效率是衡量企业整体经营能力高低的一个重要方面，它直接影响到企业的盈利水平。而盈利能力是企业内外各方都十分关心的问题，因为利润不仅是投资者取得投资收益、债权人取得利息的资金来源，同时也是企业维持扩大再生产的重要资金保障。企业的资产利用效率越高，意味着它能以最小的投入获取较高的经济效益。反映企业资产利用效率和盈利能力的财务指标主要有：①应收账款周转率=赊销净额÷平均应收账款净额；②存货周转率=销货成本÷平均存货；③固定资产周转率=销售净额÷固定资产净额；④总资产周转率=销售净额÷平均资产总额；⑤毛利率=（销售净额－销售成本）÷销售净额×100%；⑥经营利润率=经营利润÷销售净额×100%；⑦投资报酬率=净利润÷平均资产总额×100%（总资产周转率×经营利润净利率）；⑧股本收益率=净利润÷股东权益×100%（投资报酬率×权益乘数）。以上8项指标均是正指标，数值越高，说明企业的资产利用效率越高，意味着它能以最小的投入获取较高的经济效益。

（4）股票投资收益的市场测试分析。虽然上市公司股票的市场价格对于投资者的决策来说是非常重要的，然而潜在的投资者要在几十家上市公司中做出最优决策，仅依靠股票市价所提供的信息是远远不够的。因为不同的上市公司发行在外的股票数量、公司实现的净利润以及派发的股利金额等都不一定相同，投资者必须将公司股票市价和财务报表所提供的有关信息综合起来分析,以便计算出公司股东和潜在投资者都十分关心的财务比率,这些财务比率是帮助投资者对不同的上市公司股票的优劣做出评估和判断的重要财务信息。反映股票投资收益的市场测试比率主要有:

1)普通股每股净收益=(税后净收益-优先股股息)÷发行在外的普通股数。通常,公司经营规模的扩大、预期利润的增长都会使公司的股票市价上涨。因此,普通股投资者总是对公司所报告的每股净收益怀着极大的兴趣,认为它是评估一家企业经营业绩以及不同的企业运行状况的重要指标。

2)市盈率=每股现行市价÷普通股每股净收益。一般来说,经营前景良好、很有发展前途的公司的股票市盈率趋于升高;而发展机会不多、经营前景暗淡的公司,其股票市盈率总是处于较低水平。市盈率是被广泛用于评估公司股票价值的一个重要指标。特别是对一些潜在的投资者,可根据它来对上市公司的未来发展前景进行分析,并在不同公司间进行比较,以便最后做出投资决策。

3)派息率=公司发行的股利总额÷公司税后净利润总额×100%。同样是每股派发1元股利的公司,有的是在利润充裕的情况下分红,而有的则是在利润拮据的情况下,硬撑着勉强支付。因此,派息率可以更好地衡量公司派发股利的能力。投资者将自己的资金投资于公司,总是期望获得较高的收益率,而股票收益包括股利收入和资本收益。对于常年稳定的着眼于长期利益的投资者来说,他们希望公司目前少分股利,而将净收益用于公司内部再投资以扩大再生产,使公司利润保持高速增长的势头。而公司实力地位增强,竞争能力提高,发展前景被看好,公司股票价格就会稳步上涨,公司的股东们就会因此而获得资本收益。但对另一些靠股利收入维持生计的投资者来说,他们不愿意用现在的股利收入与公司股票的未来价格走势去打赌,他们更喜欢公司定期发放股利以便将其作为一个可靠而稳定的收入来源。

4)股利与市价比率=每股股利发放额÷股票现行市价×100%。这项指标一方面为股东们提示了他们所持股票而获得股利的收益率;另一方面也为投资者表明了出售所持股票或放弃投资这种股票而转向其他投资所拥有的机会成本。

5)每股净资产=普通股权益÷发行在外的普通股数。每股净资产的数额越高,表明公司的内部积累越雄厚,即使公司处于不景气时期也有抵御能力。此外,在购买或公司兼并的过程中,普通股每股账面价值及现行市价是对被购买者或被合并的企业价值进行估算时所必须参考的重要因素。

6)股价对净资产的倍率=每股现行市价÷每股净资产。股价对净资产的倍率较高,说明公司股票正处于高价位。该指标从存量的角度分析公司的资产价值,它着眼于公司解散时取得剩余财产分配的股份价值。

7)股价对现金流动比率=每股股票现行市价÷(净利润+折旧费)÷发行在外的普通股数。这一比率表明,人们目前是以几倍于每股现金流量的价格买卖股票的。该倍率越低意味着公司股价偏低;反之,则表明公司的股价偏高。

总之,近年来大量的经济案件告诉我们,企业通过粉饰财务报表来欺诈投资者的现象越来越多。对于财务报表使用者来说,阅读财务报表时如果不运用分析技巧,不借助分析工具,而只是简单地浏览表面数字,那就难以获得有用的财务信息,有时甚至还会被会计数据引入歧途,被表面假象所蒙蔽。随着我国市场经济体制改革的不断深入,中国加入WTO后,将面对国际上强劲的竞争对手,同时,外贸摩擦加剧,竞争中不确定因素增加,与狼共舞的年代已经到来,企业间的兼并和个人投资行为越来越普遍,财务报表使用者只有在阅读财务报表的同时,利用分析技巧对企业公布的财务数据进行综合分析,才能从中获得对经济决策更有用的财务信息。

第三节 财务评价报告写作要求

一、写作依据

企业财务评价报告是指企业按照《企业财务通则》的要求和依法理财原则、资本保全原则、收益与风险均衡原则、成本效益与节约原则,运用有关的财务指标,在对本企业一定时期内具有的偿债能力、营运能力、盈利能力等财务状况、经营成果所做的自我总结和自我评价的基础上写出的分析报告。

二、主要内容

企业财务评价一般包括以下内容:①公司经营状况总体描述;②盈利能力分析;③运营能力分析;④偿债能力分析。

【例文导读】

××工程总公司财务评价

××××年,××工程总公司按照××××的宗旨,抓住改革开放步伐加快的有利时机,努力发挥企业的技术优势,积极拓展装修业务,形成了从建筑工程设计、施工到建筑材料用品配套供应"一条龙"服务的经济实体。公司全年为国内外客户装修了××项工程,取得了较好的经营业绩。建筑工程质量良好,使公司知名度和竞争力进一步提高,公司的盈利能力、营运能力和自我发展能力均有所增强。

一、盈利能力分析

××××年,公司的工程结算收入共达××万元,比上年的××万元增加××%;实现利税××万元,比上年的××万元增加××%。据此计算,销售利税率达到××%,比上年的××%提高××个百分点;资本金利润率达到××%,比上年的××%提高××个百分点;资产报酬率达到××%,比上年的××%提高××个百分点。这表明,企业的盈利能力已比前两年有较大的提高,但与同行业中某些高效益的大型装饰工程企业相比,本公司仍未打开"低效益"的局面。

项 目	××××年	××××年
(1)销售利税率(%) 利税总额(%)工程结算收入(万元)		
(2)资本金利润率(%) 利润总额(万元)资本金总额(万元)		
(3)资产报酬率(%) 利润总额(万元)平均资产(万元)		
(4)资产净利率(%) 税后利润(万元)资产总额(万元)		

二、营运能力分析

××××年,公司通过提高机械化作业水平,加快施工进度,缩短工期,控制、压缩存货,减少资金占用和损失浪费,企业营运资本周转率和存货周转率都有一定的提高。

(一)营运资本周转率

公司本年的营运资本为××万元,比上年的××万元增加××%;营运资本周转率为××次,比上年的××次提高××次。

项 目	××××年	××××年
工程结算收入(万元)年初营运资本(万元)年末营运资本(万元)		

$$上年营运资本周转率 = \frac{工程结算收入}{(年初营运资本+年末营运资本)\times 2} = 本年营运资本周转率 = ××$$

(二)存货周转率

公司本年的存货周转率达到××次,比上年××次提高××次;存货周转天数已由上年的××天缩短为××天;缩短××天。

项 目	××××年	××××年
存货周转率(次)销货成本(万元)平均存货(万元)		

$$上年存货周转天数 = \frac{360}{存货周转率} = ××天$$

本年存货周转天数:××天。

三、偿债能力分析

××××年,由于公司的盈利增多,负债减少,企业的偿债能力也有明显的变化。

(一)长期偿债能力

截至年末,公司的资产总额为××万元,比上年的××万元增加××%;负债总额为××万元,比上年略有减少。按此计算,资产为负债的××倍,资产负债率已由上年的××%降至××%。这表明,公司的长期偿债能力较强,负债经营的程度也是不高的。

项 目	××××年	××××年
资产负债率(%)		
负债总额(万元)		
资产总额(万元)		

（二）短期偿债能力

截至年末，公司的流动比率为 $X:Y$，速动比率为 $X:Y$，均比上年有较大的提高，并已达到正常的比值。

项目	××××年	××××年
（1）流动比率		
流动资产（万元）		
流动负债（万元）		
（2）速动比率		

【模拟实训】

一、名词解释

财务评价指标

二、填空题

1. 财务评价报告撰写时一般遵循的原则是_____、_____、_____、_____。
2. 财务报表分析技巧概括为以下四类：_____、_____、_____、_____。
3. 财务评价是对本企业一定时期内具有的_____能力、_____能力、_____能力等有关财务状况所做的自我总结和自我评价的一种文体。

三、简答题

1. 财务评价报告的主要内容是什么？
2. 财务评价报告的写作要求是什么？

四、阅读思考题

阅读以下资料，回答问题。

（1）财务人员在平时的工作当中，应多一点了解国家宏观经济环境尤其是尽可能捕捉、搜集同行业竞争对手资料。因为公司最终面对的是复杂多变的市场，在这个大市场里，任何宏观经济环境的变化或行业竞争对手政策的改变都或多或少地影响着公司的竞争力，甚至决定着公司的命运。

（2）对公司政策尤其是近期来公司大的方针政策有一个准确的把握，在吃透公司政策精神的前提下，在分析中还应尽可能地立足于当前，瞄准未来，以使分析报告发挥"导航器"作用。

（3）勿轻易下结论。财务分析人员在报告中的所有结论性词语对报告阅读者的影响相当之大，如果财务人员在分析中草率地下结论，很可能形成误导。如目前国内许多公司的核算还不规范，费用的实际发生期与报销期往往不一致，如果财务分析人员不了解核算的时滞差，则很容易得出错误的结论。

（4）分析报告的行文要尽可能流畅、通顺、简明、精练，避免口语化、冗长化。

问题：1. 从专业的视角谈谈你自己的体会。

2. 结合具体财务分析报告说明应如何注意这些问题。

Chapter 23
课题二十三

财务情况说明书

📖 应用导航

公司财务情况说明书（模板）

一、企业生产经营的基本情况

（一）企业主营业务范围和附属其他业务，企业从业人员、职工数量和专业素质的情况。本公司成立于××年。是以××为主业的公司，现有员工××人，其中大专以上人员××人，占公司总人数的××%；技术人员××人。占公司总人数的××%。

公司企业法人营业执照注册号：××××　　公司注册地址：××××

公司注册资本：人民币××万元　　公司法定代表人：×××

公司经营范围：××××　　公司主营业务：××××

（××××年××月××日），公司经××科学技术委员会认定为软件企业，并取得了颁发的软件企业认定证书，证书编号：×××××。

（二）本年度生产经营情况

1. 主要产品的产量、业务营业量、销售量（出口额、进口额）及同比增减量。
2. 经营环境变化对企业生产销售（经营）的影响。
3. 营业范围的调整情况。
4. 新产品、新技术、新工艺开发及投入情况。

（三）对企业业务有影响的知识产权的有关情况

（四）开发、在建项目的预期进度及工程竣工决算情况

（五）经营中出现的问题与困难，以及需要披露的其他业务情况与事项等

二、利润实现、分配及企业亏损情况（经济效益分析）

1. 本年主营业务收入为××万元，比去年同比增长××万元，增长率为××%。
2. 本年主营业务成本为××万元，比去年同比增长××万元，增长率为××%，主营业务成本占主营业务收入的××%。
3. 本年主营业务税金及附加为××万元，比去年同比增长××万元，增长率为××%，主营业务税金及附加占主营业务收入的××%。

4. 本年产品销售费用为××万元，比去年同比增长××万元，增长率为××%，主营业务费用占主营业务收入的××%。

5. 本年管理费用为××万元，比去年同比增长××万元，增长率为××%，管理费用占主营业务收入的××%。

6. 本年财务费用为××万元，比去年同比增长××万元，增长率为××%，财务费用占主营业务收入的××%。

7. 本年营业利润为××万元，比去年同比增长××万元，增长率为××%，营业利润占主营业务收入的××%。

8. 其他项目的比例参阅损益分析表。

上述指标增减变动也可以用表格形式反应，下面用文字说明变动原因。

（一）主营业务收入变动情况

1. 主营业务收入同比增减额。

2. 主营业务收入增减影响因素，包括销售量、销售价格、销售结构变动和新产品销售，以及影响销售量的滞销产品种类、库存数量等。

（二）成本费用变动的主要因素

原材料费用、能源费用、工资性支出、借款利率调整对利润增减的影响。

（三）其他业务收入、支出的增减变化

如其他收入占主营业务收入10%（含10%）以上，则应按类别披露有关数据。

（四）同比影响其他收益的主要事项

1. 投资收益，特别是长期投资损失的金额及原因。

2. 补贴收入各款项来源、金额，以及扣除补贴收入的利润情况。

3. 影响营业外收支的主要事项、金额。

（五）利润分配情况

1. 本年实现利润总额为××万元，净利润为××万元。

2. 全年上缴税金总额为××万元，其中所得税为××万元，增值税为××万元。

3. 本年提取盈余公积为××万元，其中公益金为××万元。

4. 本年分配给投资者利润为××万元，其中普通股股利为××万元，优先股股利为××万元。

5. 本年职工工资总额为××万元，职工人数为××人，职工全年平均收入为××万元。

（六）利润表中的项目，如两个期间的数据变动幅度达30%（含30%）以上，且占报告期利润总额10%（含10%）以上，应明确说明原因

（七）税赋调整对净利润的影响，包括有关税种和税率调整、享受各税优惠政策退税返还等数额

（八）会计政策、会计估计变更对利润总额的影响数额

（九）亏损总额及其同比增减额，亏损的主要原因，对产品滞销、成本费用加大、管理不善等造成的亏损及亏损额进行分析

三、资金增减和周转情况

（一）各项资产所占比重

1. 各项资产所占比重。
2. 应收账款、其他应收款、存货、长期投资等变化是否正常，及其增减原因。
3. 长期投资占所有者权益的比率及同比增减情况、原因，购买和处置子公司及其他营业单位的情况。

（二）不良资产情况

1. 待处理财产损益主要内容及其处理情况。
2. 潜亏挂账（含政策性原因挂账和其他历史潜亏挂账）的内容及原因。
3. 按账龄分析三年以上的应收账款和其他应收款未收回原因及坏账处理办法。
4. 长期积压商品物资、不良长期投资等产生的原因及影响。
5. 不良资产比率。

（三）负债情况

1. 流动负债与长期负债的比重。
2. 长期借款、短期借款、应付账款、其他应付款的同比增减金额及原因。
3. 企业偿还债务的能力和财务风险状况。
4. 三年以上的应付账款和其他应付款金额、主要债权人及未付原因。
5. 逾期借款本金和未还利息情况。

（四）资产、负债、所有者权益项目中，如两个期间的数据变动幅度达30%（含30%）以上，且占报表日资产总额5%（含5%）以上，应明确说明原因

（五）现金增减和周转情况

1. 本年经营活动现金流量比上年增长××万元，增长率为×××%；本年投资活动现金流量比上年增长××万元，增长率为×××%；本年筹资活动现金流量比上年增长××万元，增长率为××%。
2. 本年现金及现金等价物净增加额比上年增长××万元，增长率为××%。
3. 本年应收账款周转率为××；存货周转率为××；流动资产周转率为××；固定资产周转率为××；总资产周转率为××。
4. 企业的发展能力指标情况：主营业务收入增长率为××%；净利润增长率为××%；留存盈利比率为××%。

四、所有者权益（或股东权益）增减变动情况

1. 会计处理追溯调整影响年初所有者权益（或股东权益）的变动情况，并应具体说明增减差额及其原因。
2. 所有者权益（或股东权益）本年年初与上年年末因其他原因变动情况，并应具体说明增减差额及其原因。

五、对企业财务状况、经营成果和现金流量有重大影响的其他事项

1. 会计政策的变动。

2. 会计估计的变更。
3. 重要合同事项。
4. 重要投资事项。
5. 对现金流量有重大影响的其他事项。

六、本期工作总结和后期工作建议

1. 针对本期企业经营管理中存在的问题，提出下一阶段应该采取的改进管理和提高经营业绩的具体措施，以及业务发展计划。

2. 总结财务核算、报表编制工作的成绩与不足，并对今后的工作提出建议。

资料来源：http://www.xuexila.com/fanwen/fanwen/1413227.html.

【点评】

本财务说明书是企业按照《企业财务会计报告条例》和国家统一的会计制度规定，对需要说明的事项，至少应当对企业概况、企业本年所采用的会计政策说明、企业主要财务指标分析和说明三方面的情况做出真实、完整、清楚的说明。

点睛之笔

教学重点：
重点掌握财务情况说明书的格式要求。

教学难点：
1. 理解财务情况说明书的构思方法，以及编写过程中采用的一般技术手段。
2. 掌握财务情况说明书的基本特点和编写规范。
3. 掌握财务说明书的作用。
4. 掌握财务情况说明书的写作技巧。

第一节 财务情况说明书的一般概念

一、财务情况说明书的基本含义

财务情况说明书是对财务报表进行补充说明的书面材料。财务情况说明书是对企业一定会计期间内生产经营、资金周转和利润实现及分配等情况的综合性说明，是财务会计报告的重要组成部分。它全面扼要地提供企业和其他单位生产经营、财务活动情况，分析总结经营业绩和存在的不足，是财务会计报告使用者了解和考核有关单位生产经营和业务活动开展情况的重要资料。

在编写财务情况说明书的时候，不能面面俱到，要重点突出，层次分明。通常，财务情况说明书要具备及时性、简要性、准确性、数据性和创新性的特点。财务情况说明书是财务会计报告的重要组成部分,编写好财务情况说明书对贯彻新《会计法》突出规范会计行为,保证会计资料质量的立法宗旨具有重要作用。财务情况说明书是企业(公司)年度、半年度财务报告期内生产经营的基本情况、财务状况与经营成果的总结性书面文件。它为企业(公司)内部和外部了解、观察、衡量、考核、评价其报告期内的经营业绩和生产经营状况提供重要依据。

二、财务情况说明书对数据的分析方法

编写财务情况说明书,需对会计报表中各项数据进行分析。分析的方法很多,主要有以下几种。

(1)平衡分析法。利用"资产=负债+所有者权益"的平衡原理分析各账户间的关系及变化。

(2)比较分析法,或叫对比分析法。例如,分析计划完成情况,用实际数同计划数进行比较,来检查分析计划的执行情况;比历史水平,用本期实际数同上期或历史最好年份(或正常年份)的数据进行比较,看发展变化情况;比先进,用本企业数据指标同本行业中的先进企业进行比较,或用本企业的产品同国内外同类产品的数据指标进行比较,以便制定赶超目标等。

(3)因素分析法,或称连环替代法。先确定计划与实际或本期与前期的差距诸因素,然后假定一个因素为可变,其余为不变,依法替换,以测定这些因素变动对数据指标的影响程度。

(4)趋势分析法。将数据指标连续几年排列在一起进行比较,以测定本期财务状况的变化趋势。一般做成统计图表加以比较,也可采用比较表。

(5)比率分析法。用同期会计报表中的相关数据进行比较,求出它们之间的比率。国家规定工业企业财务评价指标,就使用了这种方法。

通过各种分析方法(财务情况说明书一般采用两三种分析方法,不一定每种方法都使用)可以检查企业经营计划或目标的执行情况,评价经营业绩,并找出差距,查明原因,总结经验,提出改进措施,为下一步经营决策的做出和经营方针目标的制定提供依据。

三、编写财务情况说明书的方法和步骤

一般说来,小型企业编写财务说明书相对简单一些,由主管会计自己执笔就可以,大中型企业业务比较复杂,内部分工较细,可以采用以下方法和步骤。

1. 做好资料的收集、积累、整理等到准备工作

这是提高工作效率和工作质量的保证,应从两方面着手。

(1)数据指标的收集和整理。数据包括计划数、定额、预算、历史数据、同行业、

同类产品等，分析时可信手拈来。

（2）典型事例的调查。对企业重要经济活动、会议、事件要注意了解掌握，必要时到现场进行实地调查，记录在案，供编写说明书时采用。调查到的情况有时可以从会计报表的数据得到证实，会计报表上的数据又可以进一步扩大线索，进一步调查核实。这样使活情况与死数字结合起来，相互印证，使说明书既有数据又有实例，更具说服力。

2. 分工负责，齐头并进

大型企业情况复杂，分工细致不应该也不可能由一人总揽说明书的编写工作，可以按照业务分工分头编写，并安排好进度，最后由一人汇总修改，防止相互矛盾。为使说明书编写规范化，可规定一定程式，拟个提纲，列出大体框架，有些数据可列示表式留出空格，等到会计报表数据出来再填进空格内，这有利于分工编写，并能加速编写过程。

3. 共同讨论，达成共识

因为人们认识上的差距和看问题的角度不同，同一数据有时会有不同看法，甚至意见相左。所以，会计报表初稿出来后，应组织有关人员（总会计师或财务经理、财务部门负责人、专职分析人员、有关业务人员）一起议论，对当年财务状况和经营成果做出基本估计，集思广益，达成共识，然后着手编写。

4. 审查上报

财务负责人或总会计师应将财务情况说明书向厂务会议（股份公司是董事会）汇报，经讨论通过后才能报出。

第二节 财务情况说明书的内容及编写要求

一、财务情况说明书的主要内容

企业会计制度规定，财务情况说明书至少应对下列情况做出说明：①企业生产经营的基本情况；②利润实现和分配情况资金增减和周转情况；③对企业财务状况、经营成果和现金流量有重大影响的其他事项。

1. 企业生产经营的基本情况

企业通常需要反映以下有关企业生产经营的基本情况：企业主营业务范围及经营情况；企业所处的行业以及在本行业中的地位，如按销售额排列的名次；企业员工的数量和专业素质情况；经营中出现的问题与困难及解决方案；对企业业务有影响的知识产权的有关情况；经营环境的变化；新年度的业务发展计划，如生产经营的总目标及措施；开发、在建项目的预期进度；配套资金的筹措计划；需要披露的其他业务情况与事项。

2. 利润实现和分配情况

利润实现和分配情况，主要是指企业本年度实现的净利润及其分配情况。例如，实现的净利润是多少；在利润分配中提取法定盈余公积金和法定公益金各有多少；累计可分配利润有多少。此外，企业还应反映资本公积金转增实收资本（或股本下同）的情况等。如果在本年度内没有发生利润分配情况或资本公积金转增实收资本情况，那么企业需要在财务情况说明书中明确说明。企业利润的实现和分配情况，对于判断企业未来发展前景至关重要，所以，需要企业披露有关利润实现和分配情况方面的信息。

3. 资金增减和周转情况

资金增减和周转情况主要反映年度内企业各项资产、负债、所有者权益、利润构成项目的增减情况及其原因，这对于财务会计报告使用者了解企业的资金变动情况具有非常重要的意义。

二、财务情况说明书写作的基本要求

编写财务情况说明书的要求一般要做到真实、准确、客观、简练八个字，具体要求如下。

（1）突出重点、兼顾一般。对上级领导比较关心的问题和当前经济运行重点、热点、变动指标比较大的情况进行分析。例如，非典对支出的影响；政府今年宏观调控下，铁路全力运电煤是盈利还是亏损；煤、电涨价对支出的影响；煤电运输增大和支出比较是否有盈利；加息对支出的影响，这些要做定量分析，不能定性。

（2）观点明确、抓住关键。有主有次抓住问题，要让人明白、让人看出你写的当期经营情况到底怎么样，不能模棱两可，总之要让人知道你在讲什么。

（3）注重实效、抓住关键。时效性对报告质量影响很大，目前报表由于清算数出得慢，已经严重影响了报表质量，大家应理解很深，因为时效不强对决策意义不大，甚至产生负面影响。

（4）客观公正、真实可靠。报表的质量依赖于报表数据，报表数据是真实的完整的，报告就越有科学性。

（5）报告清楚、文字简练。一篇文章要结构清楚，看的人也舒服，如果缺乏条理、逻辑，你分析得再好也达不到效果。

三、编写财务情况说明书需要注意的一些细节性问题

编写财务情况说明书需要注意的一些细节性问题如下。

（1）不要说套话、穿靴戴帽、使用空洞的辞藻，要开门见山，单刀直入。

（2）避免数字的文字化，拉长篇幅。一些数据用表式列示，可以省略文字表述。

（3）避免有情况无分析。财务情况说明书要通过分析让读者了解企业在报告期的财务状况和经营成果的总评价，还要知道哪些业务经营得好，哪些业务经营得不好等具体信息。

（4）不要把会计报表编制说明写进财务情况说明书。《企业财务会计报告条例》规

定，对会计报表的编制基础、编制依据、编制原则和方法及主要项目所做的解释，属于会计报表附注。它是为便于会计报表使用者理解会计报表的内容而对会计报表的编制附加的说明，不应作为财务情况说明书的内容。

（5）不要把财务情况说明书写成经济活动分析报告。在说明书中所表述的生产经营情况只能是概括的，过于详尽就成了经济活动分析报告。经济活动分析报告是对企业生产经营活动的全面分析、评价和建议，涉及范围较广；财务情况说明书中的数据主要来源于会计报表，是以货币计量的。经济活动分析报告由组织企业生产技术经济各部门编写；财务情况说明书主要由财务部门编写。

（6）不要把财务工作总结、工作报告、经验介绍、调查研究、问题探讨等写入财务情况说明书。财务情况说明书是根据现成的数据资料经过加工整理编写的，是凭数据说话的。

【例文导读】

×××公司××××年度财务情况说明书	评析
一、企业生产经营的基本情况 （一）企业主营业务范围和附属其他业务，企业从业人员、职工数量和专业素质的情况（合并报表单位应说明纳入年度财务决算报表合并范围内企业从事业务的行业分布情况） （二）本年度生产经营情况 1. 主要产品的产量、业务营业量、销售量（出口额、进口额）及同比增减量。 2. 经营环境变化对企业生产销售（经营）的影响。 3. 营业范围的调整情况。 4. 新产品、新技术、新工艺开发及投入情况。 （三）对企业业务有影响的知识产权的有关情况 （四）开发、在建项目的预期进度及工程竣工决算情况 （五）经营中出现的问题与困难，以及需要披露的其他业务情况与事项等 二、利润实现、分配及企业亏损情况 （一）主营业务收入变动情况	1. 企业生产经营的基本情况。 （1）企业主营业务范围和其他业务，纳入年度会计决算报表合并范围内企业从事业务的行业分布情况；未纳入合并的应明确说明原因；企业人员、职工数量和专业素质的情况；报表编报口径说明。 （2）本年度生产经营情况，包括主要产品的产量、主营业务量、销售量（出口额、进口额）及同比增减量，以及在所处行业中的地位。 （3）开发、在建项目的预期进度及工程竣算情况。 （4）经营中出现的问题与困难，以及需要披露的其他业务情况与事项等。 2. 利润实现、分配及企业亏损情况。 （1）主营业务收入的同比增减额及主要影响

1. 主营业务收入同比增减额。

2. 主营业务收入增减影响因素,包括销售量、销售价格、销售结构变动和新产品销售,以及影响销售量的滞销产品种类、库存数量等。

（二）成本费用变动的主要因素

原材料费用、能源费用、工资性支出、借款利率调整对利润增减的影响。

（三）其他业务收入、支出的增减变化

若其他收入占主营业务收入10%（含10%）以上的,则应按类别披露有关数据。

（四）同比影响其他收益的主要事项

1. 投资收益,特别是长期投资损失的金额及原因。

2. 补贴收入各款项来源、金额,以及扣除补贴收入的利润情况。

3. 影响营业外收支的主要事项、金额。

（五）利润分配情况

（六）利润表中的项目,如两个期间的数据变动幅度达30%（含30%）以上,且占报告期利润总额10%（含10%）以上的,应明确说明原因。

（七）税赋调整对净利润的影响,包括有关税种和税率调整、享受各税优惠政策退税返还等数额（集团填报）

（八）会计政策、会计估计变更对利润总额的影响数额（执行财税〔2004〕153号文件的影响）

（九）亏损企业户数、亏损面、亏损总额及其同比增减额,按以下主要原因：企业改组改制、产品滞销、成本费用加大、管理不善等造成的亏损企业户数及亏损额进行分析（集团填报）

三、资金增减和周转情况

（一）各项资产所占比重

1. 各项资产所占比重。

因素,包括销售量、销售价格、销售结构变动和新产品销售,以及影响销售量的滞销产品种类、库存数量等。

（2）成本费用变动的主要因素,包括原材料费用、能源费用、工资性支出、借款利率调整对利润增减的影响。

（3）其他业务收入、支出的增减变化,若其收入占主营业务收入10%（含10%）以上的,则应按类别披露有关数据。

（4）同比影响其他收益的主要事项,包括投资收益,特别是长期投资损失的金额及原因；补贴收入各款项来源、金额以及扣除补贴收入的利润情况；影响营业外收支的主要事项、金额。

（5）利润分配情况。

（6）利润表中的项目。

（7）会计政策变更的原因及其对利润总额的影响数额,会计估计变更对利润总额的影响数额。

（8）其他。

3. 资金增减和周转情况。

（1）各项资产所占比重,应收账款、其他应收账款、存货、长期投资等变化是否正

2. 应收账款、其他应收款、存货、长期投资等变化是否正常，增减原因。

3. 长期投资占所有者权益的比率及同比增减情况、原因，购买和处置子公司及其他营业单位的情况。

（二）不良资产情况

1. 待处理财产损益主要内容及其处理情况。

2. 潜亏挂账（含政策性原因挂账和其他历史潜亏挂账）内容及原因。

3. 按账龄分析三年以上的应收账款和其他应收款未收回原因及坏账处理办法。

4. 长期积压商品物资、不良长期投资等产生的原因及影响。

5. 不良资产比率。

（三）负债情况

1. 流动负债与长期负债的比重。

2. 长期借款、短期借款、应付账款、其他应付款同比增减金额及原因。

3. 企业偿还债务的能力和财务风险状况。

4. 三年以上的应付账款和其他应付款金额、主要债权人及未付原因。

5. 逾期借款本金和未还利息情况。

（四）企业债务重组事项及对本期损益的影响

（五）资产、负债、所有者权益项目中，如两个期间的数据变动幅度达30%（含30%）以上，且占报表日资产总额5%（含5%）以上的，应明确说明原因

四、所有者权益（或股东权益）增减变动及国有资本保值增值情况

（一）会计处理追溯调整影响年初所有者权益（或股东权益）的变动情况，并应具体说明增减差额及原因

（二）所有者权益（或股东权益）本年年初

常，增减原因；长期投资占所有者权益的比率及同比增减情况、原因，购买和处置子公司及其他营业单位的情况。

（2）资产损失情况，包括待处理财产损益主要内容及其处理情况，按账龄分析三年以上的应收账款和其他应收款未收回原因及坏账处理办法，长期积压商品物资、不良长期投资等产生的原因及影响。

（3）流动负债与长期负债的比重，长期借款、短期借款、应付账款、其他应付款同比增加金额及原因；企业偿还债务的能力和财务风险状况；三年以上的应收账款和其他应付款金额、主要债权人及未付原因；逾期借款本金和未还利息情况。

（4）企业从事证券买卖、期货交易、房地产开发等业务占用资金和效益情况。

（5）企业债务重组事项及对本期损益的影响。

（6）资产、负债、所有者权益项目中，如两个期间的数据变动幅度达30%（含30%）以上，且占报告期资产总额5%（含5%）以上的，应明确说明原因。

4. 所有者权益（或股东权益）增减变动情况。

（1）会计处理追溯调整影响年初所有者权益（或股东权益）的变动情况，并应具体说明增减差额及原因。

（2）所有者权益（或股东权益）本年年初与上年年末因其他原因变动情况，并应具

与上年末因其他原因变动情况,并应具体说明增减差额及原因

(三)国有权益客观增减情况及具体原因

(四)企业国有资本保值增值的主要经营因素,以及资本公积金转增实收资本的情况

五、对企业财务状况、经营成果和现金流量有重大影响的其他事项

六、针对本年度企业经营管理中存在的问题,新年度拟采取的改进管理和提高经营业绩的具体措施,以及业务发展计划

×××公司
××××年××月××日

体说明增减差额及原因。

(3)所有者权益(或股东权益)本年度内经营因素增减情况。

(4)对国有资本保值增值产生影响的主要客观因素情况及增减数额。

5.对企业财务状况、经营成果和现金流量有重大影响的其他事项。

6.对企业收、支、利指标进行全面分析,以数据阐述问题的原因,从分析得出企业的经营情况,阐述存在的问题,以及新年度拟采取的改进管理和提高经营业绩的具体措施。

【模拟实训】

一、填空题

1.财务情况说明书的特点是_____、_____、_____、_____。

2.财经情况说明书的分析方法是_____、_____、_____、_____、_____、_____。

3.财经情况说明书的主要内容包括_____、_____、_____三个部分。

4.财经情况说明书的首要内容是_____。

5._____是财经情况说明书的灵魂。

6.编写财经情况说明书写作的基本要求是_____、_____、_____、_____八个字。

二、判断题(请在题后的括号内打上"√"或"×")

1.财务情况说明书是总结性书面报告。(   )

2.财务情况说明书相当于财务报表附注的功能。(   )

3.财务情况说明书的编写依据是《统计法》。(   )

4.财务情况说明书的读者主要是企业的股东。(   )

三、问答题

1.财务情况说明书的写作要求是什么?

2.以下是一份财务情况说明书,内容不够完备,结构上也存在一些问题。请根据财务情况说明书的写作要求,修改下文。

公司××××年度财务情况说明书

××××年,我公司深化改革,在稳增长、重质量前提下,转换经营机制,扩大开放,促进发展,取得了一定的成绩。但由于运输市场竞争激烈,货源严重不足,××港

生产经营遇到了前所未有的困难，全港职工团结一心，奋力拼搏，经受了市场经济的严峻考验，现将年度财务情况做如下说明。

一、生产经营状况（略）

二、利税完成情况

我公司××××年度完成利润××××万元，税金××××万元。

1. 利润情况，××××年我局出现全面亏损，其主要原因：

（1）总收入大幅度减少，比上年减少××万元。

港务收入由于××××年新旧会计制度转轨，只反映下半年收支情况，××××年反映全年，故有所增长。

（2）总成本大幅度上升，由于物价上涨，国家政策不断出台，增加开支××万元，主要有：（略）

（3）目前港口有两大业务亏损，一个是港务，由于××改征船舶港务费，收走船舶港务费××万元，造成港务亏损××万元；另一个是综合服务包干业务亏损××万元，这两项亏损是港口自身无法解决的。

（4）贷款利息进成本，我公司××××年进财务费用的长期借款利息为××万元。

2. 税金情况

××××年完成流转税××万元，其中营业税为××万元，城建税为××万元，已交流转税××万元，其中营业税为××万元，城建税为××万元。

××××年完成行为税××万元，其中房产税××万元，车船使用税××万元，土地使用税××万元，印花税××万元。

以上税款已全部解缴。

三、利润分配情况

我公司对××港、××厂、××厂实行利润内部全留，亏损自己弥补；本部亏损××万元，由本部进行调整。

四、几点说明（略）

××××公司
××××年××月××日

第七篇
财经研究文书

Chapter 24 课题二十四

财经论文

📖 应用导航

市场经济环境中财经问题研究

随着我国经济体制的不断完善,财经工作对经济发展的影响也越来越深远。但是在经济发展过程中,还是暴露出来一些财经问题,这些问题如果不能及时得到解决,就会减缓经济的增长速度,甚至使已经获得的经济成果丢失。因此对经济环境中暴露出的财经问题进行研究,很有必要。

1. 我国财经环境现状

从宏观上来看,我国的经济环境需要财经工作的支撑。经济环境水平的提升需要经济管理理念的支持,只有借助良好的财经工作,才可以保障经济管理的顺利进行。

2. 市场经济环境下的财经问题

2.1 缺乏整体规划

在制定财经规划的时候,往往不能真正结合实际情况确定,造成一些内容重复,难以起到真正的作用。

2.2 存在制度漏洞

当下我国经济发展速度较快,现有的财经制度不能与经济环境相适应。一些违法犯罪行为侵占了大量的资金,却不会受到财经制度的约束,这一点对我国当下财经工作的发展尤为不利。

2.3 忽略了公共服务

在实际的工作过程中,财经管理缺少有效的管理机制,特别是忽视了对公共事业的服务效果。

2.4 缺少区域互惠

财经工作的发展也会受到地域的影响,不同区域为了实现自身经济利益的最大化,往往会过分关注本区域的经济环境与财经问题。

3. 应对财经问题的有效对策

3.1 完善财经工作规划

应当对当下经济发展现状与发展形势进行仔细分析，从而制定出科学合理的财经工作规划，并结合规划实施的具体情况对其进行适当的调整，使其不断完善。

3.2 加大财政支付转移力度

逐渐提升对财政支付转移的关注，通过积极推行与财政支付转移有关的政策与条例，使支付转移速度得到有效提升，充分发挥财政部门在调节经济中的作用，促进经济朝着活跃的方向发展。

3.3 保障均衡发展

财经工作水平的提升，会不断促进我国经济体制的完善。

3.4 推动经济区域互惠

一些地方在经济发展过程中为了获取更高的经济利益，违规实行地方保护政策，严重阻碍了经济的发展。

4 结束语

结合实际的工作情况，总结出现的财经问题，并分析问题出现的原因，提出解决策略，通过不断健全财经工作计划，弥补财政转移支付的不足，同时保障公共服务的运行，减少地方推行保护主义，只有这样才能有效提升经济发展的质量和效率。

资料来源：http://www.xuexila.com/lunwen/tips/1003294.html。

【点评】

这是一篇论述详细的财经论文，全文论证方法多样，论点清晰，层次分明。学术论文是记录和传播学术成果的有效载体。撰写学术论文是科研工作者的责任与义务。论文的价值在于财经理论的实际运用。著名科学家法拉第曾经将科研工作划分为：开始、完成、发表，这正是一篇优秀论文的产生过程。同样哈佛大学也有句名言：不发表即死亡，从中可见论文的应用性。

点睛之笔

教学重点：
重点掌握财经类论文写作的构思技巧。

教学难点：
1. 理解财经论文的概念，以及它与一般论文的联系和契合点。
2. 掌握财经类论文的行文、结构的特征。
3. 掌握财经类论文写作原则。
4. 掌握财经类论文的写作要领。

第一节　财经专业论文的概念

一、财经专业论文一般性的概念

财经专业论文包括在学术论文大类中，是对学术问题进行深入、系统的探讨研究，并表述论证科学研究成果的理论性文章，也称为科学论文或研究论文。学术论文旨在探求社会科学、自然科学领域里的新课题，提供新的学术信息，重在新的发现、创造，并形成对某类事物运动规律的新观点和新看法。财经专业论文的基本特点是专业性、理论性、科学性和创新性。

二、财经专业论文写作的基本要求

财经专业论文作为学术论文中的一种，在一定程度上反映了作者的专业水准、知识厚度、研究能力及写作水平等。作者要写出有价值的学术论文，必须注意以下四点要求。

1. 论点要明确新颖

学术论文质量的高低，首先要看其论点是否鲜明和富有新意。所以，在写作时，作者要善于提炼出具有独创性的新观点，并明确表达出来。

2. 论据要真实可靠

学术论文要保证论点有说服力，用以支撑论点的论据就必须具有绝对的真实性。事实论据要确有其事，数据要精确无误，理论论据要查有其据。

3. 论证要科学严密

学术论文的写作，除要求选题适当、论据确凿外，还应注意论证的科学严密，只有这样才能得出符合客观规律、有指导意义的论点。要正确选用科学的论证方法，揭示论据与论点之间的逻辑关系，同时，论点之间的逻辑关系要紧密顺畅。

4. 语言要准确庄重

学术论文表述的是一种科学研究的成果，它运用的语言必须体现科学语体的特征，即语言表述精确概括而又庄重。科学研究就是要精确地反映事物的真实面貌和本质，精确的内容必须用精确的语言来反映，要做到表意确切、简练，且有条有理。同时，科学研究是一件严肃的事，学术论文的写作也必须用严肃的态度对待，要求作者使用规范化的书面语言，恰当地使用学术论文专业用语，如实地表达思想观点。

第二节　学术论文的选题问题

一、选题的意义

常言道：万事开头难，对于财经论文写作而言，这句话更具有深刻含义。选题中的

"题"是头额的意思，引申为端，在一篇文章中，论题通常是指题目，即标志篇首的文字。而论文写作所讲的选题中的"题"主要是指课题，即研究和讨论的主要问题。选题一般应遵循以下原则。

（1）选自己有研究兴趣的课题。
（2）选自己具备擅长方法的题目。
（3）选有可能占有资料的题目。

二、选题的指导思想

选题的新与旧、冷与热、大与小是辩证的关系，只要把握好并选准研究的切入点，都可能有所创见和新意。对于在校的学生来说，以小题目和比较具体的问题入手较为现实。因为财经论文专业性很强，对作者的专业知识水平的要求很高，所以储备专业知识非常重要，它是发现问题的基础和前提。科学研究往往始于问题，没有问题就没有课题，更不会有创见和新意。因此，平时要注重发现问题，对问题进行储备就是对选题进行储备。

于光远曾经说过："对于一个做学问的人来说，在同样的时间、同样的环境中，有心人就会比无心人注意更多的问题，掌握更多的资料，形成更多的见解，从而在学问上有更大的长进。"

三、选题的标准问题

好的选题如何深入下去，需要考虑应用理论的特点和实际可操作性。根据写作的经验和体会，可操作性是最主要标准，具体体现为两个方面。

1. 从静态分析到动态分析

（1）突破传统经济学研究方法的局限性：要从关注"是什么"转到关注"过程怎样运作"。

（2）生物学研究方法的启示。系统学创始人贝塔朗菲给我们启发：任何研究对象都是一个"生命体"，要体现"血脉贯通"，尤其注重系统性思考。论文最忌生拼硬凑，前后缺乏逻辑关系。例如，商业银行的经营和管理在实践中也表现为具体的过程，动态分析就不仅仅要说明它是什么，还要说明它是怎样运行的，它的运行需要什么条件，以及当这些条件不具备时会产生什么结果。

2. 从目标分析到趋向目标分析

（1）一般研究论文的三段论和最常见的结尾，其结果是很难得到实际运用，从而不具有操作性。

（2）趋向目标分析也就是一个为目标的正常运行创造条件的过程，只有通过分析和设计实施步骤才可以使论文的研究深入下去，既有发挥的内容和余地，也可以使论文更具有可操作性。

（3）理论研究要符合和遵循思维规律。科学研究是要遵循思维规律的，不能急于求成。任何观点和新意都是在研究过程中产生和逐步清晰起来的，而不是事先就已经存在的。正如粮食和水需要一个发酵的过程才能变为酒，产生酒香一样，资料在大脑中也需要一个"发酵"的过程。

遵循这一思维规律，研究者可以从所确定的选题方向中找一个切入点（问题），一边收集资料，一边思考，一边动笔。这样，研究就会逐步深入。

四、数量分析及模型的灵活应用

近年来，随着我国经济的发展、信息技术的推广使用和对外学术交流的开展，定量分析方法被越来越多地被引入国内的理论研究中来，大数据技术使数量分析的引入成为可能和必要，但作者在运用数量分析时还要考虑到以下几点。

（1）要考虑到期刊的特点，不同的期刊对数量分析的要求是不同的。

（2）要考虑期刊的受众面，即论文是写给谁看的，不同的受众面对数量分析的接纳程度和理解程度也是不同的。如果确有必要运用模型，应交代清楚该模型的出处来源、历史背景以及必要的假设前提，要力求简约，通俗易懂。

（3）要灵活运用学术论文中的模型处理。当模型是个人首创的或需要大量推导才能得出结论时，如果将之全放在正文中就容易造成审稿人阅读困难，大量舍弃细节又不能令人信服，此时就可以在正文中概括性地总结，把比较复杂的推导过程放在文后的附录部分另行交代。

五、论文选题和写作方面存在的问题

论文选题和写作方面存在的问题集中体现为以下几个方面。

（1）选题不当，贪大嚼不烂，如题目"对国际金融风险的认识及思考"。评述：题目太大，够写一本书了。"面面俱到"不如"小题大做"！

（2）喧宾夺主，开门不见山，如"试论银行转型中金融资产管理公司的经营风险及防范"。评述：该文于2018年投稿，再来论述2015年成立的金融资产管理公司的法律地位已无意义，不如直奔主题。

（3）结构混乱，缺乏逻辑性，如"建立协调顺畅的运作机制，打造个人金融业务核心竞争力"。评述：看上去就像领导报告而不像学术论文，前后逻辑性不强，建议修改为"基于协调运作机制下的个人金融业务核心竞争力"。

（4）模型泛化，论证不充分，如"商业银行表外业务综合评价研究"，建议修改为"商业银行贷款风险模糊综合评价研究"。

第三节　学术论文写作的文法

一、格式要求

学术论文的格式要求如下。
（1）表格中的特殊符号及图表的规范。
（2）特殊标点及特定表达方式。
（3）摘要与前言。
（4）关键词。
（5）中图分类号。
（6）文献标志码。
（7）注释与参考文献。
（8）附录。

二、基本规范

1. 表格中的特殊符号及图表的规范

当正文中出现图表时，不能标"见上图（表）""见下图（表）""左图（表）"或"见右图（表）"，必须标明"见图（表）1""见图（表）2"，且图表一般应排在图（表）序在正文中出现位置的自然段后面（不能排在前面）。

注意：即使正文中只有一张图（表）时，也要标注"图1""表1"。图中必须要有"图序"及简短确切的"题名"（一般排在图的下方，居中）；表中必须要有"表序"及简短确切的"题名"（只能排在表的上方，左齐或居中）；图（表）序要与正文中的图（表）序相一致。

2. 特殊标点及特定表达方式

错误用法举例：
第一.第二、……首先.其次、……
一，二.三：……
1、2，3、A，B，C、a，b，c、
（一）、（1），①.
1）2）3）
1）.2），3）、4）：

正确用法举例：
第一，第二，……首先，其次，再次，……
一、二、三、……
1. 2. 3. A. B. C. a. b. c.

(一)(1)①
序号用了括号，或者本身就是圈码的，后面要省略标点，直接连接文字。
错误用法举例：
30～80 %
5～14 0
100～200 万美元
1，543，679．986，337
正确用法举例：
30%～80%（区间是 0.3～0.8）
30～80%（30～0.8）
50～140
100 万～200 万美元（区间是 100 万～200 万）
注意体会以下表达方式的正确含义：
是过去的 3 倍——过去是 1，现在为 3。
增加 3 倍或增加了 3 倍——过去为 1，现在为 4。
超额 90%——计划是 100，实际完成 190。
降低到 90%——定额是 100，现在是 90。
降低了 90%——原来是 100，现在是 10。
表达减量时，不能用"降低××倍"或"减少××倍"，只能用"降低××%"或"减少××%"。
表达论文层次结构的标题依次如下，可省略中间层次，但不得颠倒。
一、
　　(一)
　　　　1.
　　　　　　(1)
　　　　　　　　①
　　　　　　　　　　a.
　　　　　　　　　　　　(a)
　　　　　　　　　　　　　　ⓐ

第四节　财经学术论文规范化问题

随着知识经济时代的到来，财经学术论文作为具体描述财政经济学术研究成果的信息载体，其规范化写作是在更大范围内传播交流学术思想的重要前提。中华人民共和国国家标准 GB7713—87《科学技术报告、学位论文和学术论文的编写格式》是各种类型学术论文（包括财经学术论文）撰写时应当遵循的写作规范。

学术论文的编写格式主要由前置部分和主体部分两大块构成。

一、前置部分

学术论文的前置部分包含四个必不可少的项目，其排列顺序依次为题名、署名、摘要和关键词。

1. 题名

题名俗称题目、标题、总标题（以区别于论文中的层次标题）。题名是高度概括学术论文重要内容的若干词语的逻辑组合，由于题名具有标明文章内容的功能，因而被称为"微型文摘"。

读者在阅读过程中最先看到的就是论文的题名，读者要从题名初步判断该学术论文所属的学科分支以及论文涉及的范围，他们对一篇论文的亲近或排斥多半由此而来。读者拿到一本学术期刊，首先要将其中刊载的各篇论文题名浏览一番，而后在读与不读、精读与泛读之间做出抉择。

从这个意义上说，论文题名对激发或削弱读者阅读兴趣方面有着显著作用。学术论文的题名不宜过长，通常应限制在 20 个字以内。题名太长，往往导致其结构繁杂，语意含混，使得读者不能迅速理解题名的确切含义。对于那些确实不能缩减字数的题名，可以通过分设正副题名的方式加以解决，用副题名对正题名做必要的补充和限制，从而使题名更加切合论文的内容。

从句法结构来分析，财经学术论文的题名大多是以名词或名词性词组为中心语的偏正结构来表述的，即便一些采用述宾结构的论文题名，如"（试）论……""浅议……"等形式，只要稍做调整，就可以使其转换为偏正结构的题名。财经学术论文的题名受自身表述特点的制约，自然不能像诗歌小说的标题那般刻意追求含蓄隽永、形象生动的艺术效果，但是，这绝不等于说，在财经学术论文题名上只能套用死板僵硬的模式，一个枯燥无味、读者难以提起兴致的论文题名，无疑会使论文内容的表达效果大打折扣。

2. 署名

财经学术论文凝结了作者的学识和智慧，他们在自己撰写的论文上堂堂正正地署名，实质上就是公开表明对该文享有著作权，并且愿意就文章中一旦出现的错讹及由此产生的一切问题承担完全责任。除了论文作者的姓名外，还须标明论文作者供职单位的全称、居住地及其电话号码，以便读者与论文作者联系等。

署名时通常不加注作者的学衔、专业技术职称以及行政职务，而是将其内容收入论文脚注或附录中。两人以上合作撰写的学术论文署名，应当以在该篇论文的写作或该项课题研究中所发挥的作用和实际贡献的大小为排名依据，而不能以论文合作者的行政职务的大小或职称高低来排序，同时还要防止在学术论文的署名上出现"送名""挂名"的不良倾向。

3. 摘要

摘要是学术论文的压缩形式，但是它仍然保留论文中所有的重要信息，因此即使不阅读论文全文，读者也能通过摘要来掌握论文的基本内容。摘要是一篇内容完整独立的短文，是完全可以单独使用或引用的结论。摘要无须展示论述过程，也不应含有图表、注释和计算公式等。摘要的字数通常应该限制在300字以内。长篇论文摘要的字数可以略多一些，一篇5 000～6 000字的学术论文所蕴含的信息量要由一个200～300字的摘要来承载，这就意味着要将论文的一个或数个逻辑段落归结为一个语句或几个词语，甚至是一个词来表述，要求文字表意准确精练，其中自然容不得那些没有实际意义的字、词、句。

4. 关键词

关键词是从学术论文的题名、摘要和正文当中选取的能够表明论文内容特征的词和术语，主要供编印索引刊物和计算机情报检索系统使用。学术论文的关键词可以选用3～8个，要尽量从《汉语主题词表》收录的规范词中选定。

值得一提的是，学术论文还应当附有与中文完全一致的英文题名、英文摘要、英文关键词和论文作者姓名的汉语拼音及其工作单位全称的英译名，以此适应国际日益频繁的学术交流。

二、主体部分

论文的主体部分包括引言、正文、结论、参考文献。

1. 引言

引言又称为前言、绪论。长篇论文的引言可以单独成章，以文字或序码标出。论文篇幅不长的则不必标出字样。引言不能写得冗长累赘，以免头重脚轻，喧宾夺主。因为它是论文真正的开始，论文作者要由此将读者引入论文的主题之中。

在引言中，论文作者可以叙述开展这项课题研究的目的、意义以及研究中所采用的方法，本文在哪些方面有创新之处，也可以回顾前人在这方面做过哪些研究，还留有什么空白、缺欠，还可以对论文中涉及的重要概念进行定义，对本论或结论的内容做必要提示，以帮助读者阅读理解整篇学术论文。

2. 正文

正文是学术论文的核心，它是论文作者充分展现学术水平和创造才能的平台，学术论文的学术水平取决于正文的精彩论述。在这里，作者要以大量的篇幅、确凿的证据和流畅的行文，对学术论文中提出的论点进行周密的分析、缜密的论证，使之无懈可击，具有很强的说服力。学术论文作者通常可以采用以下两种方法来安排正文的层次结构。

（1）纵式结构（递进法）：依据各个层次之间的因果联系，层层递进，逐步探入地展开论述。

（2）横向结构（并列法）：将包含的内容划分成若干层次分别进行论述，各个层次之间呈并列关系。

这两种方法在内容复杂、篇幅较长的学术论文中，常常会综合起来使用，很少使用一种方法来安排文章的结构布局。这里所述的只是安排正文内容的基本形式，不是僵化、不可撼动的规章。

3. 结论

结论是正文分析论证得到的最终结果，是作者学术思想的集中体现，也是论文中引人关注的地方。作者要在这里告诉读者的是，作者对某个问题提出的最终结论或观点，也是财经论文的亮点。这里的关键问题是首尾照应、烘托主题，使前后呼应、有始有终。

【例文导读】

"双高"企业和传统企业的财务评价指标体系分析

【摘要】本文从投资者的角度，探讨目前国内 A 股上市公司中"双高"企业与传统企业的财务评价指标体系及其差异。文章首先通过对现有财务评价指标体系的比较分析，以及对股票投资者的问卷调查与分析，已形成恰当评价"双高"企业和传统企业两套不尽相同的财务评价指标体系，然后再利用上市公司年报数据进行实证性分析，验证了两类企业财务评价指标体系差异存在的合理性。基本结论是：较之传统企业，"双高"企业的投资价值更多地取决于其预期增长能力而非当期的静态盈利。

【关键词】财务指标体系 "双高"企业 传统企业 投资价值

【正文】

如何利用上市公司公开披露的财务信息对其进行财务评价，从而发现上市公司的投资价值，是股票投资者普遍关心的一个问题。目前，我国已有一千多家上市公司，其中，既有大量的传统企业，也出现了为数不少的"双高"企业。对于传统企业，财务评价已形成了一套相对成熟的理论和方法体系。如何对"双高企业"进行恰当的财务评价，并据此评估其投资价值，则是一个有待研究的新课题。

一、财务评价与企业价值

一般而言，财务评价就是通过收集和选取与决策相关的各项财务信息，并运用一定的分析方法进行信息加工，借以评估企业的经营业绩与财务状况。不同的财务报告使用者，亦即不同的财务评价主体，对上市公司进行财务评价的目的往往不尽相同。这些主体包括：（略）

投资者对上市公司进行财务评价，其目的一般包括：①了解公司的经营成果、资本结构、资本保值增值、利润分配及现金流转的详情，以便做出增加投资，保持原有的投资规模，放弃投资，转让股份等投资决策；②了解公司经营管理、财务状况、盈利能力、资本结构等信息，对自己的投资风险和投资回报进行判断和估计。（略）

公司价值本质上是由其未来预期现金流量的现值决定的。对于传统企业，企业未来业绩与历史及当前业绩表现之间的关系密切,企业财务评价更注重对企业"目前"价值的评估;对于"双高"企业来说,企业未来业绩与历史和现在业绩表现之间没有联系或是联系不大,企业财务评价就应该更注重对企业"未来"可能价值的评估。业绩评价和企业估价有着密切的联系。在资本市场有效率的条件下,企业价值成为评价的核心,即评价体系指标最终是与价值相关的。(略)

二、"双高"企业与传统企业财务评价体系的差异性:理论及调查分析

传统企业的财务评价指标体系主要包括股东利益比率、盈利能力比率、短期偿债比率、长期偿债比率和资产运营能力比率五大类指标。(略)

与传统企业相比较,"双高"企业财务特征的最明显之处就在于其高成长性。关于描述企业成长性和发展能力的财务指标,人们的认识存在一定差异。(略)

总的来看,上述实证分析结论验证了前文得出的"双高"企业和传统企业财务评价指标体系差异存在的合理性。

三、结语

综上所述,传统企业与"双高"企业的不同特征决定了它们的价值来源不尽相同。传统企业的价值主要体现在其为股东创造当前财富的能力、盈利能力的稳定性和低风险性;"双高"企业的价值主要体现在其为股东创造增值财富的能力、获取未来收益的能力和高风险性。

【参考文献】

[1] 财政部注册会计师考试委员会.财务成本管理[M].大连:东北财经大学出版社,2000.

[2] 戴维 F 霍金斯.财务报告与分析:教程与案例[M].大连:东北财经大学出版社,2000.

[3] 杰弗里 C 胡克.华尔街证券分析[M].北京:经济科学出版社出版,1999.

[4] 张俊瑞,邓崇云.上市公司分析[M].大连:东北财经大学出版社,2000.

【模拟实训】

一、填空题

1. 财经专业论文的特点是_____、_____、_____。
2. 财经论文写作的要求是_____、_____、_____。
3. 学术论文的前置部分由_____、_____、_____、_____构成。
4. 财经论文的正文结构方法是_____、_____。
5. 论文摘要的字数控制在_____,关键词字数控制在_____。

二、判断题(请在题后的括号内打上"√"或"×")

1. 选题就是选择论文的论题,也就是确定将要探索、研究的问题。( )
2. 选择财经实践中急需解决的论题是财经专业论文的选题选择之一。( )
3. 选题之前要注意材料的积累程度。( )

4. 收集资料问题不在论文研究之列。（　　）
5. 论文结构问题不包括结论部分。（　　）

三、问答题

1. 论文在选题过程中可能出现什么问题？如何避免这些问题？
2. 专业财经论文的选题途径是什么？
3. 财经专业论文的写作具体要求是什么？

Chapter 25
课题二十五

财经专业毕业论文及答辩

应用导航

不完成毕业论文，你好意思回家过年吗

毕业论文对于即将毕业的大学生而言是最重要的事情。如果没有完成好这一工作，毕业都成问题，因此，有的导师为了警醒学生，直接来了一句：不完成毕业论文，你好意思回家过年吗？

1. 研究深度不足

很多学生认为毕业论文写作只不过是本科阶段必须走的一个过场，没有意识到毕业论文环节对提高自身能力和素质水平的重要作用，从而对毕业论文的重视程度远远不够。同时，毕业论文环节对学生来说是完全崭新的，学生对科学研究也几乎没有认识，因此，他们缺乏对科学研究的热爱，缺乏对未知事物探索的热情。在完成毕业论文期间，学生没有兴趣花费精力对相关问题进行深入研究，常常是应付了事，最终达不到本专业基本技能训练的目的，也无法保证毕业论文质量。

2. 文献缺乏深度

文献检索过程能促进学生对各方面知识的融会贯通、总结归纳，促使学生了解学科发展前沿，推动学生向更深更广的知识领域继续探究。但目前仍有大部分学生查阅资料、获取信息的能力较差，仍需在毕业论文阶段着重加强培养。指导教师应引导学生通过图书馆、网络、调查访问等手段进行信息收集，了解本学科或所研究课题的基础知识或前沿技术，避免毕业论文出现参考文献内容陈旧或数量较少的现象。

3. 选题缺乏实用性

目前，本科毕业论文常常是对某个问题泛泛而谈，或对他人材料进行简单拼凑，或直接重复前人的成果，选题陈旧，缺乏创新。创新性是评价本科毕业论文质量的因素之一。但是，由于学生受自身知识水平和科研能力的限制，在毕业论文环节中期待本科生能开创新的学科领域、填补学科空白、提出新发现和新理论是绝对不现实的，因此，指导教师和学生可以从拓展深化他人所见、质疑或补充前人观点、选择新的视角看待问题的多样性等方面入手提高毕业论文的创新性。

在年关临近的时候，大家不要将主要精力放在就业上，而应该集中注意力完成自己的毕业论文，合理规避比较常见的问题，掌握撰写论文的技巧和要求。

【点评】

学术造假事件层出不穷，教育部加大力度进行惩处，乃是维护学术风气、整顿学风，从根治理。如果学校连续出现论文造假，那就是学校风气问题，有些学校要求论文抄袭率低于40%即可通过毕业，有些知名大学则要求5%。只有严格审查论文，严格检测论文抄袭比例，才能减少论文抄袭、造假现象，从而端正学术风气，培育时代良才。

点睛之笔

教学重点：

重点掌握财经类毕业论文写作的构思技巧和答辩要求。

教学难点：

1. 理解财经类毕业论文的基本写作规范。
2. 掌握财经类毕业论文的成文过程。
3. 掌握财经类毕业论文答辩的程序要求。
4. 掌握财经类毕业论文的写作及答辩技巧。

第一节 毕业论文的概念和特点

一、毕业论文的概念

毕业论文是高等学校应届毕业生综合运用自己所学专业的基础知识、理论和基本技能，阐述对某一问题的见解或表达研究结果的应用文章。

毕业论文对学生具有考查作用。由于学生学历层次不同，考查要求的程度也不同。对于本科和大专学生来说，主要考查学生运用已学知识分析和解决问题的能力，训练学生查阅资料和撰写文章的能力。

二、毕业论文的特点

1. 科学性

毕业论文的科学性包括：论点必须正确，论据必须可靠，应用的材料必须准确无误，论述必须具有逻辑严密性；选题要严，开掘要深。

2. 创新性

毕业论文本质上属于学术论文，写作中虽然不要求具备像学术论文那样高的创新性，但也要求在本专业范围内，对选题有自己的独到见解，力求创新，强调选题、表达的新颖性、实践性，而不是简单地重复、模仿或抄袭别人的文稿。

3. 规范性

毕业论文写作过程及行文格式都有严格的规范要求，学生在撰写毕业论文时必须严格遵守。

第二节　毕业论文的写作步骤

一、毕业论文选题

选定论题范围，简称选题。毕业论文选题不同于论文题目，题目比选题范围要小。

1. 选题的原则

（1）科学原则：符合客观规律（经济规律）。

（2）价值原则：学术（理论）价值和社会（实用）价值。

（3）可行原则：主观条件和客观条件。

（4）创新原则：全新、半新和推陈出新。创新不仅指研究内容的创新，也指研究方法、研究技术的创新；创新还体现在选择的课题有发展前途，具有生长点，可持续发展。

2. 选题的具体策略

选题的具体策略如图 25-1 所示。

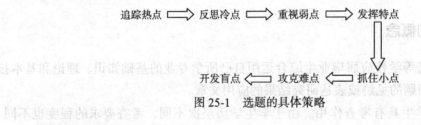

图 25-1　选题的具体策略

3. 选题的思维策略

（1）质疑：事实和经验、逻辑。

（2）转换：同一层次、不同层次、转换点。

（3）比较：横向和纵向、同类和异类。

（4）类比：借用。

（5）扩展：横向。

（6）延伸：纵向。

（7）探究：直接面对教育现象。

4. 选题的范围和具体途径

学生可以通过以下途径来寻找选题：理论学习、阅读文献、相互交流。

选题包括经济学、贸易、商务、财政、税收、保险、金融、统计、会计、营销、管理学等各种与经济管理有关的课题。在研究方法上，财经学术论文应采用实证研究和规范研究方法，结合科学研究的一般规律。因此，论文选题要与经济、管理实践相结合。在保证有社会价值的前提下，还要考虑选题的现实性和针对性。

5. 选题的主要方法

（1）积累汇聚法。从大学三年级开始就应该注意选题问题和相关材料的积累。平时对感兴趣的课题和材料进行积累，到选题真正开始时才不至于茫然。

（2）材料浏览提取法。大学生写毕业论文时反映最多的问题是苦于提不出新见解，没有新观点。只有对本专业或学科领域已有成果的各个方面全面了解、掌握和系统分析，把握研究的整体水平和背景，才能找出正确的新的研究方向和有价值的课题。

6. 题目的一般表达形式

论文题目一般有下列表达形式：

（1）"论"字式，如"论……""浅论……""简论……""试论……""再论……""也论……"。

（2）"析"字式，如"试析……""简析……""浅析……"。

（3）"新"字式，如"……新论""……新探""……新思考"。

7. 选题的技巧

（1）研究什么？这就是要明确你打算研究哪个领域、哪个方面或哪门学科的哪个问题。

（2）为何研究？这就是要考虑你研究这个问题有何意义或价值，你想达到什么目的或取得何种结果。

（3）怎样研究？这就是要考虑运用什么方法来研究，你能否驾驭这样的研究方法，你是否具备所需的知识、经验、技能和能力。

除以上三点外，还要防止三种失误：题目太大、价值很低、表述不清。

二、论文材料的含义及其作用、种类

1. 材料的含义

材料是从研究和写作的目的出发，从各种渠道获取的信息，包括所有可供用作支持论点的知识事实。

科学研究的实力在于资料的占有，只有占有资料，才能有学术发言权。任何学习和研究工作都要从现有的基础出发，继承前人或同辈在这个问题上所获得的宝贵成绩，接受他们成功或失败的经验教训。

据美国科学家基金委员会统计，一个科研人员完成一项科研活动所用的时间分配情况如表 25-1 所示。

表 25-1　一个科研人员完成一项科研活动所用的时间分配情况

	选定课题	情报搜集与信息加工	科学思维与科学实验	学术观点的形成（论文）
社会科学	7.7%	52.9%	32.1%	7.3%
理工科	9.7%	30.2%	52.8%	7.3%

2. 材料的作用

材料的作用如下。

（1）总结前人的研究成果（掌握学科历史、现状、发展趋势）。

（2）选择、缩小或调整论题。

（3）提炼（演绎）学术观点。

（4）支撑学术创新（论点的支柱、论据）。

3. 材料的种类

材料的种类如下。

（1）按材料的来源不同可分为：

1）直接经验性、实验性的资料——人们在社会实践中经过自身的观察、体验、实验、调查而获得的未经加工制作的资料。

2）间接资料——人们通过各种传播媒体获取的信息资料。

（2）按材料的具体内容分为：①事实材料；②理论材料。

（3）按文献出版形式划分为：①图书（专著）；②期刊；③学位论文；④会议论文；⑤报纸。

（4）按文献的载体分为：①电子版；②印刷版。

在进行文献检索时，应先进行电子版文献检索，后进行印刷版文献检索，以印刷版补充电子版。

注意：参考文献也是搜集材料的重要途径，是材料搜集的广度和深度的具体体现；对所搜集的资料一定要随时做书目记录。

4. 手检（印刷版）工具书的种类

工具书是专门用于查找包括字、词、句、公式、数据、书名、事件等有关资料在内的各类书籍，种类繁多。论文写作主要需用的工具书分为检索类工具书（书目、索引、文摘等）、参考性工具书（百科全书、专科辞典、事典等）、语言性工具书（词典、字典、辞书）等。

常用工具书如下。

（1）书目：《全国总书目》《全国新书目》。

（2）索引：《全国报刊索引》《复印报刊资料索引》。

（3）文摘：《新华文摘》。

（4）辞书：辞书是字典、辞典（词典）、百科全书、专科辞典、事典等的统称，如《中国大百科全书》《不列颠百科全书》。

（5）年鉴、手册。

年鉴是汇集年度内重大事件、研究动态、研究成果及指标数值的工具书。最有参考价值的年鉴是《中国统计年鉴》，它汇集了一年内有关中国社会、经济各方面的统计数字。此外，还有《中国经济年鉴》《中国金融年鉴》《中国教育年鉴》，及一些地方性的年鉴，如《山东统计年鉴》。

手册是汇集经常需要查考的资料及专业知识的工具书，如《各国货币手册》《世界经济统计手册》《工业财务会计手册》等。

年鉴和手册在撰写经济论文时要经常用到，尤其是所需引用的一些统计数字多来自各种年鉴。

5. 网络（电子、数字）信息资源的类型（从论文写作角度来分）

（1）电子资源数据库。正式电子出版物、网络学术信息资源的主体、论文写作需要利用的主要资源，如万方数据、中国学术期刊数据库等。

常用中文事实型数据库：

- 国务院发展研究中心信息网。
- 中国经济信息网。
- 中国资讯行高校财经数据库。
- 中国法律法规大典。
- 中国法律年鉴。
- 诉讼法文献索引及全文数据库。
- 中国股票市场交易数据库。

（2）搜索引擎。它的系统性、可靠性较差，可作为主体资源的补充。较好的有 Google Scholar（学术资源搜索）。

（3）学科导航。

6. 材料搜集方法

（1）顺查法。这是一种从研究对象的起始年代查起，顺序一直查到近期的方法。这种方法，检索全面，可靠性强，但费时较多，只有在对某一论题做较全面和深入的研究时才采用。

（2）逆查法。这是一种先查近期最新资料，然后向前推移查找的一种方法。这种方法能首先阅读到最新资料，看到最新成果，启迪思考，尤其适合时代感强，无须依赖史料性资料的论题。

（3）追查法。这是一种通过翻检同类论文或论著附列的文献资料索引，再追踪查阅原文或原书的方法。

7. 文献资料搜集检索时应注意的问题

（1）正确选择检索工具（系统）。检索工具（系统）的选取要依据检索课题的要求而定，首先选取要全面，先电子文献，后纸质文献（印刷版文献），以印刷版文献补充电子版文献。因为全文数据库回溯年限短。全文数据库大部分是1990年前后的数据。检索工具的选取要具有一定的权威性。

（2）熟悉检索工具（系统），选用适当的检索方法，会正确书写检索式。了解各检索系统浏览器的使用方法，以便正确地阅读、下载、保存、发送文件。

（3）注意正确确定检索途径。

（4）检索课题主题概念的提取要准确、全面。准确，即要求主题概念符合检索工具（系统）的要求，同时也要符合检索课题的要求。全面，即要求主题概念的提取全面，同义词、近义词的选取全面。

（5）检索策略要适时地加以调整。确定的主题或关键词（检索词）的正确与否是检索网络信息成败的关键。如检索结果不符合检索要求，就要重新拟定检索策略、调整检索词、进行扩检缩检等。

（6）在检索过程中，可以从检索结果中发现一些非常有价值的新线索，如更加贴切的检索词、好的专业网站、一些免费的相关信息链接以及有用的网络导航等。用户可以根据这些线索进一步查找更符合检索要求的或更多的信息。检索到的材料要及时下载或记录保存好；要记录清楚材料出处，以备以后查找和著录参考文献。

第三节　毕业论文的结构和写作

一、毕业论文的结构

1. 标题

标题又称题目，是文章的重要组成部分。标题是对选题研究过程和成果的直接阐述，是对论文内容的高度概括，反映论文的中心内容。题目不宜过长，如有必要可采用正、副双标题形式。

2. 署名

署名是对研究成果拥有著作权和具有责任感的体现。要在论文标题的下面署上作者和指导教师姓名。有统一封面的，作者姓名和指导教师的姓名写在封面的指定位置上。

3. 目录

有些毕业论文篇幅较长，文中又有若干小标题，为方便阅读，可列出目录。

4. 摘要

摘要又称提要，放在正文的前面。摘要是对论文内容的简短陈述，提示论文的研究对象、主要观点、成果等。摘要的文字要简明、确切，一般为300～500字，应当概括论文的主要内容。

5. 关键词

关键词又称主题词，一般书写在摘要下面。关键词是指用来表达论文主题内容信息的词语或术语，其目的是给文献检索提供方便。主题词一般为3～8个。

6. 正文

正文是论文的主体和核心。毕业论文的正文一般由绪论、本论和结论组成。绪论是毕业论文的开头部分，它要求简洁说明论题主旨、撰写本论文的目的及意义、研究范围、研究方法，有的还对本论、结论做扼要的提示。

本论是论文的主体。应对研究的课题做全面的分析、论证，详细说明作者的观点。本论是展开论述、表达作者研究成果的部分。写作者经常采用分列小标题或标示层次序码的方法，来安排本论部分的结构层次，或层层推进进行论述，或并列展开，或按因果关系，总之要根据文章的需要，科学地安排结构。

结论是本论部分阐述的必然结果，是本论要点的归纳，是课题研究的答案。结论既要照应绪论，又要写得简明概括。

7. 参考文献目录

参考文献目录的作用是表示对他人研究成果的尊敬，反映作者对选题的了解程度，使读者相信论文水平，增强资料的可信度。

参考文献目录应写明著作名称、作者、出版社名称、出版年月、版次等；如果出自学术论文，应注明作者、论文标题、期刊名称、年份和期号、页码。

二、写作中需要注意的问题

1. 正确处理借鉴和创新的关系

创新对不同的研究者有不同的要求，毕业论文只要求学生能就某一方面的某一问题有所突破、有所发现。学生可以在借鉴他人成果的基础上进行研究，归纳出一定道理，不一定必须有重大创新。所以，毕业论文的写作更多的是借鉴和继承。

2. 正确处理研究和撰写的关系

研究是写作的前提和基础，没有认真的研究就很难形成科学的成果，没有成果就没有论文，但光有成果不会表达，也形不成论文。所以，既要重视研究工作，还得掌握论文的结构、语言等，以便把研究成果科学地表述出来。

3. 处理好与指导教师的关系，不能一味依赖教师

学生要自己动脑动手，广泛搜集材料，认真调查研究，合理安排结构，处理好观点和材料的关系，严密论证、科学表达，在教师指导下独立完成写作。

三、论文摘要的概念与写作注意事项

1. 论文摘要的概念

一篇完整的论文都要求写随文摘要。摘要又称概要、内容提要。摘要是以提供文献内容梗概为目的，不加评论和补充解释，简明、确切地记述文献重要内容的短文。摘要应具有独立性和自明性，并且拥有与文献同等量的主要信息，即不阅读全文，就能获得必要的信息。目前摘要编写中存在的主要问题恰恰是无独立性与自明性，繁简失当。

按摘要的不同功能来划分，大致有三种类型：报道性摘要、指示性摘要、报道一指示性摘要。一般，向学术性期刊投稿，应选用报道性摘要形式，只有创新内容较少的论文，其摘要可写成报道—指示性摘要或指示性摘要。报道性摘要是指明文献的主题范围及内容梗概的简明摘要，相当于简介。它用比其他类摘要字数稍多的篇幅向读者介绍论文的主要内容，以"摘录要点"的形式报道出作者的主要研究成果和比较完整的定量及定性信息，篇幅以 50～150 字为宜。

2. 摘要的写作注意事项

（1）摘要中应排除本学科领域已成为常识的内容，切忌把应在引言中出现的内容写入摘要。一般也不要对论文内容做解释和评论，尤其是自我评价。

（2）不得简单重复题名中已有的信息。不用引文，除非该文献证实或否定了他人已出版的著作。

（3）结构严谨，表达简明，语义确切。摘要先写什么，后写什么，要按逻辑顺序来安排。句子之间要上下连贯，互相呼应。摘要慎用长句，句型应力求简单。每句话要表意明白，无空泛、笼统、含混之词，但摘要毕竟是一篇完整的短文，电报式的写法亦不足取，摘要不分段。

（4）要使用规范化的名词术语，不用非公知公用的符号和术语。新术语或尚无合适中文术语的，可用原文或译出后加括号注明。

四、定标题

标题是文章的眼睛，是对文章内容的高度概括和浓缩。制作标题是学术论文写作的延续和稿件的最后完成。制作标题是一门艺术，更是一门学问。好的标题是作者智慧的结晶。标题即文章的题目、文章的名称，是对文章内容的高度浓缩和概括。它是文章的包装，是文章的窗口，人们就是从这个窗口来判断文章的内容的。因此，标题的好坏直接影响文章的主题乃至整篇文章的优劣。定标题的基本要求是突出中心、删繁就简、概括精当。标题的具体要求如下：

（1）突出中心，就是说标题要与文章主题思想一致，准确深刻提示主题。

（2）删繁就简，这是标题的基本功。古人云：善删者字去而意留。往纸上写字是本事，从纸上抹去废字同样也是本事。概括精当，就是在标题制作中运用平常的字，赋予它新的色彩、深刻的意境、美好的情趣。

（3）驭文。文要对题，题要驭文，不能题不管文，文不对题。有篇论文名为"账户使用的一点建议"，通篇只对增值税账户的使用提出了一些看法，显得题目太大，改成"怎样使用增值税账户"就与内容一致了。

（4）贴切。文章标题要符合主题思想，既不能以偏概全，也不能随意拔高，特别是经验性、报道性文章更要注意这一点。例如，"国企改革的成功经验"，这题目就太大，国企改革是难点，你可以有某一方面的经验，却不可能有全面的成功经验。

（5）实在。标题要有内容，一看就知道说的是什么，不故弄玄虚。例如，"市场营销中的误区及对策""资金过剩型金融危机与货币对策"都是实实在在、一目了然的标题。有些标题则不同，叫人摸不着边际，不知说的是什么。

五、段落构思的策略

段落构思的策略如下。
（1）每段的论点、论据和论证要统一。
（2）每段都要有表达中心意思的主句。
（3）每段的容量适当，相差不宜太大。
（4）要注意段与段之间的过渡与衔接。

六、论文结论的一般内容

论文结论的一般内容如下。
（1）研究结果说明了什么问题及其所揭示的原理和规律（理论价值）。
（2）在实际应用中的意义和作用（实际价值）。
（3）与前人的研究成果相比较，有哪些异同，做了哪些修正、补充和发展。
（4）本研究的遗留问题及建议和展望。
根据结论内容的不同，结论可分为分析综合型、解释说明型、事实对比型、提出问题型、预示展望型等。

第四节 毕业论文答辩

毕业论文答辩是毕业论文审查的最后一个环节，目的是进一步考查学生的科研能力、学识水平、知识的深度和广度。因为毕业论文成绩由论文成绩和答辩成绩组成，所以毕业论文答辩的作用自不必待言。

论文答辩委员会（小组）一般由3～5名中级职称以上教师、专家组成。答辩涉及的问题基本属于论题范围，主要是科研外延，所列问题多是毕业论文的重要问题或薄弱环节，如该论文所阐述的问题、所属学术范围，包括文章中不清楚、不详细、不完善、不恰当之处，一般不对整个学科的全面知识进行考查。

一、答辩的准备工作

论文答辩时，答辩委员会成员会对论文涉及的有关内容进行提问。作者应熟记论文及相关内容，并把准备好的内容写成较具体的提纲以备答辩时使用，答辩要做到表达流畅。答辩可能涉及的问题包括：为什么选择这个课题（或题目），研究它有什么学术价值或现实意义；这个课题的历史和现状，即前人做过哪些研究，取得了哪些成果，有哪些问题没有解决，自己有什么新的看法，提出并解决了哪些问题；文章的基本观点和立论的基本依据；学术界和社会上对某些问题的具体争论，答辩人的倾向性观点；重要引文的具体出处；本论文涉及或拟解决但因力不从心而未接触的问题；因认为与本文中心内容关系不大而未写进去的新见解；本文提出的见解的可行性；定稿交出后，自己重读审查后发现的缺陷等。

二、答辩的程序

毕业（学位）评定机构负责人宣布答辩委员会（小组）成员名单。
（1）答辩委员会主席（答辩小组组长）主持答辩，宣布答辩有关事宜及答辩次序。
（2）论文作者报告论文主要内容，时长一般不超过 20 分钟。
（3）答辩小组提问，一般允许准备 10～20 分钟，再行回答。
（4）学生回答，针对性要强。
（5）成绩评定，论文答辩完毕，答辩委员会（小组）对答辩情况进行讨论，给出表决结果和论文评语，并宣布。

三、答辩注意事项

答辩注意事项如下。
（1）携带论文及相关资料，以备查找，还要带上笔和本，随时记录问题和评议意见。
（2）答辩时声音洪亮，坦然镇定。回答时充满自信，语气肯定，突出重点，简洁明了。
（3）对老师提出的疑问要慎重回答：对有把握的问题要回答或辩解，申明理由；对拿不准的问题，可不进行辩解，实事求是地回答。
（4）注意礼仪要求，态度要谦恭，给老师留个好印象。

四、毕业论文的答辩与评估

1. 答辩

答辩是毕业论文实践教学的最后一个环节，也是整个教学计划的重要组成部分，事关学生成绩的最后评定和他们能否顺利毕业并获得学位。它是有问、答、辩等形式的双向教学活动。答辩既是审查论文的必要补充（目的意义），又是毕业论文教学最后的重要环节。

2. 毕业论文答辩的程序

毕业论文答辩的程序包括答辩的准备、答辩与总结深化、成绩评定等内容。

（1）答辩准备：①思想准备（目的、态度、信心）；②答辩内容的准备，说明选题理由、价值和意义、主要观点和创新、立论的主要依据（论据）、结论。

答辩资料一般可以从以下几个方面入手去准备：
- 选题的意义是什么？
- 观点是什么？
- 文章结构框架怎样？
- 重点和关键是什么？
- 存在哪些不足和缺憾？
- 该选题尚有哪些问题值得再探讨、再研究，自己将怎样去做？

（2）答辩。答辩委员会由5～9人组成，下设若干小组，每个小组由3～5人组成。

程序：学生自述和简要报告；答辩提问；回答准备和回答问题；主辩小结。

1）学生自述，并做答辩简要报告（向答辩委员会或答辩小组），内容包括自我简介、简述论文说明报告、简明自评。

例如：各位老师，下午好！我是来自会计1班的×××，我的论文题目是《中小企业直接融资风险研究》。首先我要感谢在座的各位老师在百忙中抽空来为我们完成论文答辩。下面我来介绍一下我所写论文的大概内容。

2）主辩教师提问。

3）回答问题：依问作答，从容陈述，吐词清楚，语速适当，态度端正（含仪表），随机应变。

（3）小结（由主辩教师总结，肯定成绩，指出不足）。

3. 论文总成绩评定（评估）

一般毕业论文成绩权重分配是：论文70%，答辩30%，答辩不及格者，则成绩不及格。

论文结构如图25-2所示。

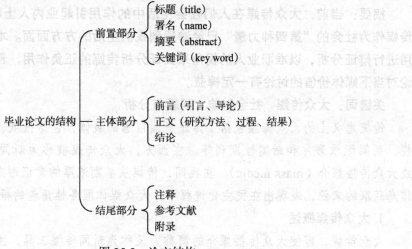

图25-2　论文结构

正文写作提纲示意如图 25-3 所示。

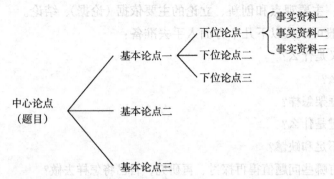

注意：1. 基本论点与中心论点、下位论点与基本论点的关系。
　　　2. 各基本论点之间、各下位论点之间的过渡。

图 25-3　正文写作提纲示意图

论文提纲的逻辑关系结构如图 25-4 所示。

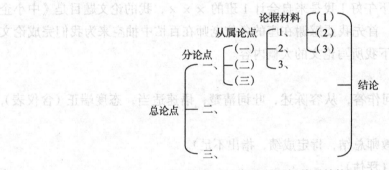

图 25-4　论文提纲的逻辑关系结构图

【例文导读】

大众传媒对社会生活影响问题的分析

　　摘要：当前，大众传媒在人们社会生活中的作用引起业内人士和学者的高度重视，传媒作为社会的"第四种力量"已经渗透到我们生活的方方面面。本文对大众传媒的作用进行辩证分析，以准职业人的视角来实证分析传媒的正负作用，希望分析的过程或结论对当下媒体价值的讨论有一定裨益。

　　关键词：大众传媒　社会影响　问题与分析

　　传统意义上的大众传媒包括了传递新闻信息的载体，包括报纸、通讯社、广播、电视、新闻纪录影片和新闻性期刊等。在西方，大众传媒被称为新闻媒介（news media）或大众传播媒介（mass media）。在我国，传媒从早期浓厚的意识形态色彩到现时的大众信息获取的来源，表现出在民主化进程中，大众媒体服务性角色的根本性转换。

1. 大众传媒概述

　　大众传媒，即使大众传播媒介的简称。又称为新闻传播工具，主要指的是传递新闻信息的载体,是报纸、通讯社、广播、电视、新闻纪录影片和新闻性期刊等的总称。同时,伴随信息技术的影响力的增强,网络作为新的传播媒介,微信、微博、短信等进入人们的视野,在大众传媒中扮演着越来越重要的角色。在西方,大众传媒也称为新闻媒介或大众传播媒介。社会效益,则指的是一项工程对就业、增加收入、提高生活水平等社会福利方面所做各种贡献的总称。在我们的生活当中,大众传媒充当了人们在日常生活当中的信息获取和信息传播的重要媒介。

1.1 大众传媒传播方式

最早出现的新闻传播工具是报纸,它在漫长的传播史中一直是新闻传播工具的主要形态。各种形态的新闻传播工具,都有其优势和不足。广播、电视利用现代化的电子技术传播新闻,突破了时间和空间的局限,传播迅速,范围广(大众传媒超越时空的功能是现代社会才有的),问世几十年来,其发展速度和规模,超过了报纸。但是,在激烈的新闻竞争中,报纸并没有被淘汰,因为报纸是文字的记载,读者可以慢读细看,有思考的余地,又可以长期保存,便于查找。

当新闻传播工具出现后,新闻传播才成为有广泛社会影响力的新闻传播工具,是人类社会物质生产活动和精神交往的产物。随着社会生产力的发展,科学技术的进步,传播方式不断变化,传播速度越来越快,范围越来越广,效果也越来越强。大众传媒能够最大程度的超越时空的局限,汇集来自世界各地的信息,日益显现出文化传递、沟通、共享的强大功能,已成为文化传播的主要手段。

1.2 新的传媒方式的特点

在中国,传媒产业发展环境逐步优化,平面媒体政策相对宽松,广电媒体市场准入大门渐启,市场拓新先机开始显现,科技含量不断提高,传媒业正呈现出强劲的产业化发展趋势,传媒产业雏形已经形成,并且传媒业的快速发展带动或促进了相关行业的发展。从传媒资本的角度看,中国传媒的市场化改革进程在明显加快,而且国家的有关政策也开始松动,由原来的严格控制到现在的限制性进入。

中国电视、互联网、手机用户数量已经是全球第一,广告收入增长迅猛,媒体是增长最快的消费品。但人均广告支出只有美国的2%~3%,前景看好。中国新媒体用户大多小于30岁,其中1/4具有大学本科以上学历。新媒体上市公司的数量是传统媒体公司的2~3倍。2012年,中国网络广告市场规模已经超过300亿元,年度增幅更是达到75%。中国网络广告市场展现出令人期待的高速增长势头。未来3~5年,是中国新媒体迅猛发展的时期。

1.3 重视传媒对社会生活的影响力

亚里士多德曾经说过"形式大于质料",即内容大于形式,大众传媒传播方式的变化,需要我们重新审视大众媒体的影响力,这种形式的变化对传媒的影响是多方面的。大众传媒充盈着我们的生活,与此同时,大众传媒也影响着我们的生活,让我们在这个信息爆炸的时代掌握足够含量的信息,不断吸收来自外界的不同资源,扩展我们的视野和深化我们的思想,让我们充分掌控信息,时刻保持头脑清醒。但是,信息过载问题也随之出现，对海量信息的提取、甄别、使用，也成为传媒影响对象关注的问题。由此看来，大众传媒对经济效应及社会效应有着不可忽视的影响。

【模拟实训】

一、填空题

1. 财经专业论文选题的原则是_____、_____、_____、_____。
2. 财经论文选题的基本途径是_____、_____、_____。
3. 财经毕业论文材料的收集方法是_____、_____、_____。
4. 财经毕业论文的正文结构的组成是_____、_____、_____。
5. 毕业论文的成绩由_____、_____两部分组成。
6. 毕业论文答辩报告主要内容的时长一般不超过_____分钟。
7. 答辩内容准备包括_____、_____、_____。

二、判断题（请在题后的括号内打上"√"或"×"）

1. 毕业论文及社会实践的最后一个环节是答辩。（　　）
2. 答辩的内容是就是财经专业毕业论文。（　　）
3. 答辩之前要准备的材料不包括相关音像。（　　）
4. 答辩成绩不在论文成绩之列。（　　）
5. 论文结构问题不包括结论部分。（　　）

三、问答题

1. 论文答辩的意义是什么？
2. 专业财经论文答辩的准备阶段包括哪些内容？
3. 财经专业论文答辩的程序是什么？

参 考 文 献

[1] 文天谷.新编财经应用文教程[M].上海:立信会计出版社,2010.
[2] 张业余,张志义.财经应用文写作(金融事务专业)[M].北京:高等教育出版社,2009.
[3] 尹世玮.财经应用文写作[M].天津:南开大学出版社,2009.
[4] 何永刚,王文学.财经应用文[M].2版.北京:中国财政经济出版社,2011.
[5] 程玥.财经应用写作[M].北京:中国人民大学出版社,2010.
[6] 王敏杰,徐静.财经应用文写作[M].北京:科学出版社,2005.
[7] 戴永明.财经应用文写作[M].北京:高等教育出版社,2011.
[8] 沈培玉.财经应用文写作[M].杭州:浙江大学出版社,2003.
[9] 王晓红.财经应用文写作[M].北京:电子工业出版社,2010.
[10] 陈新华,张振华.财经应用文写作[M].北京:化学工业出版社,2010.
[11] 赵国俊.公文写作与处理[M].北京:中国人民大学出版社,2011.
[12] 刘常宝.财经应用文写作[M].北京:教育科学出版社,2010.

推荐阅读

中文书名	作者	书号	定价
创业管理（第5版）（"十二五"普通高等教育本科国家级规划教材）	张玉利 等	978-7-111-65769-9	49.00
创业八讲	朱恒源	978-7-111-53665-9	35.00
创业画布	刘志阳	978-7-111-58892-4	59.00
创新管理：获得竞争优势的三维空间	李宇	978-7-111-59742-1	50.00
商业计划书：原理、演示与案例（第2版）	邓立治	978-7-111-60456-3	39.00
生产运作管理（第6版）	陈荣秋 等	978-7-111-70357-0	59.00
生产与运作管理（第5版）	陈志祥	978-7-111-74293-7	59.00
运营管理（第6版）（"十二五"普通高等教育本科国家级规划教材）	马风才	978-7-111-68568-5	55.00
战略管理（第2版）	魏江 等	978-7-111-67011-7	59.00
战略管理：思维与要径（第4版）（"十二五"普通高等教育本科国家级规划教材）	黄旭	978-7-111-66628-8	49.00
管理学原理（第2版）	陈传明 等	978-7-111-37505-0	36.00
管理学（第2版）	郝云宏	978-7-111-60890-5	49.00
管理学高级教程	高良谋	978-7-111-49041-8	65.00
组织行为学（第4版）	陈春花 等	978-7-111-64169-8	49.00
组织理论与设计	武立东	978-7-111-48263-5	39.00
人力资源管理（第2版）	刘善仕 等	978-7-111-68654-5	55.00
战略人力资源管理	唐贵瑶 等	978-7-111-60595-9	39.00
市场营销管理：需求的创造与传递（第5版）（"十二五"普通高等教育本科国家级规划教材）	钱旭潮 等	978-7-111-67018-6	49.00
管理经济学：理论与案例（"十二五"普通高等教育本科国家级规划教材）	毛蕴诗 等	978-7-111-39608-6	45.00
基础会计学（第2版）	潘爱玲	978-7-111-57991-5	39.00
公司财务管理（第2版）	马忠	978-7-111-48670-1	65.00
财务管理	刘淑莲	978-7-111-50691-1	40.00
企业财务分析（第4版）	袁天荣 等	978-7-111-71604-4	59.00
数据、模型与决策：管理科学的数学基础（第2版）	梁樑 等	978-7-111-69462-5	55.00
管理伦理学	苏勇	978-7-111-56437-9	35.00
商业伦理学	刘爱军	978-7-111-53556-0	39.00
领导学	仵凤清 等	978-7-111-66480-2	49.00
管理沟通：成功管理的基石（第5版）	魏江 等	978-7-111-75491-6	59.00
管理沟通：理念、方法与技能	张振刚 等	978-7-111-48351-9	39.00
国际企业管理	乐国林	978-7-111-56562-8	45.00
国际商务（第4版）	王炜瀚 等	978-7-111-68794-8	69.00
项目管理（第2版）（"十二五"普通高等教育本科国家级规划教材）	孙新波	978-7-111-52554-7	45.00
供应链管理（第6版）	马士华 等	978-7-111-65749-1	45.00
企业文化（第4版）（"十二五"普通高等教育本科国家级规划教材）	陈春花 等	978-7-111-70548-2	55.00
管理哲学	孙新波	978-7-111-61009-0	59.00
论语的管理精义	张钢	978-7-111-48449-3	59.00
大学·中庸的管理释义	张钢	978-7-111-56248-1	40.00